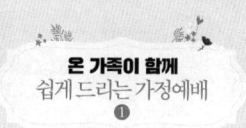

**온 가족이 함께
쉽게 드리는 가정예배 ①**

도서출판 꿈미는 가정과 교회가 연합하여 다음세대를 일으키는 대안적 크리스천 교육기관인
사단법인 꿈이있는미래의 사역을 돕기 위해 월간지와 교재, 각종 도서를 출간합니다.

온 가족이 함께
쉽게 드리는 가정예배 1

초판 1쇄 인쇄 2024년 12월 20일
초판 1쇄 발행 2024년 12월 27일

지은이 주경훈

발행인 김은호
편집인 주경훈
책임 편집 김일용
편집 이윤표 권수민 이민경 문은향
디자인 임현주

발행처 도서출판 꿈미
등 록 제2014-000035호(2014년 7월 18일)
주 소 서울시 강동구 양재대로81길 39, 2층 2호
전 화 070-4352-4143, 02-6413-4896
팩 스 02-470-1397
홈페이지 http://www.coommi.org
쇼핑몰 http://www.coommimall.com
이메일 book@coommimall.com

ISBN 979-11-93465-54-7 04230
ISBN 979-11-93465-53-0 (세트)

* 책값은 뒤표지에 있습니다.
* 이 책은 도서출판 꿈미에서 만든 것으로 저작권법의 보호를 받으며 무단 전재 및 복제를 금합니다.

아무리 바빠도 일주일에 꼭 한 번 **52주 가정예배**

온 가족이 함께
쉽게 드리는 가정예배
①

주경훈 지음

가정예배 십계명

1. 우리 가정은 하나님이 세우신 공동체로서 교회 같은 가정을 이루기 위해 최선을 다한다.
2. 영적 세대 계승을 이루어 가정에 영적 기념비를 세운다.
3. 아무리 바빠도 일주일에 꼭 한 번은 가정예배를 드린다.
4. 부모는 영적 교사로서 자녀에게 본이 되는 삶을 산다.
5. 자녀는 부모를 하나님의 대리자로 여겨 공경하며 가르침에 순종한다.
6. 가정예배 헌금을 드려 하나님의 나라와 이웃을 위해 흘려 보낸다.
7. 가족 여행 중에도 정한 시간이 되면 있는 곳에서 예배를 드린다.
8. 급한 일로 가정예배를 드리지 못할 때는 그 시간, 그 자리에서 간단하게 기도한다.
9. 가정예배 중에 오고가는 대화는 열린 마음으로 하며, 서로의 생각과 의견을 존중한다.
10. 가정예배를 드린 후 기록한 가족 미션을 이루기 위해 한 주간 최선의 노력을 다한다.

가정예배 서약서

나는 가정의 영적 제사장으로서
하나님이 나에게 부여하신 사명을 따라
가정예배의 회복과 신앙의 세대 계승을 위해
가정예배를 시작할 것을 하나님 앞에 서약합니다.

가정예배 요일:

가정예배 시간:

가정예배 참여자:

가정예배 규칙:

　　　　　　년　　월　　일

　　　　서약자:　　　　　(인)

차례

1월

첫째 주	창조주 하나님을 믿으라	10
둘째 주	하나님을 신뢰하라	15
셋째 주	바른 선택을 하는 비결	20
넷째 주	구원의 방주로 들어가라	25

2월

첫째 주	바벨탑을 무너뜨려라	30
둘째 주	순종의 유익	35
셋째 주	'나음'보다 '다름'	39
넷째 주	하나님이 우리의 기쁨이시다	43

3월

첫째 주	모리아산을 정복하라	48
둘째 주	기도를 통해 역사하시는 하나님	53
셋째 주	진정한 복을 회복하라	58
넷째 주	하나님이 찾아오시다	63
다섯째 주	하나님은 우리 인생의 밤에 먼저 찾아오신다	68

4월

첫째 주 하나님을 만나면 인생이 변화된다 ················ 73
둘째 주 벧엘의 하나님을 만나다 ···························· 78
셋째 주 부모의 방식 말고 하나님의 방식대로 사랑하라 ·········· 84
넷째 주 우리는 하나님의 섭리 속에 살고 있다 ············ 89

5월

첫째 주 유혹을 이기는 법 ································· 94
둘째 주 하나님이 이루신다 ······························· 99
셋째 주 고난 중에도 하나님은 일하신다 ················ 105
넷째 주 변명은 그만하고 부르심에 순종하라 ············ 110

6월

첫째 주 마음의 눈을 주님께로 돌리라 ··················· 115
둘째 주 새로운 날이 열리다 ····························· 121
셋째 주 인도하심을 믿고 따르는 삶 ······················ 126
넷째 주 기적을 이루시는 하나님을 보라 ················ 131
다섯째 주 하나님의 공급하심을 기대하라 ··············· 136

7월

첫째 주 나를 위한 하나님을 만들지 말라 ················ 141

둘째 주	하나님의 친밀함을 누리라	147
셋째 주	하나님의 영광으로 충만한 삶을 살라	152
넷째 주	두려움을 보지 말고 하나님을 보라	158

8월

첫째 주	같은 상황, 다른 반응	163
둘째 주	하나님의 사람은 일희일비하지 않는다	168
셋째 주	한계점에서 하나님의 능력과 사랑을 나타내신다	173
넷째 주	결정적인 순간에 쓰임을 받아야 한다	178
다섯째 주	하나님이 두 돌판에 직접 기록하신 말씀	184

9월

첫째 주	적극적으로 하나님을 사랑하라	189
둘째 주	하나님이 큰 일을 행하신다	194
셋째 주	은혜를 알면 말씀에 순종한다	200
넷째 주	온전한 순종을 기뻐하시는 하나님	205

10월

첫째 주	은혜를 받으면 하나님의 계획이 보인다	210
둘째 주	자녀의 평생을 하나님께 맡기라	215
셋째 주	제자를 부르시는 예수님	220

넷째 주 주님이 우리를 돌보신다 ·················· 225

11월

첫째 주 은혜를 깨달을 때 사랑하게 된다 ·············· 230
둘째 주 우리에게 아낌없는 사랑을 주신다 ·············· 235
셋째 주 아는 것만으로는 안 된다 ·················· 240
넷째 주 하나님 나라와 의를 구하라 ················· 245
다섯째 주 십자가를 지고 따르라 ··················· 250

12월

첫째 주 탕자여, 돌아오라 ······················ 255
둘째 주 확실하게 응답받는 기도의 조건 ··············· 260
셋째 주 예수님을 만나면 변화된다 ················· 265
넷째 주 전부는 전심에서 시작된다 ················· 270

절기

종려주일 순종을 통해 하나님의 뜻이 이루어진다 ·········· 276
부활주일 부활은 약속의 성취다 ··················· 281
추수감사주일 주신 은혜를 기억하라 ················· 286
성탄절 하나님이 회복시켜 주신다 ·················· 291

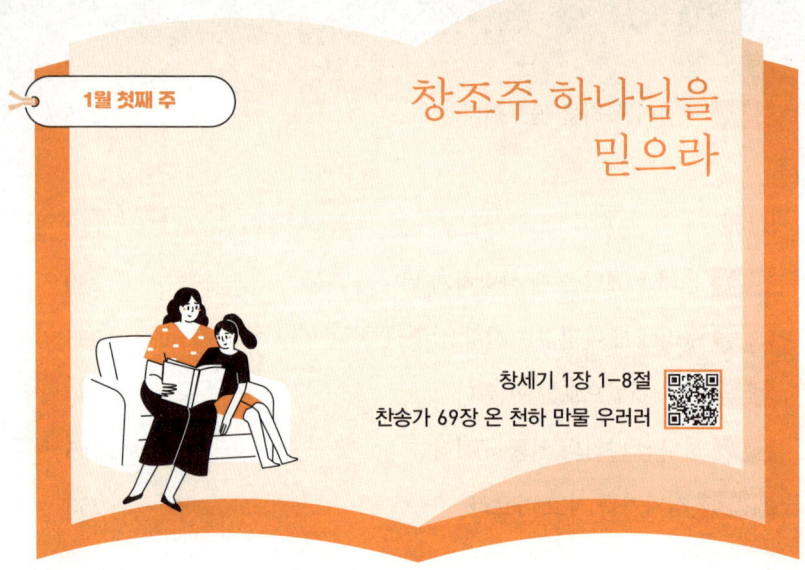

창조주 하나님을 믿으라

1월 첫째 주

창세기 1장 1-8절
찬송가 69장 온 천하 만물 우러러

창세기 1장 1-8절

1 태초에 하나님이 천지를 창조하시니라
2 땅이 혼돈하고 공허하며 흑암이 깊음 위에 있고 하나님의 영은 수면 위에 운행하시니라
3 하나님이 이르시되 빛이 있으라 하시니 빛이 있었고
4 빛이 하나님이 보시기에 좋았더라 하나님이 빛과 어둠을 나누사
5 하나님이 빛을 낮이라 부르시고 어둠을 밤이라 부르시니라 저녁이 되고 아침이 되니 이는 첫째 날이니라
6 하나님이 이르시되 물 가운데에 궁창이 있어 물과 물로 나뉘라 하시고
7 하나님이 궁창을 만드사 궁창 아래의 물과 궁창 위의 물로 나뉘게 하시니 그대로 되니라
8 하나님이 궁창을 하늘이라 부르시니라 저녁이 되고 아침이 되니 이는 둘째 날이니라

과학자들 중에 그리스도인이 많습니다. 그 이유에 대해 카이스트 생명과학과 김대수 교수는 "과학자로서 인간과 과학의 한계를 알기 때문에 하나님을 믿게 된다"고 말합니다. 사람들은 창조는 비과학적고, 진화론은 과학적이라고 말하지만, 이는 믿음을 간과한 것입니다. 세상의 기원에 대해 과학은 설명하지만, 성경은 선포합니다. 설명과 선포 사이에서 무엇을 믿을지를 선택해야 합니다.

말씀의 능력을 믿으십시오

창세기 1장 1절은 "하나님이 천지를 창조"하셨다고 말합니다. 이 말씀을 믿는 것이 믿음의 출발점입니다. 성경의 총 31,102절을 믿는 시작이 하나님이 천지의 창조주이심을 말하는 창세기 1장 1절에 있습니다. 하나님은 말씀으로 천지를 창조하셨습니다. "빛이 있으라"라고 말씀하시자 빛이 있었습니다. 이는 하나님의 하나님의 말씀에 능력이 있음을, 권위와 창초력과 생명력이 있음을 보여줍니다. 하나님이 뜻하신 바를 말씀하시면 그대로 이루어집니다. 하나님의 말씀은 반드시 성취됩니다. 하나님의 말씀은 무에서 유를 이루신 말씀입니다. 우리 인생의 무를 유로 만드시는 것도 하나님의 말씀입니다. 하나님의 창조의 능력을 믿을 때 그 능력이 아무것도 없는 우리 인생에 새로운 소망과 하나님의 기적이 일어날 것입니다.

✝ 말씀이 온전하게 합니다

하나님은 첫째 날 빛을 창조하셨고 그 이후 빛과 어둠을 나누셨습니다. 둘째 날에는 궁창을 창조하셨고 궁창 위의 물과 궁창 아래의 물로 나뉘게 하셨습니다. 이 모든 것이 하나님의 말씀으로 창조된 것입니다. 그래서 시편 기자는 시편 119편 105절에서 이렇게 고백합니다. "주의 말씀은 내 발에 등이요 내 길에 빛이니이다." 우리는 말씀에 이끌림 받는 삶을 살아야 합니다. 창조주이신 하나님이 우리에게 말씀하실 때 그 말씀에 순종하십시오. 그때 하나님의 능력과 역사를 보게 될 것입니다.

처음 천지의 모습은 "혼돈하고 공허"했습니다. 혼돈과 공허는 아직 구체적인 형태가 없고 비어 있는 상태입니다. 그런데 하나님이 "이르시되"라고 선포하시자 혼돈과 공허가 하나님이 보시기에 좋은(창 1:4) 상태로 창조됩니다. 보시기에 좋았다는 것은 하나님이 의도하신 대로 되었다는 것을 가리킵니다. 성경을 보면, 6일 동안의 창조 사역에 열한 번이나 "이르시되"라는 표현이 나옵니다. 하나님의 말씀이 선포되는 곳은 혼돈과 공허가 좋은 상태로 변화될 것입니다. 하나님이 의도하신 모습으로 돌아가고 회복될 것입니다. 어떤 상황과 상태에 있든지 하나님이 말씀하시면 변화가 일어납니다. 우리가 하나님의 말씀을 붙들 때 불안정한 우리의 삶은 온전해집니다. 하나님의 말씀이 우리 인생을 온전하게 만들어 주실 것이기 때문입니다.

하나님이 말씀으로 천지를 창조하셨다는 사실은 하나님이 천지의 주인이심을 가리킵니다. 신명기는 만물에 대한 소유권이 하나님께 있다고 선포합니다. "하늘과 모든 하늘의 하늘과 땅과 그 위의 만물은 본래 네 하나님 여호와께 속한 것이로되"(신 10:14). 하나님은 여전히 만물의 주인이십니다. 만물을 다스리십니다. 피조물인 우리도 하나님의 다스림을 받고 있습니다. 비록 우리 가정에 이해할 수 없는 일이 벌어진다고 해도 걱정하지 않는 것은 하나님이 우리 가정을 다스리고 계시기 때문입니다. 내 인생에 예기치 못한 고난과 슬픔이 있어도 낙심하지 않는 것은 하나님의 다스림을 받고 있기 때문입니다. 우리는 약하고 부족하지만 하나님은 창조의 능력으로 우리를 온전하게 만들어 주십니다. 우리의 삶을 온전하게 만들어 주시는 하나님의 말씀을 붙들고 살아가는 복된 가정이 되시기 바랍니다.

🐟 나눔

1. 새해를 맞아 올해 주신 말씀을 붙들고 기도했을 때 주신 은혜와 간증이 있다면 나눠 보세요.
2. 말씀 안에서 온전해지기 위한 구체적인 방법을 가족과 나눠 보세요.

🏛 기도

하나님 아버지, 태초에 천지를 창조하신 하나님이 우리 가정 역시 창조하셨음을 믿습니다. 천지를 창조하신 능력의 말씀으로 함께해 주소서. 우리 가정이 하나님의 말씀을 믿고 의지할 때 능력을 경험하게 해 주소서. 그래서 말씀 안에서 더욱 온전해지는 가정이 되게 해 주소서. 우리 가정의 주인이신 예수님의 이름으로 기도합니다. 아멘.

🔭 우리 가족 이번 주 미션

1월 둘째 주

하나님을 신뢰하라

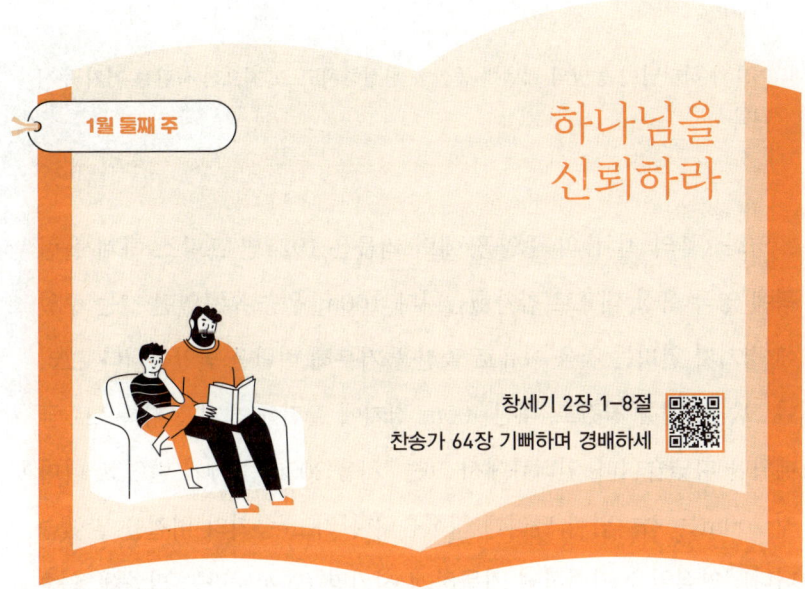

창세기 2장 1-8절
찬송가 64장 기뻐하며 경배하세

창세기 2장 1-8절

1 천지와 만물이 다 이루어지니라
2 하나님이 그가 하시던 일을 일곱째 날에 마치시니 그가 하시던 모든 일을 그치고 일곱째 날에 안식하시니라
3 하나님이 그 일곱째 날을 복되게 하사 거룩하게 하셨으니 이는 하나님이 그 창조하시며 만드시던 모든 일을 마치시고 그 날에 안식하셨음이니라
4 이것이 천지가 창조될 때에 하늘과 땅의 내력이니 여호와 하나님이 땅과 하늘을 만드시던 날에
5 여호와 하나님이 땅에 비를 내리지 아니하셨고 땅을 갈 사람도 없었으므로 들에는 초목이 아직 없었고 밭에는 채소가 나지 아니하였으며
6 안개만 땅에서 올라와 온 지면을 적셨더라
7 여호와 하나님이 땅의 흙으로 사람을 지으시고 생기를 그 코에 불어넣으시니 사람이 생령이 되니라

8 여호와 하나님이 동방의 에덴에 동산을 창설하시고 그 지으신 사람을 거기 두시니라

영화 〈불의 전차〉의 주인공 에릭 리들은 1924년 프랑스 하계 올림픽에 영국 육상 대표로 참가했습니다. 100m 우승 후보였던 그는 주일에 경기가 열리는 것을 이유로 출전을 거부해 비난을 받았습니다. 그러나 그는 신념을 지켰고, 대신 400m 경기에 출전해 세계 신기록으로 금메달을 따냈습니다. 인터뷰에서 그는 "처음 200m는 제가 달렸고, 나머지 200m는 하나님이 달리게 하셨습니다"라고 승리의 비결을 말했습니다. "안식일을 기억하여 거룩하게 지키라"(출 20:8)라는 말씀에 순종한 것이 그의 승리의 원동력이었습니다. 안식일을 거룩하게 지키기 위해 우리에게 필요한 것은 무엇일까요?

📖 안식일은 거룩합니다

"천지와 만물이 다 이루어지니라"(1절)라는 말씀은 하나님이 의도하신대로 말씀에 따라 완전히 이루어졌다는 것입니다. 창조 사역을 마치고 나서 하나님은 안식하셨습니다. 하나님이 안식하신 이유는, 하나님이 창조 세계를 보고 기뻐하셨듯이 우리가 이를 보고 기뻐하게 하시기 위함입니다. 그래서 일곱째 날을 복되고 거룩하게 하셨습니다(3a절).

우리는 하나님이 거룩하게 하신 안식일을 거룩하게 지켜야 합니다.

거룩이란 구별되는 것입니다. 하나님이 일곱째 날을 다른 날과 구별하신 것은 창조주 하나님을 기억하고 감사하는 날로 지킴으로, 지치고 상한 우리를 하나님의 은혜 안에서 쉬게 하신 것입니다. 하나님은 이것을 십계명의 제4계명으로 정하셨습니다. 너무 바쁘고 분주한 삶 속에서 안식하지 못하고 사는 우리에게 안식일을 지키도록 명령하심으로써 하나님을 신뢰하게 하셨습니다.

세상은 우리에게 쉴 새 없이 달려가야만 뒤쳐지지 않고 삶을 유지할 수 있다고 속삭입니다. 그러나 하나님은 안식일을 지킬 것을 명령하시며 안식일의 주인이신 하나님을 신뢰하라고 말씀합니다. 에릭 리들은 하나님이 반드시 일을 이루시리라는 믿음을 가졌기에 안식일의 주인이신 하나님을 신뢰하였고, 비난에도 불구하고 주일에 달리지 않기로 결정했습니다. 이 믿음을 가지고 주님을 온전히 신뢰하여 안식일을 거룩히 지키는 복된 성도가 되기 바랍니다.

✝ 우리는 특별한 존재입니다

하나님은 사람을 창조하기 전에 세상을 창조하시며 사람이 살아갈 수 있는 환경을 조성하셨습니다. "여호와 하나님이 땅에 비를 내리지 아니하셨고 땅을 갈 사람도 없었으므로 들에는 초목이 아직 없었고 밭에는 채소가 나지 아니하였으며 안개만 땅에서 올라와 온 지면을 적셨더라"(5-6절). "땅을 갈 사람이 없었다"라는 것은 하나님의 창조가 인간을 중심으로 이루어졌다는 것을 말해 줍니다. 또 안개가 땅에서 올라와 지면을 적셔 식물이 자랄 수 있었다는 것은 이후에 사람과 각종 생물이 살 수 있는 여건이 조성되어 있었다는 것을 보여 줍니다. 이처럼 하나님의 창조는 하나님의 형상대로 창조된 사람을 중심으로 이루어졌다는 것을 알 수 있습니다.

하나님이 창조하시고 주관하시며 다스리시는 모든 것은 거룩합니다. 하나님이 거룩하게 하셨기 때문입니다. 하나님은 특별히 안식일을 거룩하게 하셨습니다. 그리고 그날을 구별하여 거룩하게 지키라고 명령하셨습니다. 이것은 우리 삶의 우선순위를 어디에 두어야 하는지를 가르쳐 줍니다. 하나님의 명령에 따르는 것이 생명을 얻는 길이기에 우리는 안식일을 거룩하게 지키며 살아야 합니다. 안식일을 지키는 것이 우리가 사는 길이고, 하나님을 사랑하는 일이기 때문입니다. 우리를 특별한 사랑과 은혜로 돌보시는 하나님께 드리는 최선의 열매이기 때문입니다. 우리가 주님을 사랑한다면 주님이 기뻐하시는 삶을 살아야 합니다. 우리를 사랑하신 주님을 사랑하고, 우리에게 주신 계명에 기쁘게 순종하는 복된 성도가 되기 바랍니다.

⌇ 나눔

1. 나는 안식일을 어떻게 지키고 있는지 가족과 나눠 보세요.
2. 특별한 사랑을 받은 것을 하나님께 어떻게 돌려 드려야 할까요?

🕍 기도

하나님 아버지, 안식일을 거룩히 지키라고 말씀하신 하나님의 명령에 순종하여 하나님 안에서 참 안식을 누리는 하나님의 자녀가 되게 하소서. 하나님께서 하나님의 형상을 따라 창조하신 그 사랑을 기억하는 자가 되게 하시고, 하나님을 사랑하는 하나님의 자녀가 되게 하소서. 우리 가정이 주일을 거룩히 지키며 하나님의 사랑 안에 살아가는 가정이 되게 하소서. 예수님의 이름으로 기도드립니다. 아멘.

🕯 우리 가족 이번 주 미션

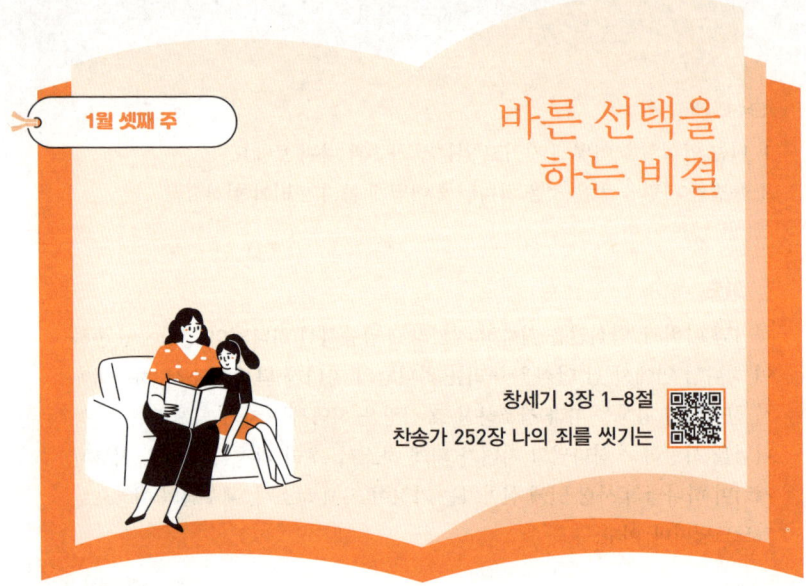

1월 셋째 주

바른 선택을 하는 비결

창세기 3장 1-8절
찬송가 252장 나의 죄를 씻기는

창세기 3장 1-8절

1   그런데 뱀은 여호와 하나님이 지으신 들짐승 중에 가장 간교하니라 뱀이 여자에게 물어 이르되 하나님이 참으로 너희에게 동산 모든 나무의 열매를 먹지 말라 하시더냐

2   여자가 뱀에게 말하되 동산 나무의 열매를 우리가 먹을 수 있으나

3   동산 중앙에 있는 나무의 열매는 하나님의 말씀에 너희는 먹지도 말고 만지지도 말라 너희가 죽을까 하노라 하셨느니라

4   뱀이 여자에게 이르되 너희가 결코 죽지 아니하리라

5   너희가 그것을 먹는 날에는 너희 눈이 밝아져 하나님과 같이 되어 선악을 알 줄 하나님이 아심이니라

6   여자가 그 나무를 본즉 먹음직도 하고 보암직도 하고 지혜롭게 할 만큼 탐스럽기도 한 나무인지라 여자가 그 열매를 따먹고 자기와 함께 있는 남편에게도 주매 그도 먹은지라

7 이에 그들의 눈이 밝아져 자기들이 벗은 줄을 알고 무화과나무 잎을 엮어 치마로 삼았더라
8 그들이 그 날 바람이 불 때 동산에 거니시는 여호와 하나님의 소리를 듣고 아담과 그의 아내가 여호와 하나님의 낯을 피하여 동산 나무 사이에 숨은지라

"선악과를 왜 만드셨을까?"라는 질문은 선악과만 없었다면 인간이 죄를 짓지 않았을 것이라는 오해에서 비롯됩니다. 그러나 중요한 것은 선악과 자체가 아니라, 이를 따먹지 말라는 하나님의 명령이며, 죄는 명령을 어긴 인간에게 책임이 있습니다. 하나님은 선악과를 통해 무엇을 가르치고자 하셨을까요?

선악과는 하나님의 사랑을 가르쳐 줍니다

가정에 규칙을 세우는 것은 행동을 제약하고 억압하기 위한 것이 아니라 가정의 행복을 지키기 위함입니다. 규칙을 어기면 서로에게 상처가 되고 아픔을 주기 때문에 서로를 보호하기 위해 규칙을 세우는 것입니다. 하나님이 선악과를 주신 이유는 선악과 자체에 목적이 있는 것이 아닙니다. 선악과를 통해 하신 명령을 지키게 하려는 데 있습니다. 이것은 하나님이 사람을 로봇처럼 만드시지 않았다는 사실을 보여 줍니다. 선악과는 사람이 자율적인 선택이 가능한 존재라는 것을 보여 줍니다. 그리고 이것을 통해 하나님이 우리를 얼마나 인격적으로 대해 주시고, 사랑으로 품어 주시는지를 가르쳐 줍니다.

아쉬운 점은 하나님이 주신 자율적 선택이 욕망을 이루는 데 사용되었다는 것입니다. 뱀은 하와에게 선악과를 따먹으라고 강요하지 않았지만, 하나님의 명령보다 욕망을 따르도록 유혹했습니다. 결국 하와는 하나님과 같이 되고 싶은 욕망에 이끌려 자신의 손으로 하나님의 명령을 어겼습니다.

욕망은 진리를 왜곡하고 하나님의 말씀을 곡해하게 만듭니다. 선악과를 금지하신 것은 독약에 경고문을 붙여 생명을 지키는 것과 같은 사랑의 배려입니다. 하나님의 말씀을 순종하면 선악과는 탐스럽게 보이지 않지만, 욕망을 따르면 금지의 의미를 이해할 수 없습니다. 하나님은 인간을 자유롭게 창조하셔서 말씀을 순종하거나 불순종할 선택권을 주셨습니다. 선악과는 하나님의 사랑과 인간의 자유를 상징합니다.

✟ 유혹에 넘어지지 말고 사랑에 잠기십시오

사람은 항상 하나님의 말씀을 따를지, 사탄의 유혹을 따를지 선택의 기로에 놓입니다. 하나님의 말씀을 따르면 생명을 얻지만, 사탄의 유혹을 따르면 죄에 속박됩니다. 사탄의 전략을 알면 이를 이길 수 있습니다. 첫째, 사탄은 성도의 주변을 맴돕니다(1절). 베드로는 마귀에 대해 "너희 대적 마귀가 우는 사자 같이 두루 다니며 삼킬 자를 찾나니"(벧전 5:8)라고 말합니다. 둘째, 사탄은 하나님의 말씀을 왜곡합니다(창 3:4). 하나님은 선악과를 먹으면 반드시 죽는다고 말씀하셨습니다(창 2:17). 하지만 사탄은 죽지 않는다며 하나님의 말씀을 왜곡합니다. 셋째, 사탄은 인간의 욕망을 자극합니다. 욕망은 보고 싶은 것만 보게 합니다. 듣고 싶은 것만 듣게 합니다. 그래서 하나님의 말씀을 왜곡하고 축소합니다. 임의대로 해석하는 것입니다. 그래서 성경은 "마귀에게 틈을 주지 말라"(엡 4:27)고 말씀합니다.

선악과는 지금도 우리 주변에 있습니다. 중요한 것은 선악과 자체가 아니라 하나님의 말씀에 순종하느냐의 문제입니다. 하나님의 말씀을 어기면 하나님과의 관계에서 멀어지고, 불행과 욕망의 포로가 됩니다.

하나님의 은혜는 아담과 하와의 범죄 이후에도 계속되었습니다. 죄로 인해 하나님을 피해 숨었지만 하나님은 그들을 부르셨습니다. 그리고 부끄러움에 어쩔 줄 몰라 하는 그들에게 가죽옷을 지어 입히셨습니다(창 3:21). 하나님은 우리의 죄에도 불구하고 우리를 사랑하십니다. 허물과 죄로 죽은 우리를 불쌍히 여기셔서 하나뿐인 아들을 보내 주신 것은 우리를 향한 하나님의 사랑을 보여 줍니다. 우리가 이러한 사랑을 받은 사람임을 잊지 마시기 바랍니다. 이 사실을 잊지 않을 때 우리는 하나님의 사랑 안에 잠기는 지혜로운 선택을 할 수 있습니다. 그리고 하나님의 사랑으로 온전히 회복될 수 있습니다.

나눔

1. 우리 가정이 하나님 안에서 행복하기 위한 가정 규칙을 정해 보세요.
2. 사탄의 강한 유혹을 이겨 낸 경험이 있다면 가족과 나눠 보세요.

기도

하나님 아버지, 하나님의 사랑 안에서 자율적인 존재로 창조하신 은혜에 감사드립니다. 이 자유로움을 나의 인간적인 욕망을 이루는 데 사용하는 것이 아닌 하나님을 사랑하고 하나님의 말씀에 순종하는 데 사용하는 자가 되게 하소서. 우리 가정이 하나님 안에서 참된 행복을 누리기 위해 하나님의 사랑 안에 늘 거하게 하시고, 하나님과의 친밀한 교제를 나누는 가정이 되게 하소서. 예수님의 이름으로 기도드립니다. 아멘.

우리 가족 이번 주 미션

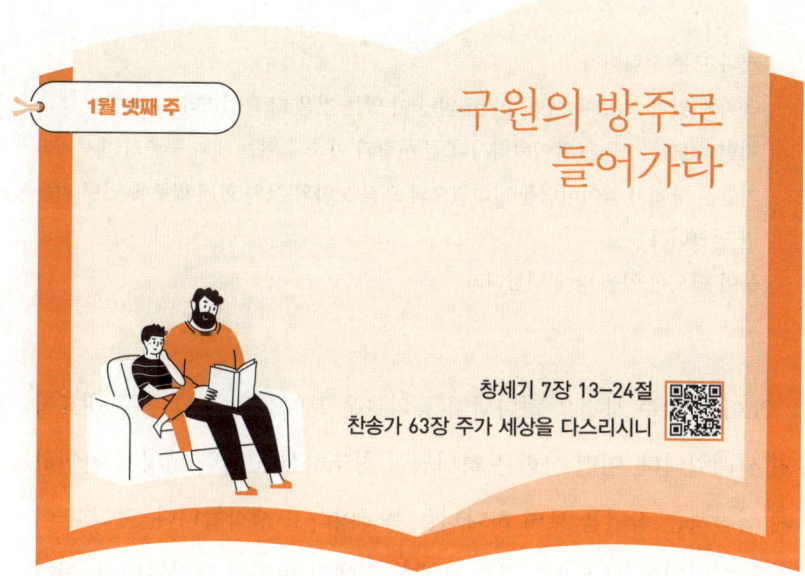

1월 넷째 주

구원의 방주로 들어가라

창세기 7장 13-24절
찬송가 63장 주가 세상을 다스리시니

창세기 7장 13-24절

13 곧 그 날에 노아와 그의 아들 셈, 함, 야벳과 노아의 아내와 세 며느리가 다 방주로 들어갔고
14 그들과 모든 들짐승이 그 종류대로, 모든 가축이 그 종류대로, 땅에 기는 모든 것이 그 종류대로, 모든 새가 그 종류대로
15 무릇 생명의 기운이 있는 육체가 둘씩 노아에게 나아와 방주로 들어갔으니
16 들어간 것들은 모든 것의 암수라 하나님이 그에게 명하신 대로 들어가매 여호와께서 그를 들여보내고 문을 닫으시니라
17 홍수가 땅에 사십 일 동안 계속된지라 물이 많아져 방주가 땅에서 떠올랐고
18 물이 더 많아져 땅에 넘치매 방주가 물 위에 떠 다녔으며
19 물이 땅에 더욱 넘치매 천하의 높은 산이 다 잠겼더니
20 물이 불어서 십오 규빗이나 오르니 산들이 잠긴지라
21 땅 위에 움직이는 생물이 다 죽었으니 곧 새와 가축과 들짐승과 땅에 기는 모든

것과 모든 사람이라

22 육지에 있어 그 코에 생명의 기운의 숨이 있는 것은 다 죽었더라
23 지면의 모든 생물을 쓸어버리시니 곧 사람과 가축과 기는 것과 공중의 새까지라 이들은 땅에서 쓸어버림을 당하였으되 오직 노아와 그와 함께 방주에 있던 자들만 남았더라
24 물이 백오십 일을 땅에 넘쳤더라

노아의 방주 사건은 하나님이 공의로운 분이심을 보여 주는 대표적인 사례입니다. 어떤 사람은 하나님이 창조하신 고귀한 생명을 잔인하게 심판하는 장면을 보며 하나님을 폭군이라고 생각합니다. 그러나 이것은 하나님의 성품과 성경을 오해한 것에서 비롯된 생각입니다. 이것이 왜 잘못된 오해인지 노아의 방주가 보여 줍니다.

방주는 은혜입니다

마크 배터슨은 『올인』이라는 책에서 노아에 대해 이런 이야기를 합니다. "유대인들 사이에 전해 내려오는 말에 의하면, 노아가 바로 방주부터 짓기 시작한 것은 아니었다고 한다. 먼저 나무를 심었고, 그 나무들이 다 자란 뒤에 베고, 톱질을 해서 목재로 만들고, 그런 다음 방주를 지었다는 것이다. 120년 날수로는 43,800일이다"(마크 배터슨, 『올인』, 규장, 2015, p. 150).

하나님은 사람의 죄악이 세상에 가득함을 보시고, 홍수로 세상을 심판하기로 하셨습니다. 홍수는 40일 동안 지속되었고, 땅은 150일 동안 물로 덮였으며, 모든 생명체가 죽음을 맞았습니다. 그러나 하나님은 심판 이전에 구원 계획을 준비하셨습니다. 방주가 이렇게 오랫동안 크게 만들어야 했던 이유는 무엇일까요? 방주의 크기는 하나님이 모든 사람을 사랑하셔서 구원하기를 바라시는 그 마음의 크기를 보여줍니다. 방주를 만드는 기간이 길었던 것은 구원의 기회를 의미합니다. 하나님이 홍수로 심판하신다는 경고를 한 사람이라도 더 들을 수 있도록 긴 시간을 허락하신 것입니다. 하나님은 이렇게 오래 참으시고 진노 중에도 긍휼을 잊지 않으십니다. 그래서 "누구든지 주의 이름을 부르는 자는 구원을 받으리라"(롬 10:13)라고 말씀하십니다. 이것은 하나님이 우리를 사랑하신다는 증거이며, 모든 사람을 구원으로 초대하고 계시다는 것을 보여 줍니다. 자격 없는 우리가 예수님을 믿음으로 구원받은 것입니다. 우리에게 풍성한 사랑과 구원의 은혜를 베푸신 하나님께 감사하기 바랍니다.

하나님은 우리를 구원으로 초대하십니다

노아의 가족과 모든 짐승이 방주에 들어간 후 문이 닫히고, 40일 동안 지속된 홍수로 온 땅이 물에 잠겼습니다. 하나님의 심판으로 육지에 호흡하는 모든 생명체가 죽었지만, 방주 안의 생명은 살아 있었습니다. 같은 환경 속에서도 방주 안에는 생명과 기쁨이 있었고, 방주 밖에는 죽음과 슬픔이 가득했습니다. 이는 예수 그리스도를 통한 복음이 우리에게 생명과 기쁨을 준다는 사실을 보여 줍니다.

예수 그리스도의 복음은 죽음의 권세를 끊고 생명을 주십니다. 성경은 "허물과 죄로 죽었던 너희를 살리셨다"(엡 2:1)고 말합니다. 예수님으로 인해 마귀의 지배에서 벗어나 하나님의 자녀가 되었으며, 새로운 피조물이 되어 영원한 생명과 평안을 누립니다(고후 5:17). 그러나 예수님 밖에서 죄의 낙을 즐기며 사망의 대가를 모르는 이들도 여전히 있습니다(롬 6:23). 우리는 예수님의 대속으로 하나님의 자녀가 되었음을 기억해야 합니다.

팀 켈러는 『당신을 위한 로마서』에서 예수 그리스도의 속죄 사역을 다음과 같이 소개합니다. "죄 값을 치르는 것은 잘못된 행위를 씻는 것이다. 속죄에는 죄 값을 치른다는 의미뿐 아니라 하나님의 진노로부터 벗어난다는 의미까지 담겨 있다. 곧 우리를 대신해서 하나님의 진노를 감당한 예수님의 희생에 의해서, 하나님의 진노가 죄 값을 마땅히 치를 우리를 피해 갔다는 의미이다"(팀 켈러, 『팀 켈러, 당신을 위한 로마서』, 두란노, 2014, p. 138). 예수 그리스도만이 우리를 모든 죽음으로부터 해방시키는 구원의 방주가 되시어 어둡고 절망으로 가득한 세상에서 빛으로 인도하여 주시고 소망을 주십니다. 죄로 가득한 세상에서 우리를 구원의 방주로 초대하시는 그 초대에 응하길 바랍니다.

🐟 나눔

1. 어떤 과정을 통해 예수님을 믿게 되었는지 나눠 보세요.
2. 구원의 초청에 응하지 않는 사람은 누구인지, 그 사람을 위해 함께 기도하는 시간을 가지세요.

🛐 기도

하나님 아버지, 진노 가운데도 하나님의 백성의 구원을 위해 오래 참고 기다리시는 하나님을 찬양합니다. 하나님의 구원 계획 속에 예수님을 알게 하시고 예수 그리스도를 믿는 믿음으로 구원받게 하시니 감사합니다. 우리 가정이 이 기쁜 구원의 소식을 이웃에게 전하는 통로가 되게 하시고, 구원의 방주로 사람들을 초대하는 일에 귀하게 쓰이게 하소서. 예수님의 이름으로 기도드립니다. 아멘.

💡 우리 가족 이번 주 미션

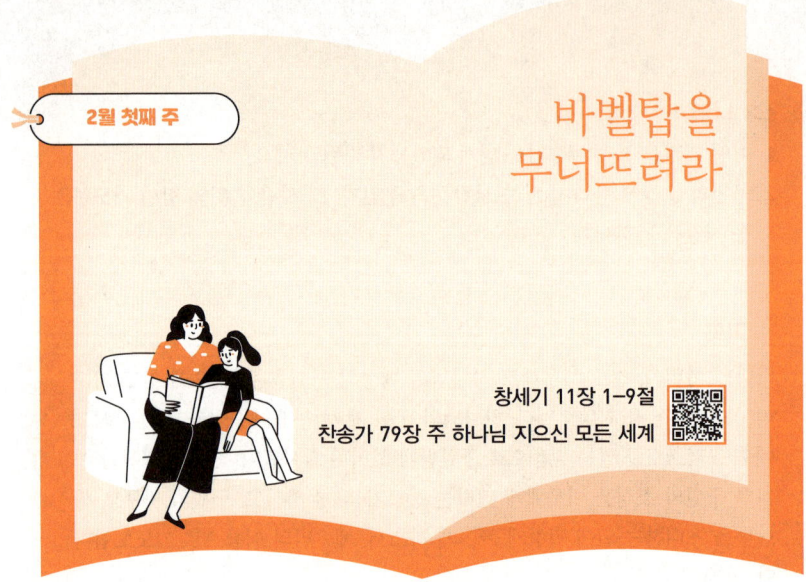

2월 첫째 주

바벨탑을 무너뜨려라

창세기 11장 1-9절
찬송가 79장 주 하나님 지으신 모든 세계

창세기 11장 1-9절

1 온 땅의 언어가 하나요 말이 하나였더라
2 이에 그들이 동방으로 옮기다가 시날 평지를 만나 거기 거류하며
3 서로 말하되 자, 벽돌을 만들어 견고히 굽자 하고 이에 벽돌로 돌을 대신하며 역청으로 진흙을 대신하고
4 또 말하되 자, 성읍과 탑을 건설하여 그 탑 꼭대기를 하늘에 닿게 하여 우리 이름을 내고 온 지면에 흩어짐을 면하자 하였더니
5 여호와께서 사람들이 건설하는 그 성읍과 탑을 보려고 내려오셨더라
6 여호와께서 이르시되 이 무리가 한 족속이요 언어도 하나이므로 이같이 시작하였으니 이 후로는 그 하고자 하는 일을 막을 수 없으리로다
7 자, 우리가 내려가서 거기서 그들의 언어를 혼잡하게 하여 그들이 서로 알아듣지 못하게 하자 하시고
8 여호와께서 거기서 그들을 온 지면에 흩으셨으므로 그들이 그 도시를 건설하기

를 그쳤더라

9 그러므로 그 이름을 바벨이라 하니 이는 여호와께서 거기서 온 땅의 언어를 혼잡하게 하셨음이니라 여호와께서 거기서 그들을 온 지면에 흩으셨더라

외국어를 공부하면서 너무 힘들거나 짜증이 났었던 적이 있나요? 영어 울렁증 때문에 해외여행이나 미션 트립을 가서 스스로에게 실망하셨던 적이 있나요? 한국에 돌아가면 영어 공부를 하리라고 다짐했지만 전혀 실천에 옮기지 못하는 자신을 보며 안타까워하기도 합니다.

언어는 왜 이렇게 다양한 것일까요? 본문은 수많은 언어가 어떻게 시작되었는지 그 기원에 대해서 설명하고 있습니다. 원래 언어는 하나였습니다. "온 땅의 언어가 하나요 말이 하나였더라"(1절). 그런데 사람들이 시날 평지에 모여 바벨탑을 쌓기 시작합니다. 시날 평지는 바벨론 지역을 말합니다. 이곳에서 인간이 모여 바벨탑을 쌓자 하나님은 사람의 언어를 혼잡하게 만드셨고, 그 결과 다양한 언어가 생겨났습니다. 그렇다면 인간은 왜 바벨탑을 쌓은 것일까요?

✝ 자신의 이름을 드러내기 위해서 바벨탑을 쌓았습니다

하나님은 인간에게 다른 피조물에게는 없는 지혜와 지식을 주셨습니다. 사람들이 하나님이 주신 지혜와 지식으로 높은 건축물을 쌓아 올리고 있습니다. 문제는 그 탑을 쌓는 목적입니다. "또 말하되 자, 성

읍과 탑을 건설하여 그 탑 꼭대기를 하늘에 닿게 하여 우리 이름을 내고"(4a절). 타락한 인간은 자신에게 과도하게 집중한 나머지 자신을 숭배하려고 합니다. 인간은 에덴동산에서도 하나님처럼 될 수 있을 것이라는 거짓에 넘어갔습니다. 바벨탑은 하나님이 받으셔야 할 영광을 인간이 취하려고 했던 욕망의 상징입니다. 죄의 본질은 나쁜 생각과 행동의 뒤에 숨어 있는 자기 숭배에 있습니다. 만왕의 왕이신 하나님을 인정하지 않고 그 자리에 자신에 앉으려고 하는 것이 죄의 본질입니다. 혹시 바벨탑을 쌓겠다는 위험한 구상을 하고 있습니까? 혹은 벽돌을 굽고 있습니까? 그 탐욕의 벽돌로는 우리의 인생을 쌓아 올릴 수가 없습니다. 만군의 여호와의 이름을 높이는 순간이 우리가 가장 큰 영광을 경험하는 순간이 됩니다. 다윗처럼 말입니다. "다윗이 블레셋 사람에게 이르되 너는 칼과 창과 단창으로 내게 나아오거니와 나는 만군의 여호와의 이름 곧 네가 모욕하는 이스라엘 군대의 하나님의 이름으로 네게 나아가노라"(삼상 17:45).

흩어짐을 면하기 위해서 바벨탑을 쌓았습니다

인간이 바벨탑을 쌓은 두 번째 이유는 흩어짐을 면하기 위해서였습니다. 이들은 동방으로 가다가 시날 평지에 거류했습니다(2절). 아마도 이제 더 이상은 움직이지 않고 정착하기를 원했던 것 같습니다. 혼자 있는 인간은 두려움을 느낍니다. 하지만 뭉치면 왠지 모를 안전감을 느낍니다. 사람들은 연대하여 스스로의 힘을 키워서 자기 힘으로 살아가려고 했습니다. 그 상징이 바벨탑입니다. 하나님을 떠난 사람이 스스로를 지키기 위해 하는 방법이 고작 높은 바벨탑을 쌓아 자기 과업을 자랑하는 것입니다. 우리는 남들보다 더 높은 바벨탑을 쌓기 위한 무한경쟁 사회에 살아가고 있습니다.

하지만 하나님을 섬기는 사람들은 가는 곳마다 제단을 쌓습니다. 그 제단의 높이는 바벨탑에 비하면 소박합니다. 하지만 그 낮은 제단에 하나님의 임재가 가득합니다. 가는 곳마다 제단을 쌓는 사람의 인생에는 두려움이 없습니다. 바벨탑을 쌓은 사람들은 흩어질 것에 대한 두려움으로 탑을 쌓지만, 제단을 쌓는 사람들은 평생을 나그네로 살아가면서도 감사함으로 제단을 쌓습니다. 우리 가정은 바벨탑을 쌓는 가정인가요, 제단을 쌓는 가정인가요?

하나님은 하늘에 계시고 인간은 땅에 존재합니다. 인간은 바벨탑을 쌓아 하늘에 닿기를 원했지만 그것은 망상일 뿐입니다. 하나님이 그 성읍과 탑을 보시기 위해서 내려오셨습니다(5절). 사람은 하나님이 계신 곳으로 갈 수 없습니다. 피조물인 인간의 한계입니다. 하나님이 내려오셔야 만나는 것입니다. 하나님은 결국 인간의 언어를 혼잡하게 하셨고, 온 지면에 사람들을 흩으셨습니다. 하나님을 떠난 인간들의 연합과 성과는 물거품과 같습니다. 하나님이 흩으시면 흩어지는 것입니다. 자신의 이름을 드러내기 위한 노력, 하나님을 대적하려 하는 인간들의 연합을 멈추고, 대신 하나님의 이름만을 높이는 가정이 되시기 바랍니다.

나눔

1. 우리 주변에 높이 올라간 바벨탑이 있다면 어떤 것이 있을까요?
2. 하나님의 영광을 위해 우리 가정이 힘을 모아야 할 일이 있다면 어떤 것이 있을까요?

기도

하나님 아버지, 우리 가정이 오직 하나님께만 영광을 돌리는 가정이 되기 원합니다. 바람이 불면 사라지는 바벨탑을 쌓느라 인생을 허비하지 않게 하시고, 한 번뿐인 인생을 오직 하나님을 위해 사는 가정이 되게 하소서. 우리 가정의 주인이신 예수님의 이름으로 기도합니다. 아멘.

우리 가족 이번 주 미션

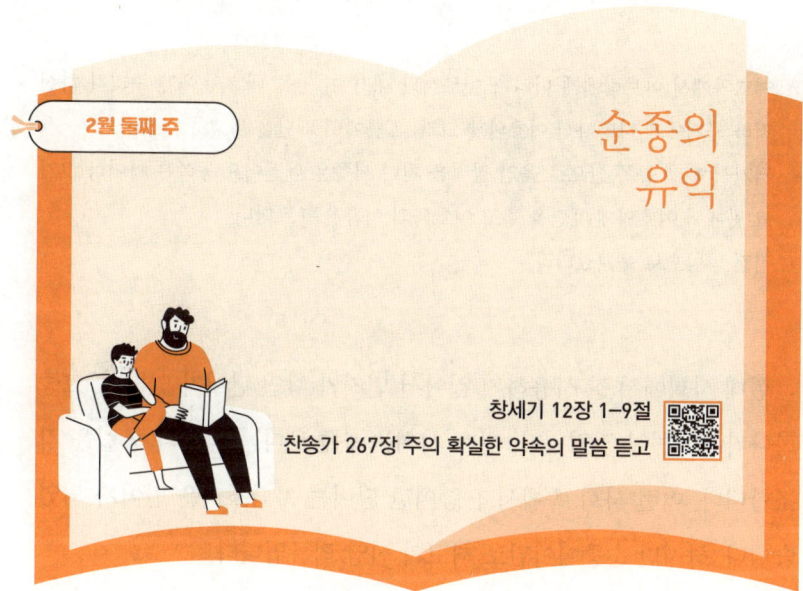

2월 둘째 주

순종의 유익

창세기 12장 1-9절
찬송가 267장 주의 확실한 약속의 말씀 듣고

창세기 12장 1-9절

1. 여호와께서 아브람에게 이르시되 너는 너의 고향과 친척과 아버지의 집을 떠나 내가 네게 보여 줄 땅으로 가라
2. 내가 너로 큰 민족을 이루고 네게 복을 주어 네 이름을 창대하게 하리니 너는 복이 될지라
3. 너를 축복하는 자에게는 내가 복을 내리고 너를 저주하는 자에게는 내가 저주하리니 땅의 모든 족속이 너로 말미암아 복을 얻을 것이라 하신지라
4. 이에 아브람이 여호와의 말씀을 따라갔고 롯도 그와 함께 갔으며 아브람이 하란을 떠날 때에 칠십오 세였더라
5. 아브람이 그의 아내 사래와 조카 롯과 하란에서 모은 모든 소유와 얻은 사람들을 이끌고 가나안 땅으로 가려고 떠나서 마침내 가나안 땅에 들어갔더라
6. 아브람이 그 땅을 지나 세겜 땅 모레 상수리나무에 이르니 그 때에 가나안 사람이 그 땅에 거주하였더라

7 여호와께서 아브람에게 나타나 이르시되 내가 이 땅을 네 자손에게 주리라 하신지라 자기에게 나타나신 여호와께 그가 그 곳에서 제단을 쌓고
8 거기서 벧엘 동쪽 산으로 옮겨 장막을 치니 서쪽은 벧엘이요 동쪽은 아이라 그가 그 곳에서 여호와께 제단을 쌓고 여호와의 이름을 부르더니
9 점점 남방으로 옮겨갔더라

현대 사회에서 잘 사용하지 않아서 먼지가 쌓인 단어가 있다면, 그중 하나가 '순종'일 것입니다. 현대 사회는 순종보다는 자유와 독립을 강조합니다. 이런 사회 속에서 순종이란 단어는 부담스러운 단어가 되었습니다. 하지만 순종이야말로 최고의 신앙 덕목입니다.

순종은 하나님이 주시는 기회를 얻는 통로입니다

하나님은 아브람에게 고향과 친척과 아버지의 집을 떠나 하나님이 보여 줄 땅으로 가라고 하셨습니다(1절). 당시 아브람의 나이는 75세로 고향을 떠날 나이가 아니라, 고향에서 여생을 보낼 나이였습니다. 고향을 떠나라는 말씀은 그동안 일군 모든 것을 포기하라는 것과 같은 것입니다. 그런데 아브람은 그 말씀에 순종하여 과감하게 고향을 떠나 새로운 땅을 향해 출발했습니다.

하나님이 주시기 원하는 은혜를 경험하는 방법은 순종밖에 없습니다. 여호수아가 순종하여 요단강에 발을 담글 때 약속의 땅에 들어가게

되었습니다. 베드로와 요한이 예수님의 말씀에 순종하여 어부의 삶을 포기할 때 사람을 낚는 사람이 되었습니다. 하나님께 순종하는 것은 절대로 손해를 보는 것이 아니라 하나님이 보장하시는 미래에 동참하는 것입니다.

✝ 순종이 나를 온전하게 만듭니다

우리는 하나님의 형상대로 창조되었습니다. 하나님에 의해서 창조된 인간은 하나님의 말씀대로 살아갈 때 가장 온전한 모습으로 살아갈 수 있습니다. 그 온전한 모습이 바로 하나님과 세상 사이에서 복의 통로가 되는 것입니다. 하나님은 우리가 복이 되길 원하십니다. 그래서 우리를 축복하는 자는 복을 얻고 우리를 저주하는 자는 저주를 받습니다(3절). 이 복은 하나님의 말씀에 순종하는 자만이 누릴 수 있습니다. 그러므로 하나님께 순종하는 것은 절대로 손해를 보는 것이 아니라 복된 존재가 되는 것입니다.

순종은 답답한 것, 하기 싫은 것, 혹은 나를 힘들게 하는 것이 아닙니다. 하나님과의 동행이며, 하나님이 주신 기회를 붙잡는 것이며, 나를 온전하게 만드는 것입니다. 너무 많이 고민하지 말길 바랍니다. 너무 먼 미래를 고민하지 말길 바랍니다. 하나님이 모든 것을 행하실 것입니다. 모든 것을 이루시는 분은 여호와입니다. 하나님이 말씀하실 때 언제나 순종할 수 있는 가정이 되길 축복합니다.

🐟 나눔

1. 순종하여 예상하지 못한 좋은 기회가 생긴 경험이 있다면 가족과 나눠 보세요.
2. 순종하기 힘든 일이었지만 순종하여 결국 좋은 결과를 얻은 경험이 있다면 나눠 보세요.

⛪ 기도

하나님 아버지, 우리 가정의 방향키를 쥐고 계시는 하나님이 우리 가정을 온전한 길로 인도하여 주시기 바랍니다. 떠나야 할 때와 머물러 있어야 할 때를 잘 분별하게 하시고, 주님이 말씀하실 때 언제나 순종하는 가정이 되게 하소서. 복의 근원이신 예수님의 이름으로 기도드립니다. 아멘.

💡 우리 가족 이번 주 미션

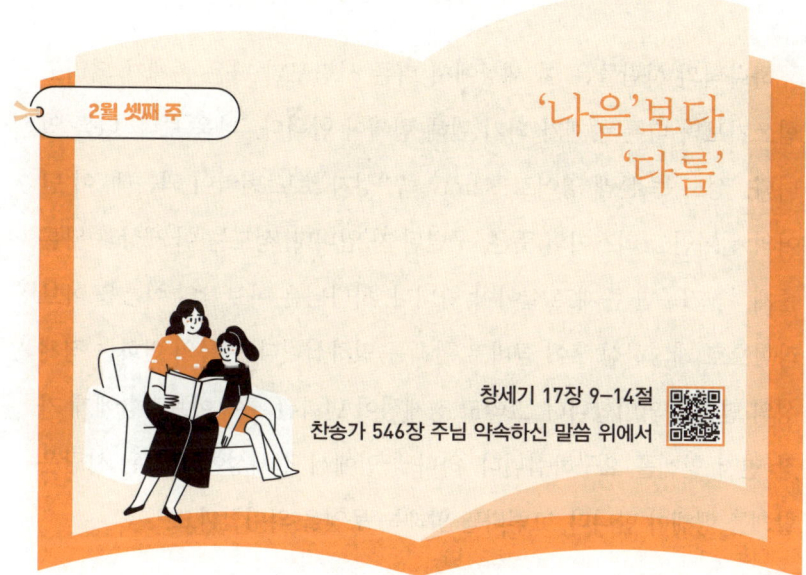

2월 셋째 주

'나음'보다 '다름'

창세기 17장 9-14절
찬송가 546장 주님 약속하신 말씀 위에서

창세기 17장 9-14절

9 하나님이 또 아브라함에게 이르시되 그런즉 너는 내 언약을 지키고 네 후손도 대대로 지키라
10 너희 중 남자는 다 할례를 받으라 이것이 나와 너희와 너희 후손 사이에 지킬 내 언약이니라
11 너희는 포피를 베어라 이것이 나와 너희 사이의 언약의 표징이니라
12 너희의 대대로 모든 남자는 집에서 난 자나 또는 너희 자손이 아니라 이방 사람에게서 돈으로 산 자를 막론하고 난 지 팔 일 만에 할례를 받을 것이라
13 너희 집에서 난 자든지 너희 돈으로 산 자든지 할례를 받아야 하리니 이에 내 언약이 너희 살에 있어 영원한 언약이 되려니와
14 할례를 받지 아니한 남자 곧 그 포피를 베지 아니한 자는 백성 중에서 끊어지리니 그가 내 언약을 배반하였음이니라

하나님의 사람들은 이 세상에서 다른 사람보다 나은 존재가 되려고 힘쓰기보다 다른 존재가 되기 위해 힘써야 합니다. '나음'보다 '다름'입니다. '성도'는 본래 영어로 'saint', 즉 '성자'로도 번역이 되는데, 이 단어의 원어인 그리스어의 뜻은 '구별된 자'입니다. 성도는 이 세상과 다른 존재, 즉 거룩한 존재로 살아야 합니다. 하나님은 아브람의 이름을 아브라함으로 개명하신 후에 곧바로 할례를 명하십니다. 이름의 변화는 정체성의 변화를 의미합니다. 그리고 정체성이 변화된 후에 아브라함에게 가장 먼저 할례를 요구하십니다. 하나님 안에서 정체성이 변화된 사람은 할례를 행해야 합니다. 그렇다면 할례는 무엇을 의미할까요?

✝ 세상과 구별되어야 합니다

할례는 남자 성기의 포피를 잘라 내는 것입니다. 이것은 단순히 남자의 몸에 흔적을 남기는 것 이상의 의미가 있습니다. 할례를 통해서 하나님의 백성인지 아닌지를 구별했습니다. 살점을 내는 의식을 통해서 세상과 구별된 하나님의 백성으로서의 표식을 지닌 것입니다. 단순히 살점을 잘라 내는 것만이 아니라, 삶의 구체적인 모습에서 세상을 잘라 내는 거룩한 삶을 살아야 했습니다. 그래서 바울은 육체의 할례보다 마음의 할례를 더 강조했습니다. 하나님 안에 정체성의 뿌리를 내린 사람은 세상과 구별되어야 합니다. 하나님의 사람이 세상과 구별되지 않는다면, 그 사람은 세상에서 빛과 소금의 역할을 감당할 수 없습니다. 짠맛을 잃어버린 소금은 버려질 것이고, 빛이 나지 않는 등불은 쓸데가 없습니다. 다름이 곧 성도의 성도는 세상과 구별된 존재여야 합니다.

⛪ 성도의 가정은 대대로 구별되어야 합니다

9절은 다음과 같이 말합니다. "하나님이 또 아브라함에게 이르시되 그런즉 너는 내 언약을 지키고 네 후손도 대대로 지키라." 가족과 후손에 대해 말씀하시면서, 집안 대대로 할례를 지켜야 함을 강조하십니다. 집안 대대로 할례를 행하면서 부모는 자녀에게 할례의 의미를 설명해 주고, 가족은 대대로 세상과 구별된 존재로 믿음의 세대 계승을 해야 합니다. 하나님은 사람을 개인적으로 만나시지만, 하나님을 만난 개인은 자신의 가정에 복음이 흘러가도록 힘써야 합니다. 세상 속에서 살아가지만 세상과 구별된 가정이 되도록 힘써야 합니다. 여호수아는 유언과 같은 말로 "너희가 섬길 자를 오늘 택하라 오직 나와 내 집은 여호와를 섬기겠노라"(수 24:15)라고 외칩니다. 이 외침과 다짐이 우리 가정 안에서 대대로 이어져야 합니다.

성도는 할례를 받은 자답게 구별된 존재로 살아야 합니다. 욕망을 추구하는 삶이 아닌 거룩한 삶을 살아야 합니다. 세상의 고지를 점령하려고 애쓰기보다는 세상의 낮은 곳에서 섬겨야 합니다. 어두운 곳에서 빛으로, 썩은 곳에서 소금으로 살아야 합니다. 우리 가정이 대대로 이 사명을 이어 가길 축복합니다.

⚲ 나눔

1. 내가 세상과 구별된 부분이 있다면 가족과 나눠 보세요.
2. 우리 가정이 대대로 할례를 받은 자답게 살기 위한 계획을 세워 보세요.

🕎 기도

하나님 아버지, 바벨론 같은 세상에서 거룩한 자로 살아갈 수 있는 힘을 주소서. 세상과 비교하며 열등감에 빠지지 않게 하시고, 세상을 불쌍히 여기며 섬길 수 있는 믿음을 주소서. 우리 가정이 대대로 할례의 정신을 붙잡고 살아가게 하소서. 거룩하신 예수님의 이름으로 기도드립니다. 아멘.

⏳ 우리 가족 이번 주 미션

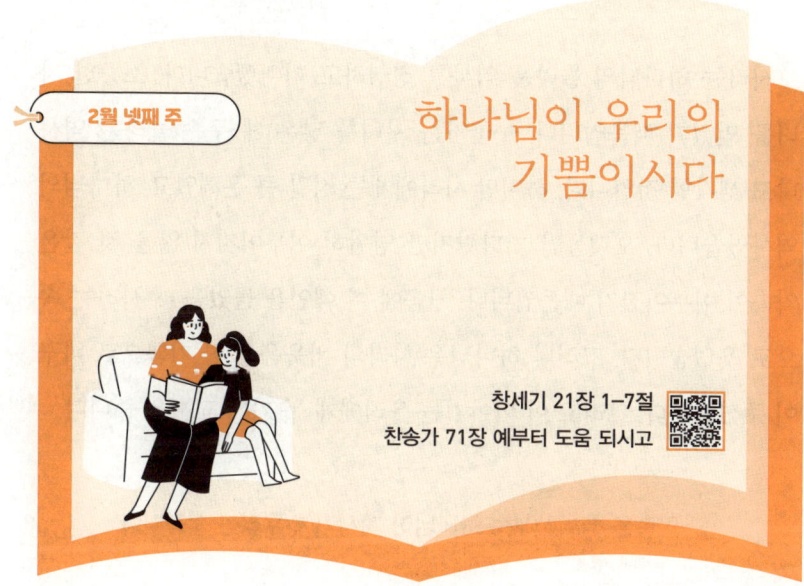

2월 넷째 주

하나님이 우리의 기쁨이시다

창세기 21장 1-7절
찬송가 71장 예부터 도움 되시라

창세기 21장 1-7절

1 여호와께서 말씀하신 대로 사라를 돌보셨고 여호와께서 말씀하신 대로 사라에게 행하셨으므로
2 사라가 임신하고 하나님이 말씀하신 시기가 되어 노년의 아브라함에게 아들을 낳으니
3 아브라함이 그에게 태어난 아들 곧 사라가 자기에게 낳은 아들을 이름하여 이삭이라 하였고
4 그 아들 이삭이 난 지 팔 일 만에 그가 하나님이 명령하신 대로 할례를 행하였더라
5 아브라함이 그의 아들 이삭이 그에게 태어날 때에 백 세라
6 사라가 이르되 하나님이 나를 웃게 하시니 듣는 자가 다 나와 함께 웃으리로다
7 또 이르되 사라가 자식들을 젖먹이겠다고 누가 아브라함에게 말하였으리요마는 아브라함의 노경에 내가 아들을 낳았도다 하니라

사라는 하나님의 놀라운 역사를 경험하고 기뻐했습니다. 소중한 자녀를 얻었기 때문입니다. 누군가는 자녀를 낳은 게 무슨 놀라운 역사냐고 생각할 것입니다. 하지만 사라에게는 정말 큰 은혜였고, 하나님의 역사였습니다. 오랫동안 기다렸지만 영원히 이루어지지 않을 것 같은 약속이 이루어졌기 때문입니다. 처음에 이 예언을 들었을 때 사라는 속으로 웃었습니다. 그러나 하나님은 사라의 비웃음을 참 기쁨으로 바꾸어 주셨습니다. 그리고 이 이야기는 우리에게 두 가지 교훈을 줍니다.

약속을 성취하시는 하나님이 계시기에 우리는 기쁩니다

하나님은 아브라함과 사라에게 아들을 낳을 것을 예언하셨습니다. 그러나 이 예언을 받을 때 아브라함과 사라는 임신이 불가능한 나이였습니다. 90세가 가까운 나이였기에 사라는 말이 안 된다며 웃었습니다. 그러나 하나님은 불가능한 약속을 하시는 분이 아닙니다. 우리는 불가능하다며 비웃지만 하나님은 불가능을 가능하게 하십니다. 전능하신 하나님께 불가능이란 없습니다. 신실하신 하나님은 우리에게 거짓말을 하지 않으십니다. 그래서 약속하신 것은 반드시 이루어 주시며, 그 약속은 우리의 상황에 따라 변하지 않습니다. 그래서 1절은 "여호와께서 말씀하신 대로 사라를 돌보셨고 여호와께서 말씀하신 대로 사라에게 행하셨으므로"라고 말합니다. 하나님이 말씀하신 대로 이루어졌다는 사실을 두 번이나 강조합니다.

하나님이 말씀하신 것을 의심하지 말아야 합니다. 하나님이 말씀하셨기에 반드시 이루어집니다. 우리는 믿음으로 인내하며 하나님이 약속을 이루실 날을 기다려야 합니다.

비록 우리가 처한 상황이 기대한 것과 다르게 흘러가더라도 하나님은 모든 것을 합력하여 선을 이루신다는 믿음을 가지시기 바랍니다. 하나님은 모세를 통해 "그런즉 너는 알라 오직 네 하나님 여호와는 하나님이시요 신실하신 하나님이시라 그를 사랑하고 그의 계명을 지키는 자에게는 천 대까지 그의 언약을 이행하시며 인애를 베푸시되"(신 7:9)라고 말씀하셨습니다. 하나님이 약속을 지키시기에 우리에게 기쁨이 있습니다.

✝ 하나님이 우리의 참 기쁨이십니다

나의 가장 큰 기쁨은 무엇입니까? 내가 원하는 것을 얻고, 내가 바라는 삶을 사는 것입니까? 사람들은 돈과 명예, 권력과 건강 등을 기쁨의 이유로 삼습니다. 그러나 이것은 모두 유한하다는 한계를 가지고 있습니다. 돈을 잃고 명예를 잃으면 기쁨은 사라지고 절망이 찾아옵니다. 유한한 것에서 기쁨의 이유를 찾으면 잠시 기쁨을 누릴 수 있지만 영원한 기쁨, 참 기쁨은 얻을 수 없습니다. 그럼에도 많은 사람이 유한한 것을 통해 얻는 기쁨에 집착합니다. 참 기쁨은 무엇을 더 얻고 소유하는 데서 나오지 않습니다. 기쁨의 근원이신 하나님을 통해 얻을 수 있습니다. 하나님은 영원하시고 불변하시기 때문에 하나님이 주시는 기쁨은 사라지지 않고 영원합니다. 우리가 원하는 것을 얻지 못해도 기쁘고, 내가 바라는 삶을 살지 못해도 기쁩니다. 주님과 동행하는 것 자체가 기쁨이고, 그 기쁨은 아무도 빼앗아 갈 수 없기 때문입니다.

사라를 웃게 하신 하나님은 우리도 웃게 하십니다. 흑암 속에 살던 우리에게 빛을 비추어 주시고, 허물과 죄로 죽은 우리 인생에 예수 그리스도를 보내시어 구원해 주신 것이 우리가 웃는 이유입니다. 이 사건은 옛적부터 우리에게 하신 약속이 성취된 것입니다. 하나님은 우리를 사망에서 생명으로 이끌어 주시고, 하나님의 자녀로 삼아 주셨습니다(요 1:12). 그래서 우리가 하나님께 필요를 구하는 삶을 살게 하셨고, 그것을 통해 우리 안에 기쁨을 충만하게 하셨습니다(요 16:24). 우리가 하나님을 바라볼 때 하나님은 우리에게 한없는 은혜를 베푸셔서 우리를 웃게 하십니다. 세상이 줄 수 없는 평안과 기쁨을 주셔서 우리가 참 기쁨 가운데 살아가게 하십니다. 하나님이 우리의 기쁨이십니다. 기쁨의 근원이시고, 구하는 자에게 풍성한 은혜를 베풀어 주시는 주님 안에서 기쁨이 충만한 삶을 살아가길 바랍니다.

나눔

1. 하나님의 약속이 이루어져서 기뻤던 경험이 있으면 나눠 보세요.
2. 나는 하나님을 기뻐하고 있나요? 하나님을 기뻐하기 위해 결단해야 할 일은 무엇이라고 생각하나요?

기도

하나님 아버지, 약속을 반드시 이루시며 하나님의 자녀에게 참된 기쁨을 허락하시는 하나님을 찬양합니다. 하나님의 약속을 신뢰하며 그 약속을 이루시는 하나님이 기쁨의 이유가 되신다는 사실을 고백하는 자가 되게 하소서. 저희 가정이 하나님을 기뻐하는 가정이 되게 하시고, 하나님 안에서 충만한 기쁨을 누리게 하소서. 예수님의 이름으로 기도드립니다. 아멘.

우리 가족 이번 주 미션

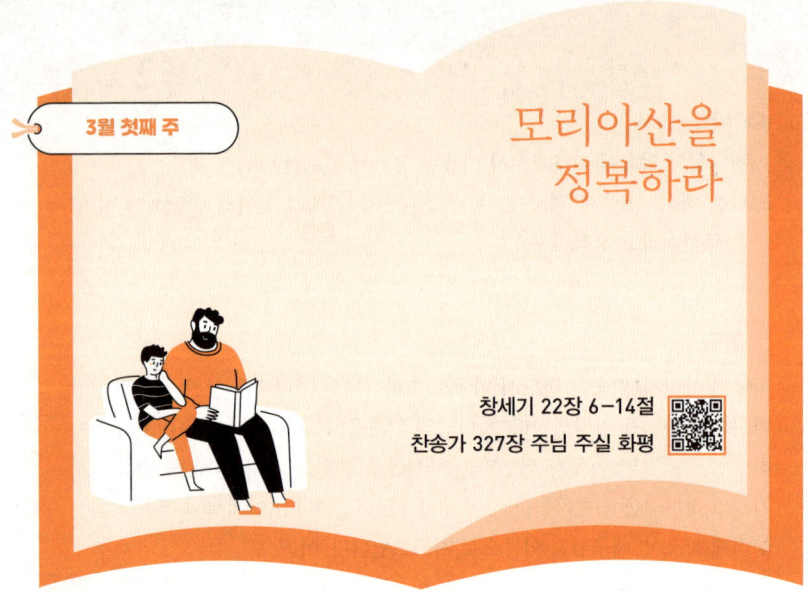

3월 첫째 주

모리아산을 정복하라

창세기 22장 6-14절
찬송가 327장 주님 주실 화평

창세기 22장 6-14절

6 아브라함이 이에 번제 나무를 가져다가 그의 아들 이삭에게 지우고 자기는 불과 칼을 손에 들고 두 사람이 동행하더니

7 이삭이 그 아버지 아브라함에게 말하여 이르되 내 아버지여 하니 그가 이르되 내 아들아 내가 여기 있노라 이삭이 이르되 불과 나무는 있거니와 번제할 어린 양은 어디 있나이까

8 아브라함이 이르되 내 아들아 번제할 어린 양은 하나님이 자기를 위하여 친히 준비하시리라 하고 두 사람이 함께 나아가서

9 하나님이 그에게 일러 주신 곳에 이른지라 이에 아브라함이 그 곳에 제단을 쌓고 나무를 벌여 놓고 그의 아들 이삭을 결박하여 제단 나무 위에 놓고

10 손을 내밀어 칼을 잡고 그 아들을 잡으려 하니

11 여호와의 사자가 하늘에서부터 그를 불러 이르시되 아브라함아 아브라함아 하시는지라 아브라함이 이르되 내가 여기 있나이다 하매

12 사자가 이르시되 그 아이에게 네 손을 대지 말라 그에게 아무 일도 하지 말라 네가 네 아들 네 독자까지도 내게 아끼지 아니하였으니 내가 이제야 네가 하나님을 경외하는 줄을 아노라
13 아브라함이 눈을 들어 살펴본즉 한 숫양이 뒤에 있는데 뿔이 수풀에 걸려 있는지라 아브라함이 가서 그 숫양을 가져다가 아들을 대신하여 번제로 드렸더라
14 아브라함이 그 땅 이름을 여호와 이레라 하였으므로 오늘날까지 사람들이 이르기를 여호와의 산에서 준비되리라 하더라

중세 어느 수도원에서 있었던 이야기입니다. 그 수도원에는 제자가 되겠다고 찾아오는 사람들이 많았습니다. 이때 수도원장은 찾아오는 사람들에게 씨앗을 나눠 주며 씨앗을 땅에 거꾸로 심으라고 합니다. 수도원장은 씨앗을 그의 말대로 거꾸로 심은 사람은 받아 주고, 씨앗을 바르게 심은 사람은 거절하며 다음과 같이 말했다고 합니다. "청년처럼 똑똑한 사람은 혼자 가서 사십시오. 당신은 선생으로서의 자격은 있어도 제자로서의 자격은 없습니다. 내가 거꾸로 심으라고 했으면 이치에 맞지 않아도 내 말대로 해야 합니다." 그 시험은 씨앗을 바르게 심는 것이 아니라 수도원장의 말에 대한 순종 여부를 살피는 것이었습니다.

삶은 시험의 연속입니다. 모리아산은 시험의 장소입니다. 아브라함은 지금 시험의 산에 오르고 있습니다. 그는 인간적인 관점에서 절대로 이해할 수 없고 통과할 수도 없는 시험을 만났습니다. 하지만 결국 모리아산의 시험을 극복하고 정상에 섭니다. 그리고 우리는 아브라함의 모습을 통해서 시험을 이기는 비결을 배울 수 있습니다.

✝ 모리아산을 믿음으로 오르십시오

흔히 시험은 두 가지 형태로 옵니다. 첫째는 유혹(temptation)이고, 둘째는 시험(test)입니다. 사탄은 유혹하고, 하나님은 시험하십니다. 유혹의 목적은 넘어뜨리는 것이고, 시험의 목적은 든든히 서게 하는 것입니다. 유혹은 피해야 하고, 시험은 돌파해야 합니다. 아브라함은 지금 인생 최고의 시험을 맞이했고, 믿음으로 모리아산을 올랐습니다. 아브라함은 이삭이 번제할 어린 양에 대해서 묻자 다음과 같이 대답합니다. "내 아들아 번제할 어린 양은 하나님이 자기를 위하여 친히 준비하시리라"(8절). 이해할 수 없는 시험 문제를 안고 모리아산을 오르는 동안 아브라함은 하나님을 의심하는 것이 아니라, 확고한 믿음을 가지고 있었습니다. 믿음으로 모리아산을 오른다면 '시험(test)'은 삶을 '업그레이드(upgrade)' 시키는 통로가 됩니다. 모리아산까지 가는 사흘 동안 아브라함의 믿음은 더욱 굳건해진 것입니다. 시험의 산을 믿음으로 오르길 축복합니다.

✝ 하나님을 경외함으로 순종하십시오

모리아산을 오르기 위해서는 힘이 있어야 합니다. 그 힘은 바로 순종입니다. 모리아산은 순종으로만 올라갈 수 있습니다. 근본적으로 생각해 볼 때, 시험에서 넘어지는 이유는 순종하지 않기 때문입니다. 여호와의 사자는 아브라함이 철저하게 순종하는 모습을 보고 다음과 같이 말합니다. "사자가 이르시되 그 아이에게 네 손을 대지 말라 그에게 아무 일도 하지 말라 네가 네 아들 네 독자까지도 내게 아끼지 아니하였으니 내가 이제야 네가 하나님을 경외하는 줄을 아노라"(12절). "이제야"라는 단어가 눈에 들어옵니다. 아브라함의 아끼지 않는 순종을 통해 그가 하나님을 얼마나 경외하는지가 증명됩니다. 시험을 통해 하나님을 얼마나 경외하는지 증명하는 가정이 되길 축복합니다.

모리아산은 시험의 산이었으나 결국 축복의 산이었고, '여호와 이레'의 하나님을 경험하는 산이었습니다. 아브라함 인생 최고의 시험의 순간이 하나님을 가장 크게 경험하는 시간이 된 것입니다. 아브라함이 시험의 산인 모리아산을 믿음으로 정복한 것처럼, 다가오는 모든 시험에서 승리하는 가정이 되길 축복합니다.

나눔

1. 시험을 통해 나의 삶(믿음, 사고, 내면)이 성장한 경험이 있다면 가족과 나눠 보세요.
2. 우리 가정이 지금의 상황에서 하나님을 경외하는 마음으로 순종할 것은 무엇인가요?

기도

하나님 아버지, 시험을 만날 때 포기하거나 주저앉지 않고 주와 함께 승리하는 가정이 되길 원합니다. 시험을 통해 믿음이 더욱 굳건해지고 하나님을 경외함으로 순종하는 가정이 되게 하소서. 시험을 통해 '여호와 이레'의 은혜를 경험하게 하소서. 거룩하신 예수님의 이름으로 기도드립니다. 아멘.

우리 가족 이번 주 미션

3월 둘째 주

기도를 통해 역사하시는 하나님

창세기 25장 19-26절
찬송가 447장 이 세상 끝날까지

창세기 25장 19-26절

19 아브라함의 아들 이삭의 족보는 이러하니라 아브라함이 이삭을 낳았고
20 이삭은 사십 세에 리브가를 맞이하여 아내를 삼았으니 리브가는 밧단 아람의 아람 족속 중 브두엘의 딸이요 아람 족속 중 라반의 누이였더라
21 이삭이 그의 아내가 임신하지 못하므로 그를 위하여 여호와께 간구하매 여호와께서 그의 간구를 들으셨으므로 그의 아내 리브가가 임신하였더니
22 그 아들들이 그의 태 속에서 서로 싸우는지라 그가 이르되 이럴 경우에는 내가 어찌할꼬 하고 가서 여호와께 묻자온대
23 여호와께서 그에게 이르시되 두 국민이 네 태중에 있구나 두 민족이 네 복중에서부터 나누이리라 이 족속이 저 족속보다 강하겠고 큰 자가 어린 자를 섬기리라 하셨더라
24 그 해산 기한이 찬즉 태에 쌍둥이가 있었는데
25 먼저 나온 자는 붉고 전신이 털옷 같아서 이름을 에서라 하였고

26 후에 나온 아우는 손으로 에서의 발꿈치를 잡았으므로 그 이름을 야곱이라 하였으며 리브가가 그들을 낳을 때에 이삭이 육십 세였더라

이삭은 하나님이 주신 약속의 상속자였고, 그의 아내 리브가는 믿음으로 가나안 땅에 온 여인이었습니다. 두 사람의 결혼은 축복이었지만, 20년 동안 자녀가 생기지 않아 큰 근심에 빠졌습니다. 그 시대에 자녀를 낳지 못하는 것은 큰 문제였으며, 이삭은 아브라함에게 주신 언약이 끊어질지도 모른다는 불안에 직면했습니다. 두 사람은 이 문제를 어떻게 해결했습니까? 우리는 감당할 수 없는 문제를 어떻게 대응합니까?

문제는 기도를 낳습니다

"이삭이… 여호와께 간구하매"(21b절)라는 구절은 문제 앞에 우리가 해야 할 일이 무엇인지 가르쳐 줍니다. 문제를 만난 우리가 해야 할 선택은 기도입니다. 문제의 크기와 무게가 얼마가 되건 기도하면 됩니다. 물론 기도의 과정은 만만하거나 쉽지 않습니다. 이삭이 결혼한 나이는 40세였습니다. 그리고 에서와 야곱을 얻은 나이는 60세입니다. 적어도 자녀를 위해 20년 가까이 기도했다는 것을 알 수 있습니다. 이렇게 긴 시간을 기도할 수 있었던 것은 응답이 있을 것을 믿었기 때문입니다. 그것은 이삭 자신이 기도로 태어난 아이였고, 응답의 결과라는 것을 알고 있었기 때문입니다.

리브가는 고대하던 아이를 임신했지만, 문제는 끝나지 않았습니다. 태중의 아이들이 서로 싸우자 리브가는 걱정하며 하나님 앞에 나아가 기도했습니다. 우리도 크고 작은 문제로 걱정하지만, 이를 기도로 하나님께 맡겨야 합니다. 자신의 능력으로 해결할 수 없는 일이 생기면 하나님을 의지해야 하며, 평소 기도하지 않았더라도 문제가 생기면 기도의 자리로 나아가야 합니다. 하나님은 우리의 기도를 들으시고 은혜를 베푸십니다. 문제는 기도를 낳고, 기도를 통해 우리는 하나님의 역사를 경험합니다.

✝ 하나님은 기도에 반드시 응답하십니다

박영돈 교수의 『성령충만, 실패한 이들을 위한 은혜』(SFC, 2023)에는 인도 선교사였던 스탠리 존스가 기도에 대해 한 말이 실려 있습니다. 스탠리 존스는 "이 세상의 특정한 것들은 우리가 어떻게 하는지에 따라 변화될 수 있도록 개방되어 있다. 우리가 그것을 행하지 않는다면 그것들은 영원히 그대로 남아 있을 것이다. 하나님은 어떤 것들(기도하지 않으면 이루어질 수 없는 것들)은 기도에 열린 상태로 남겨 놓으셨다"라고 말합니다. 하나님이 우리에게 기도를 요구하시는 것은 기도에 응답을 주시기 위한 것입니다. 이삭이 리브가의 임신을 위해 기도했을 때 임신하게 하신 것은 기도의 응답입니다.

하나님은 모든 것을 하실 수 있지만 우리에게 기도를 요구하십니다. 그것은 우리의 기도를 통해 하나님이 일하시는 것을 보여 주기 위한 것입니다. 우리는 하나님이 일하시는 것을 보며 어떤 문제를 만나더라도 하나님이 일하고 계심을 믿고 기도하게 됩니다. 오랜 기간 기도의 응답이 없어도 실망하지 않고 응답될 때까지 기도할 수 있게 합니다. 그래서 성도로 하여금 좋은 일이 있으면 나쁜 일이 있고 나쁜 일이 있으면 좋은 일이 있다는 새옹지마의 인생관으로 보지 않고, 우리 인생에는 하나님이 응답하시는 기도가 있다는 사실을 기억하게 합니다. 기도할 수 있다는 사실이 위로가 되고, 기도의 응답을 통해 확신을 얻는 복된 성도가 되기 바랍니다.

나눔

1. 기도 응답을 받았던 경험을 나눠 주세요.
2. 요즘 나의 가장 큰 기도 제목은 무엇인가요?

기도

하나님 아버지, 내 삶에 주어진 모든 문제를 하나님께 아뢸 때 들으시고 응답하시는 하나님을 알게 하시니 감사합니다. 하나님께 기도함으로 하나님의 일하심을 경험하는 자가 되게 하시고, 기도를 멈추지 않는 하나님의 자녀가 되게 하소서. 우리 가정이 한마음으로 기도하는 가정이 되게 하시고, 응답하시는 하나님을 경험하게 하소서. 예수님의 이름으로 기도드립니다. 아멘.

우리 가족 이번 주 미션

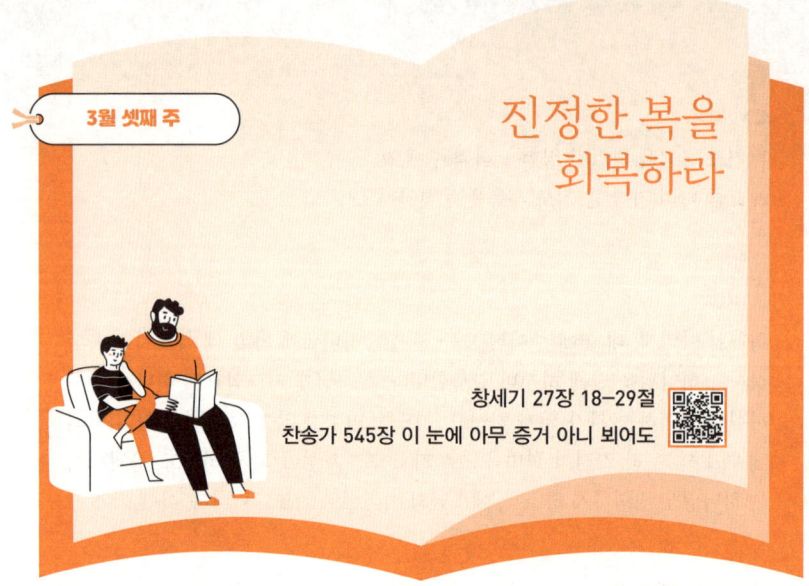

3월 셋째 주

진정한 복을 회복하라

창세기 27장 18-29절
찬송가 545장 이 눈에 아무 증거 아니 보여도

창세기 27장 18-29절

18 야곱이 아버지에게 나아가서 내 아버지여 하고 부르니 이르되 내가 여기 있노라 내 아들아 네가 누구냐
19 야곱이 아버지에게 대답하되 나는 아버지의 맏아들 에서로소이다 아버지께서 내게 명하신 대로 내가 하였사오니 원하건대 일어나 앉아서 내가 사냥한 고기를 잡수시고 아버지 마음껏 내게 축복하소서
20 이삭이 그의 아들에게 이르되 내 아들아 네가 어떻게 이같이 속히 잡았느냐 그가 이르되 아버지의 하나님 여호와께서 나로 순조롭게 만나게 하셨음이니이다
21 이삭이 야곱에게 이르되 내 아들아 가까이 오라 네가 과연 내 아들 에서인지 아닌지 내가 너를 만져보려 하노라
22 야곱이 그 아버지 이삭에게 가까이 가니 이삭이 만지며 이르되 음성은 야곱의 음성이나 손은 에서의 손이로다 하며
23 그의 손이 형 에서의 손과 같이 털이 있으므로 분별하지 못하고 축복하였더라

24 이삭이 이르되 네가 참 내 아들 에서냐 그가 대답하되 그러하니이다
25 이삭이 이르되 내게로 가져오라 내 아들이 사냥한 고기를 먹고 내 마음껏 네게 축복하리라 야곱이 그에게로 가져가매 그가 먹고 또 포도주를 가져가매 그가 마시고
26 그의 아버지 이삭이 그에게 이르되 내 아들아 가까이 와서 내게 입맞추라
27 그가 가까이 가서 그에게 입맞추니 아버지가 그의 옷의 향취를 맡고 그에게 축복하여 이르되 내 아들의 향취는 여호와께서 복 주신 밭의 향취로다
28 하나님은 하늘의 이슬과 땅의 기름짐이며 풍성한 곡식과 포도주를 네게 주시기를 원하노라
29 만민이 너를 섬기고 열국이 네게 굴복하리니 네가 형제들의 주가 되고 네 어머니의 아들들이 네게 굴복하며 너를 저주하는 자는 저주를 받고 너를 축복하는 자는 복을 받기를 원하노라

사람들은 건강, 재물, 성공과 같은 복을 좋아하지만, 진정한 복은 하나님이 주시는 영원한 복입니다. 야곱은 이 복을 간절히 구했던 사람으로, 형 에서를 속이고 아버지 이삭을 속이면서까지 그 복을 얻으려 했습니다. 그는 형이 받을 복을 가로채기 위해 어머니 리브가와 모의하기도 했습니다. 그러나 가족을 속이며 얻으려 했던 이 복을 과연 진정한 복이라고 할 수 있을까요?

진정한 복은 나를 아는 것입니다

야곱은 어머니의 지시로 분장해 에서처럼 꾸미고 이삭에게 가서 축복을 받습니다. 이삭이 이를 알아차리지 못한 것은 그의 나이로 인해

시력이 약해졌기 때문이며(창 27:1a), 이는 영적인 눈도 어두워졌음을 암시합니다. 하나님이 야곱을 언약의 상속자로 세우셨음을 알면서도, 이삭은 맏아들 에서를 상속자로 세우려 했습니다. 에서가 이방 여인들과 결혼하며 언약의 자격이 없음을 보였음에도 이삭은 하나님의 뜻을 분별하지 못했습니다. 이 영적 무감각 속에서 리브가와 야곱은 속임수로 하나가 되었고, 야곱은 아버지의 질문에 "나는 에서"라며 거짓말을 했습니다(19절). 이 거짓말은 더 큰 거짓으로 이어져 이삭이 "네가 어떻게 이같이 속히 잡았느냐?"(20절)고 묻자, "아버지의 하나님 여호와께서 나로 순조롭게 만나게 하셨음이니이다"(20절)라는 거짓말로 이어집니다. 거짓은 나와 다른 사람과의 관계를 위태롭게 합니다. 그리고 하나님과의 관계까지 위협합니다.

아버지의 축복을 거짓으로 가로챈 야곱은 노년에 자신의 인생에 대해 "험악한 세월"이었다고 고백합니다(창 47:9). 야곱은 보호를 받기 위해 도망친 외삼촌 라반에게서 몇 번이나 사기를 당했습니다. 또한 아버지의 축복을 빼앗은 것 때문에 분노한 형 에서에게 보복을 당할 위기에 빠진 적도 있습니다. 딸 디나가 하몰의 아들 세겜에게 성폭행을 당한 데에 분노한 아들들의 섣부른 복수로 인해 가족이 몰살당할 위기에 처했던 적도 있습니다(창 34:1-26). 또 사랑하는 아들 요셉이 죽었다는 불행한 소식을 듣고 오랜 시간 슬픔에 빠지기도 했습니다. 야곱은 이런 고통과 아픔을 통해 자신이 지극히 작고 초라한 존재라는 사실을 알게 되었습니다. 하나님이 작고 초라한 자신을 상속자로 삼아 주시고 사용하셨다는 사실을 알게 된 것입니다.

✝ 진정한 복은 하나님을 아는 것입니다

야곱은 자신의 작음을 알게 됨으로써 하나님의 크심을 볼 수 있게 되었습니다. 자신이 연약하다는 사실을 아는 사람은 하나님을 의지하게 됩니다. 이삭은 야곱을 위해 빈 복(28-29절)은 하나님이 아브라함에게 주신 복이었습니다. 이 복을 야곱이 이어받았습니다. 이것은 하나님이 야곱의 인생에 개입하시고, 그를 복의 통로로 사용하신다는 것을 가리킵니다. 하나님의 뜻을 이루는 인생으로 세워 주신다는 것을 말해 줍니다.

하나님은 우리가 하나님의 존귀한 자녀라는 사실을 알고, 하나님의 뜻을 따라 살아가는 복된 자리에 있기를 바라십니다. 알고, 모든 것이 사라지고 나서 우리에게 남는 유일한 분인 하나님이 우리가 누구인지를 정의해 주십니다. 하나님이 우리를 위해 하나뿐인 아들을 십자가에 내어 주셨다는 사실을 통해 우리가 예수님의 보혈로 구원받을 정도로 존귀한 사람이라는 것을 알게 됩니다. 우리의 진정한 복은 세상의 물질이 아니라 오직 하나님이라는 사실을 믿고 오늘도 우리의 복이신 하나님을 찬양하는 복된 성도가 되시기 바랍니다.

ⵥ 나눔

1. 내가 지금까지 생각했던 복은 무엇이었나요? 나는 왜 그것을 복이라고 생각했는지 나눠 보세요.
2. 하나님을 복을 삼았던 성경의 인물들을 찾아보고, 그들의 인생이 어떻게 변했는지를 나눠 보세요.

기도

하나님 아버지, 하나님만이 저의 유일한 복의 근원이심을 고백합니다. 세상이 말하는 복을 구하는 삶이 아닌, 하나님을 아는 것이 진정한 복임을 알고 이를 위해 열심을 다하는 자가 되게 하소서. 우리 가정 가운데 하나님을 아는 복을 허락하시고 우리 가정의 복이신 하나님을 찬양하게 하소서. 예수님의 이름으로 기도드립니다. 아멘.

우리 가족 이번 주 미션

3월 넷째 주

하나님이 찾아오시다

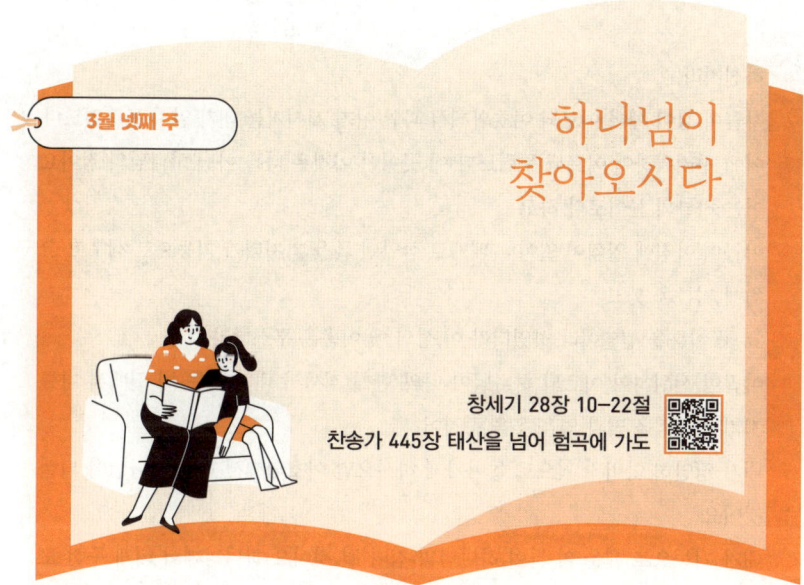

창세기 28장 10-22절
찬송가 445장 태산을 넘어 험곡에 가도

창세기 28장 10-22절

10 야곱이 브엘세바에서 떠나 하란으로 향하여 가더니
11 한 곳에 이르러는 해가 진지라 거기서 유숙하려고 그 곳의 한 돌을 가져다가 베개로 삼고 거기 누워 자더니
12 꿈에 본즉 사닥다리가 땅 위에 서 있는데 그 꼭대기가 하늘에 닿았고 또 본즉 하나님의 사자들이 그 위에서 오르락내리락 하고
13 또 본즉 여호와께서 그 위에 서서 이르시되 나는 여호와니 너의 조부 아브라함의 하나님이요 이삭의 하나님이라 네가 누워 있는 땅을 내가 너와 네 자손에게 주리니
14 네 자손이 땅의 티끌 같이 되어 네가 서쪽과 동쪽과 북쪽과 남쪽으로 퍼져나갈지며 땅의 모든 족속이 너와 네 자손으로 말미암아 복을 받으리라
15 내가 너와 함께 있어 네가 어디로 가든지 너를 지키며 너를 이끌어 이 땅으로 돌아오게 할지라 내가 네게 허락한 것을 다 이루기까지 너를 떠나지 아니하리라

하신지라
16 야곱이 잠이 깨어 이르되 여호와께서 과연 여기 계시거늘 내가 알지 못하였도다
17 이에 두려워하여 이르되 두렵도다 이 곳이여 이것은 다름 아닌 하나님의 집이요 이는 하늘의 문이로다 하고
18 야곱이 아침에 일찍이 일어나 베개로 삼았던 돌을 가져다가 기둥으로 세우고 그 위에 기름을 붓고
19 그 곳 이름을 벧엘이라 하였더라 이 성의 옛 이름은 루스더라
20 야곱이 서원하여 이르되 하나님이 나와 함께 계셔서 내가 가는 이 길에서 나를 지키시고 먹을 떡과 입을 옷을 주시어
21 내가 평안히 아버지 집으로 돌아가게 하시오면 여호와께서 나의 하나님이 되실 것이요
22 내가 기둥으로 세운 이 돌이 하나님의 집이 될 것이요 하나님께서 내게 주신 모든 것에서 십분의 일을 내가 반드시 하나님께 드리겠나이다 하였더라

고든 맥도날드는 『인생의 궤도를 수정할 때』(IVP, 2020)에서 회색 쥐 이야기를 통해 중요한 교훈을 전합니다. 두려움 때문에 고양이, 개, 사람이 되고자 했던 쥐는 결국 요정에게 쥐의 심장을 지적받고 다시 쥐로 돌아갑니다. 이 이야기는 무엇이 되느냐보다 어떤 사람이 되는지가 중요하다는 것을 가르칩니다. 야곱의 삶이 이를 잘 보여 줍니다.

하나님이 만나 주십니다

야곱은 형 에서를 피해 외삼촌이 있는 밧단 아람으로 향했습니다. 이것은 야곱의 인생에서 가장 괴롭고 힘든 일이었을 것입니다. 야곱이 베

고 잔 돌 베개는 야곱의 마음 상태를 보여 줍니다. 강도나 들짐승이 공격해 오면 자신을 보호하기 위해 돌을 베개로 삼은 것입니다. 야곱은 그토록 원했던 장자의 축복을 받았지만 축복을 받은 후에 일어난 일은 그가 기대했던 축복의 내용과 달랐습니다. 우리는 원하는 것을 얻으면 세상의 모든 것을 다 얻은 것처럼 행복할 것이라고 생각합니다. 그러나 야곱이 그랬던 것처럼 원하는 것을 얻는다고 해도 행복이 찾아오지 않을 수 있습니다. 우리는 원하는 것을 손에 넣고 그것이 우리를 복되게 할 것이라고 생각하지만 그것은 우리에게 복을 약속해 주지 않습니다.

형이 받아야 할 축복을 가로챈 야곱은 불안한 마음으로 잠을 청합니다. 그날 밤 야곱은 꿈에서 천사들이 사닥다리로 하늘과 땅을 오르락내리락하는 것을 보았습니다. 그리고 그 위에 하나님이 서 계신 것을 보았습니다. 하나님이 먼저 야곱을 찾아오셨습니다. 우리가 하나님을 의식하지 않고 살아갈 때, 하나님을 찾을 생각도 하지 못하고 살아가고 있을 때, 하나님은 우리를 찾아오십니다. 하나님이 야곱에게 두 가지 약속을 주십니다. 첫 번째 약속은 땅을 주겠다는 약속입니다. 두 번째 약속은 자손을 주겠다는 약속입니다. 두 약속은 야곱의 할아버지 아브라함과 아버지 이삭에게 주신 약속이었습니다.

하나님은 야곱을 향한 계획을 가지셨듯 우리를 향한 선한 계획도 가지고 계십니다. 우리가 어디로 가야 할지 고민할 때도 하나님은 우리를 먹이고 입히시며 보호해 주십니다. 하나님의 자녀로서 우리는 복의 통로가 되며, 쥐의 심장이 아닌 하나님의 심장을 가진 사람으로 변화될 것입니다.

하나님과 인격적인 관계를 맺습니다

하나님은 야곱을 인격적으로 대하시며, 야곱은 하나님을 "나의 하나님"으로 고백합니다(21절). 그러나 야곱은 여전히 자기중심적인 생각에 사로잡혀, 자신을 지켜 주시고 먹여 주시며 평안히 돌아가게 해 주시면 하나님을 믿고 하나님의 집을 세우고 십일조를 드리겠다고 서원합니다(22절). 이는 우리가 구원받았음에도 합격, 승진, 가정의 복 등 많은 조건을 내세우며 하나님의 응답을 기대하는 모습과 같습니다.

감사한 것은 자기중심적인 조건으로 기도하는 우리의 기도를 하나님이 외면하지 않으신다는 점입니다. 야곱의 삶을 보면, 하나님은 야곱이 내세운 조건을 신실하게 지키셨지만, 야곱은 서원을 잊고 지키지 않았습니다. 그럼에도 하나님은 야곱이 서원을 기억하고 실행할 때까지 인내하며 기다리셨습니다. 야곱이 또 다른 위기 속에서 하나님을 만나 서원을 떠올릴 때까지 하나님은 한없는 사랑과 자비로 그를 기다려 주셨습니다. 하나님은 우리를 인격적으로 대하시며, 방황할 때에도 끝까지 인내하며 돌아오기를 기다리십니다. 이러한 은혜를 깨닫고 하나님께 돌아가는 사람이 되길 바랍니다.

🐟 나눔

1. 하나님이 언제나 먼저 찾아오신다는 것을 언제 느꼈나요?
2. 주님을 인격적으로 만났던 때는 언제였나요? 그때 내게 일어난 변화는 무엇이었나요?

🕯 기도

하나님 아버지, 죄인인 저를 먼저 찾아 주시고 하나님의 자녀로 삼아 주셔서 감사합니다. 부족하고 연약한 저를 버리지 않으시고 크신 은혜로 품어 주신 하나님의 넓은 사랑을 기억하며 살아가게 해 주소서. 예수님의 이름으로 기도드립니다. 아멘.

⏳ 우리 가족 이번 주 미션

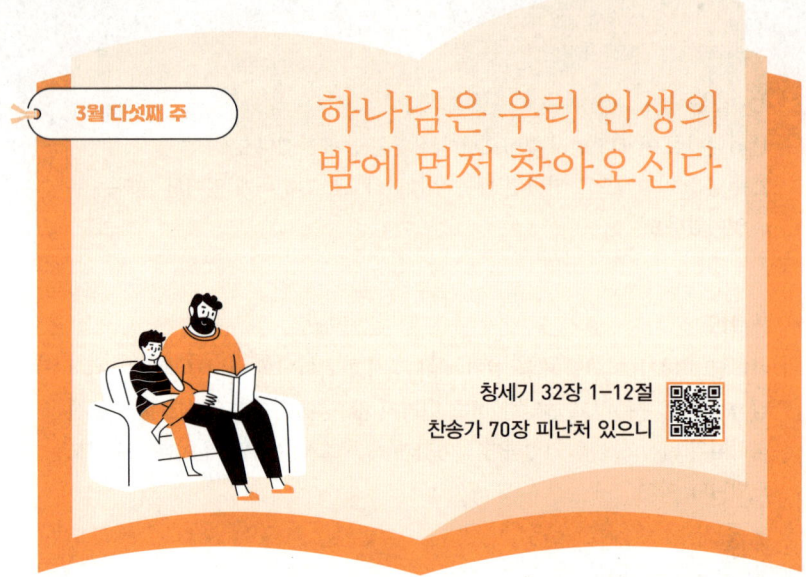

3월 다섯째 주

하나님은 우리 인생의 밤에 먼저 찾아오신다

창세기 32장 1-12절
찬송가 70장 피난처 있으니

창세기 32장 1-12절

1. 야곱이 길을 가는데 하나님의 사자들이 그를 만난지라
2. 야곱이 그들을 볼 때에 이르기를 이는 하나님의 군대라 하고 그 땅 이름을 마하나임이라 하였더라
3. 야곱이 세일 땅 에돔 들에 있는 형 에서에게로 자기보다 앞서 사자들을 보내며
4. 그들에게 명령하여 이르되 너희는 내 주 에서에게 이같이 말하라 주의 종 야곱이 이같이 말하기를 내가 라반과 함께 거류하며 지금까지 머물러 있었사오며
5. 내게 소와 나귀와 양 떼와 노비가 있으므로 사람을 보내어 내 주께 알리고 내 주께 은혜 받기를 원하나이다 하라 하였더니
6. 사자들이 야곱에게 돌아와 이르되 우리가 주인의 형 에서에게 이른즉 그가 사백 명을 거느리고 주인을 만나려고 오더이다
7. 야곱이 심히 두렵고 답답하여 자기와 함께 한 동행자와 양과 소와 낙타를 두 떼로 나누고

8 이르되 에서가 와서 한 떼를 치면 남은 한 떼는 피하리라 하고
9 야곱이 또 이르되 내 조부 아브라함의 하나님, 내 아버지 이삭의 하나님 여호와 여 주께서 전에 내게 명하시기를 네 고향, 네 족속에게로 돌아가라 내가 네게 은 혜를 베풀리라 하셨나이다
10 나는 주께서 주의 종에게 베푸신 모든 은총과 모든 진실하심을 조금도 감당할 수 없사오나 내가 내 지팡이만 가지고 이 요단을 건넜더니 지금은 두 떼나 이루 었나이다
11 내가 주께 간구하오니 내 형의 손에서, 에서의 손에서 나를 건져내시옵소서 내 가 그를 두려워함은 그가 와서 나와 내 처자들을 칠까 겁이 나기 때문이니이다
12 주께서 말씀하시기를 내가 반드시 네게 은혜를 베풀어 네 씨로 바다의 셀 수 없 는 모래와 같이 많게 하리라 하셨나이다

인생은 끝없는 숙제의 연속입니다. 야곱은 20년간 쌓인 외삼촌 라반 과의 갈등을 풀고 고향으로 돌아가지만, 마음은 편치 않았습니다. 형 에서라는 해결해야 할 더 큰 숙제가 그를 기다리고 있었기 때문입니다. 우리는 인생에서 가장 큰 숙제를 어떻게 풀어 가야 할까요?

하나님은 항상 먼저 찾아오십니다

고향으로 향하는 야곱은 고향이 가까워질수록 마음이 무거워졌습니 다. 에서의 분노는 곧 야곱의 두려움이 되었습니다. 그러나 하나님은 두려움 가운데 있는 야곱을 찾아오십니다. 1절은 "야곱이 길을 가는데 하나님의 사자들이 그를 만난지라"라고 말합니다. 야곱이 큰 두려움 속에 있을 때 하나님이 야곱을 먼저 찾아오셔서 힘과 용기를 주십니다.

야곱이 하나님의 사자들을 알아볼 수 있었던 것은 그가 집을 떠날 때 하나님의 사자들을 만났었기 때문입니다(창 28:12). 야곱은 20년 전 벧엘에서 하나님을 만났습니다. 생명의 위협을 느끼고 두려운 마음으로 고향을 떠날 때도 하나님이 먼저 야곱을 찾아와 만나 주셨습니다. 야곱은 그 자리에서 야곱이 어디로 가든지 함께해 주실 것이며 다시 이 땅으로 돌아오게 하겠다는 약속의 말씀을 들었습니다.

우리는 인생의 어두운 밤에 나 홀로 있다고 생각합니다. 그러나 하나님은 우리 인생의 밤에 항상 찾아오십니다. 고통과 아픔으로 깊은 밤을 맞을 때, 불안과 두려움 속에 앞이 보이지 않을 때, 우리를 찾아오셔서 한없는 사랑과 은혜를 베풀어 주십니다. 하나님은 우리가 하나님과 원수로 살았을 때도 우리를 포기하지 않고 먼저 손 내밀어 주셨습니다. 그래서 아직 죄인이었던 우리를 위해 아들을 죽이심으로 우리에 대한 사랑을 확증해 주셨습니다(롬 5:8). 그분은 우리 인생의 완벽한 보호자가 되십니다. 야곱이 마하나임이라고 부른 것처럼 군대가 되어 우리를 지켜 주십니다. 우리가 이 은혜 안에 살고 있습니다. 먼저 손 내밀며 찾아오시는 주님이 우리와 함께하십니다.

우리의 온전함 때문이 아니라 언약 때문에 도우십니다

야곱은 인생의 밤마다 찾아오신 하나님을 경험했지만 여전히 자신의 경험과 방법에 의지했습니다. 그는 에서를 두려워하며 두 가지 계획을 세웠습니다. 첫째, 사자들을 보내 에서에게 자신의 상황을 설명하고 호의를 구하게 했습니다(3-5절). 이는 형제의 관계라기보다 왕과 신하의 관계에 가까운 모습으로, 야곱이 에서를 만나는 일이 얼마나 어려웠는지 보여 줍니다. 둘째, 재산을 두 떼로 나누어 "한 떼가 공격받으면 남은 떼는 피하리라"(8절)고 계획했습니다. 이는 위기를 자신의 잔꾀로 극복하려는 야곱의 모습이었습니다.

이제 야곱은 자신의 방법이 답이 없음을 깨닫고 밤새 기도하기 시작합니다. 야곱은 에서를 두려워할 때 하나님의 군대를 보지 못했지만, 기도를 통해 하나님이 함께하심을 기억하게 됩니다. 기도는 두려움을 사라지게 하고, 하나님의 군대가 우리를 지키고 계심을 보게 합니다.

우리도 야곱처럼 넘어지고 두려움에 빠집니다. 허물이 많고 연약합니다. 하나님이 베풀어 주신 은혜를 망각하고 우리의 방법을, 우리의 경험을 의지합니다. 그러나 이렇게 실수하고 넘어져도 우리는 하나님의 약속을 받은 자녀이기 때문에, 우리가 약속을 붙들고 기도하면 하나님은 약속을 기억하시고 신실하게 이루어 주십니다. 그래서 고통과 아픔 가운데 있는 우리를 위로해 주십니다. 불안과 두려움 속에 사는 우리를 그 가운데서 건져 주십니다. 언제나 우리를 먼저 찾아와 주시고, 우리에게 한량없는 은혜를 베풀어 주십니다. 하나님의 약속을 붙들고 살아가는 복된 성도가 되시기 바랍니다.

🐟 나눔

1. 지금까지 살면서 어렵고 힘들었던 일은 무엇이었나요?
2. 인생의 어두운 밤에 찾아오신 하나님을 만났던 경험을 나눠 보세요. 그때 내 인생에 어떤 일이 일어났나요?

🏛 기도

하나님 아버지, 제 인생의 어두운 밤에 찾아오셔서 한없는 사랑과 은혜를 베푸시는 언약에 신실하신 하나님을 찬양합니다. 두려움으로 가득한 인생의 어두운 밤을 맞이할 때, 하나님의 언약을 의지하여 하나님께 기도하는 자가 되게 하소서. 내 인생에 넘치도록 풍성한 은혜를 베푸시는 하나님의 손길을 경험하는 자가 되게 하소서. 예수님의 이름으로 기도드립니다. 아멘.

🔔 우리 가족 이번 주 미션

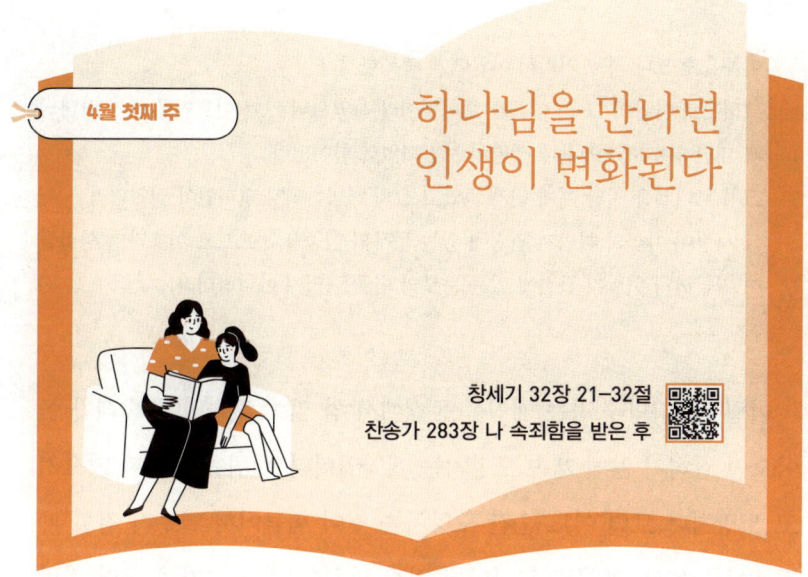

4월 첫째 주

하나님을 만나면 인생이 변화된다

창세기 32장 21-32절
찬송가 283장 나 속죄함을 받은 후

창세기 32장 21-32절

21 그 예물은 그에 앞서 보내고 그는 무리 가운데서 밤을 지내다가
22 밤에 일어나 두 아내와 두 여종과 열한 아들을 인도하여 얍복 나루를 건널새
23 그들을 인도하여 시내를 건너가게 하며 그의 소유도 건너가게 하고
24 야곱은 홀로 남았더니 어떤 사람이 날이 새도록 야곱과 씨름하다가
25 자기가 야곱을 이기지 못함을 보고 그가 야곱의 허벅지 관절을 치매 야곱의 허벅지 관절이 그 사람과 씨름할 때에 어긋났더라
26 그가 이르되 날이 새려하니 나로 가게 하라 야곱이 이르되 당신이 내게 축복하지 아니하면 가게 하지 아니하겠나이다
27 그 사람이 그에게 이르되 네 이름이 무엇이냐 그가 이르되 야곱이니이다
28 그가 이르되 네 이름을 다시는 야곱이라 부를 것이 아니요 이스라엘이라 부를 것이니 이는 네가 하나님과 및 사람들과 겨루어 이겼음이니라
29 야곱이 청하여 이르되 당신의 이름을 알려주소서 그 사람이 이르되 어찌하여 내

이름을 묻느냐 하고 거기서 야곱에게 축복한지라
30 그러므로 야곱이 그 곳 이름을 브니엘이라 하였으니 그가 이르기를 내가 하나님과 대면하여 보았으나 내 생명이 보전되었다 함이더라
31 그가 브니엘을 지날 때에 해가 돋았고 그의 허벅다리로 말미암아 절었더라
32 그 사람이 야곱의 허벅지 관절에 있는 둔부의 힘줄을 쳤으므로 이스라엘 사람들이 지금까지 허벅지 관절에 있는 둔부의 힘줄을 먹지 아니하더라

어릴 적 '다방구'라는 게임을 동네에서 참 많이 했습니다. 술래가 쫓아오면 잡히지 않게 계속 도망치는 게임입니다. 한참을 잡히지 않으려고 도망치다 보면 어느 순간 도망치는 것이 힘들어서 일부러 잡힐 때도 있었습니다. 게임도 그러한데 인생 자체를 계속 쫓기듯 살면 정말 힘들 것입니다. 야곱은 평생을 쫓기듯 살았습니다. 형 에서에게서 장자권을 빼앗아 도망쳤지만 다시금 고향으로 돌아가야 했습니다. 앞에서는 형 에서가 부하 400명을 거느리고 달려오고 있었습니다. 위기를 모면하기 위해 두 아내와 두 여종과 열한 아들을 자신의 소유와 함께 앞서 보냅니다. 문제를 해결하기 위해 자신이 소유한 모든 것을 걸었지만 두렵기만 합니다.

우리는 다음 사실을 기억해야 합니다. 내가 가진 이 땅의 것으로 이 땅의 문제를 해결할 수 없습니다. 깊은 구덩이에 빠진 사람이 구덩이 안의 것으로 구덩이를 빠져나올 수 없는 것과 같습니다. 구덩이 밖에서 도움을 받아야 빠져나갈 수 있습니다. 즉, 이 땅의 문제는 이 땅의 문제

를 주관하시는 하나님을 만나야 해결할 수 있습니다. 그렇다면 야곱은 어떻게 하나님을 만났습니까?

📖 절대로 포기하지 마십시오

의지할 것이 아무것도 없었던 야곱은 하나님만 붙잡습니다(24절). 날이 새도록 하나님만 붙잡습니다. 야곱은 그 이름의 뜻과 같이 평생을 '속이는 자'로 살았습니다. 자신의 계획과 꾀를 의지하며 평생을 살았습니다. 하지만 평생을 수고하여 얻은 것으로는 근본적인 삶의 문제를 해결할 수 없다는 것을 깨닫고서 날이 새도록 하나님만 붙잡은 것입니다. 결국 하나님만이 우리 인생의 해결자이십니다. 그러므로 하나님 만나기를 포기하지 말아야 합니다. 얍복 나루의 야곱처럼 우리 가정 역시 얍복 나루 위에 서야 합니다. 우리 가정은 하나님의 은혜가 아니면 살 수 없음을 깨달아야 합니다. 허벅지 관절이 어긋나는 고통이 있더라도 끝까지 하나님만을 붙잡아야 합니다(25절). 이 진리를 빨리 깨달을수록 우리 인생은 평안해질 것입니다.

📖 하나님 안에서 새로운 정체성을 발견하십시오

하나님을 강하게 붙잡은 야곱에게 하나님이 질문하십니다. "네 이름이 무엇이냐?" 하나님은 야곱의 정체성을 질문하신 것입니다. 이에 야곱은 "야곱이니이다", 즉 "나는 속이는 자입니다"라고 고백합니다. 하나님은 야곱에게 새로운 정체성을 부여하십니다. "그가 이르되 네 이름을 다시는 야곱이라 부를 것이 아니요 이스라엘이라 부를 것이니 이는 네가 하나님과 및 사람들과 겨루어 이겼음이니라"(28절). 하나님은 야곱의 정체성을 '속이는 자'에서 '하나님과 겨루어 이긴 자'로 바꾸셨습니다. 이것은 단순한 이름의 변화가 아니라 정체성의 변화를 의미합니다. 진정한 변화는 환경의 변화가 아니라 내면의 변화입니다. 세상은 늘 요동칠 것입니다. 하지만 내면이 하나님으로 가득 찬 사람은 흔들림이 없습니다. 야곱은 다리를 절면서 기우뚱거리며 걷지만 그의 내면은 어느 때보다도 평안해 졌습니다.

야곱이 브니엘을 떠날 때 해가 돋았습니다(31절). 인생의 어둠이 걷히고 새로운 태양이 떠오를 것입니다. 야곱의 인생은 브니엘을 기준으로 나뉩니다. 하나님을 만나면 인생이 변화합니다. 하나님의 얼굴을 구하는 가정에 새로운 태양이 떠오를 것입니다.

나눔

1. 얍복 나루의 야곱처럼 간절히 하나님만을 붙잡은 경험이 있다면 가족과 나눠 보세요.
2. 하나님 안에서 나의 정체성은 무엇인가요? 다음의 문장을 완성하고 가족과 나눠 보세요.
   "하나님 안에서 나는 ＿＿＿＿＿＿＿＿＿＿＿＿ 입니다."

기도

하나님 아버지, 우리 가정의 시선이 날마다 하나님의 얼굴로 향하길 원합니다. 사방이 막힌 상황에서도 뚫린 하늘을 바라보며 하나님의 얼굴을 구하는 가정이 되게 하소서. 하나님의 이름을 최후에 부르는 것이 아니라 최초에 부르는 가정이 되게 하소서. 우리 가정을 바라보시는 거룩하신 예수님의 이름으로 기도합니다. 아멘.

우리 가족 이번 주 미션

_____
_____
_____
_____
_____
_____
_____

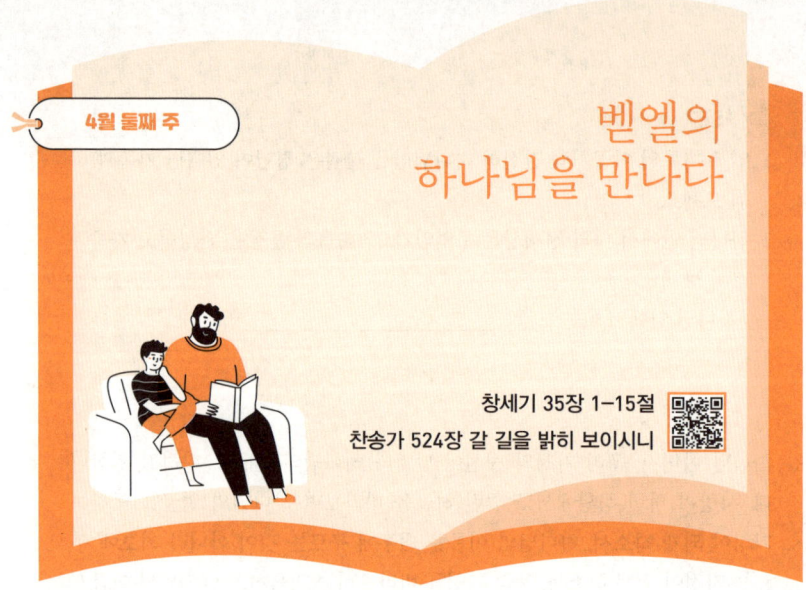

4월 둘째 주

벧엘의 하나님을 만나다

창세기 35장 1-15절
찬송가 524장 갈 길을 밝히 보이시니

창세기 35장 1-15절

1 하나님이 야곱에게 이르시되 일어나 벧엘로 올라가서 거기 거주하며 네가 네 형 에서의 낯을 피하여 도망하던 때에 네게 나타났던 하나님께 거기서 제단을 쌓으라 하신지라

2 야곱이 이에 자기 집안 사람과 자기와 함께 한 모든 자에게 이르되 너희 중에 있는 이방 신상들을 버리고 자신을 정결하게 하고 너희들의 의복을 바꾸어 입으라

3 우리가 일어나 벧엘로 올라가자 내 환난 날에 내게 응답하시며 내가 가는 길에서 나와 함께 하신 하나님께 내가 거기서 제단을 쌓으려 하노라 하매

4 그들이 자기 손에 있는 모든 이방 신상들과 자기 귀에 있는 귀고리들을 야곱에게 주는지라 야곱이 그것들을 세겜 근처 상수리나무 아래에 묻고

5 그들이 떠났으나 하나님이 그 사면 고을들로 크게 두려워하게 하셨으므로 야곱의 아들들을 추격하는 자가 없었더라

6 야곱과 그와 함께 한 모든 사람이 가나안 땅 루스 곧 벧엘에 이르고

7 그가 거기서 제단을 쌓고 그 곳을 엘벧엘이라 불렀으니 이는 그의 형의 낯을 피할 때에 하나님이 거기서 그에게 나타나셨음이더라
8 리브가의 유모 드보라가 죽으매 그를 벧엘 아래에 있는 상수리나무 밑에 장사하고 그 나무 이름을 알론바굿이라 불렀더라
9 야곱이 밧단아람에서 돌아오매 하나님이 다시 야곱에게 나타나사 그에게 복을 주시고
10 하나님이 그에게 이르시되 네 이름이 야곱이지마는 네 이름을 다시는 야곱이라 부르지 않겠고 이스라엘이 네 이름이 되리라 하시고 그가 그의 이름을 이스라엘이라 부르시고
11 하나님이 그에게 이르시되 나는 전능한 하나님이라 생육하며 번성하라 한 백성과 백성들의 총회가 네게서 나오고 왕들이 네 허리에서 나오리라
12 내가 아브라함과 이삭에게 준 땅을 네게 주고 내가 네 후손에게도 그 땅을 주리라 하시고
13 하나님이 그와 말씀하시던 곳에서 그를 떠나 올라가시는지라
14 야곱이 하나님이 자기와 말씀하시던 곳에 기둥 곧 돌 기둥을 세우고 그 위에 전제물을 붓고 또 그 위에 기름을 붓고
15 하나님이 자기와 말씀하시던 곳의 이름을 벧엘이라 불렀더라

사랑하는 사람과 첫 데이트를 했던 공원, 첫 월급을 받아 가족과 외식했던 식당, 첫 아이가 태어난 병원 등 특별한 추억이 있는 장소는 우리가 잊고 있던 것을 깨닫게 하고, 우리를 초심으로 돌아가게 합니다. 야곱에게 벧엘은 특별한 장소였습니다. 벧엘을 떠올리면 특별한 순간에 함께하셨던 하나님이 떠올랐습니다. 하나님은 야곱을 벧엘로 다시 부르셨습니다. 야곱을 벧엘로 부르신 이유가 무엇일까요?

하나님은 벧엘의 하나님이십니다

야곱의 딸 디나가 세겜 땅을 구경하다가 세겜에게 성폭행을 당하자, 야곱의 아들 시므온과 레위는 아버지와 상의 없이 세겜 남자들을 죽여 복수했습니다. 이 일로 주변 족속들이 분노했고, 야곱은 가족이 보복당할까 두려워 도망쳐야 했지만 갈 곳이 없었습니다. 우리의 힘으로 해결할 수 없는 문제 앞에서 우리는 무력감에 빠지곤 합니다. 하나님은 도망갈 곳 없는 야곱에게 벧엘로 올라가라고 말씀합니다(1a절). 하나님이 야곱을 만나 주셨던 은혜의 장소로 가라는 뜻입니다.

우리가 막다른 길에서 고통을 받을 때 하나님은 먼저 우리를 찾아오십니다. 야곱을 찾아오신 하나님은 벧엘로 올라가 거기에 거주하고 제단을 쌓으라고 명령하십니다. 이 명령에는 인생의 위기 가운데 벧엘의 하나님을 먼저 떠올리지 못한 것에 대한 책망이 담겨 있습니다. 그러나 하나님은 이미 늦었다고 말씀하지 않으십니다. 우리가 있어야 하는 원래 자리는 하나님을 만나는 예배의 자리입니다. 그래서 하나님은 우리를 벧엘로, 곧 하나님을 처음 만난 곳으로 부르시는 것입니다. 이는 우리가 잃었던 믿음을 되찾고, 하나님을 예배하는 삶을 회복하여 다시 일어서게 하시기 위함입니다.

✝ 벧엘의 하나님 앞에서 정결하십시오

야곱은 하나님과의 관계 회복이 유일한 문제 해결 방법임을 깨닫고, 그를 벧엘로 부르시는 하나님의 부름에 순종했습니다. 야곱은 하나님 앞에 나아가기 위해 과거와 달리 이방 신상을 벌고 몸에 치장한 귀금속을 제거하여 자신은 물론 가족 모두를 정결하게 합니다. 하나님을 만나기 위해 하나님께 나아가는 사람은 정결해야 합니다. 하나님이 기뻐하지 않는 것이라면 그것이 무엇이든 다 벗어야 합니다. 거룩한 하나님께 나아가는 예배를 드리는 삶이기 때문입니다.

야곱은 벧엘로 가는 동안 주변 사람들이 보복을 하지 않을까 하고 걱정했습니다. 그러나 야곱이 정결한 모습으로 하나님께 나아가자 하나님은 사면 고을들로 하여금 크게 두려워하게 하셔서 아무도 야곱과 그 가족을 공격하지 못하게 하셨습니다. 야곱이 해야 할 일이 무엇인지 알려 주시며 야곱을 벧엘로 인도해 주셨습니다. 하나님은 여기에 그치지 않고 야곱이 처음 벧엘에서 하나님을 만났을 때 주셨던 약속을 다시 기억나게 하시고, 야곱을 회복시켜 주십니다. 야곱의 회복은 걱정과 근심, 절망 가운데 있는 우리의 회복이 어떻게 이루어지는지를 가르쳐 줍니다. 야곱이 벧엘에서 하나님을 예배했던 것처럼 우리가 하나님을 예배할 때 우리의 삶에 회복의 은혜가 임합니다. 쓰러진 우리를 다시 일으켜 세우시고, 앞으로 나아갈 수 있도록 하나님이 새 힘을 주시는 줄 믿습니다.

김환영 시인의 「울 곳」이라는 시는 이렇게 시작합니다. "할머니 어디 가요? 예배당 간다 / 근데 왜 울면서 가요? 울려고 간다 / 왜 예배당 가서 울어요? 울 데가 없다" 하나님의 사람은 눈물 나는 인생의 문제를 가지고 하나님 앞에 나아갑니다. 그 기도의 자리, 예배 가운데 임재하시는 하나님 앞에서 울 때 하나님은 우리의 눈물을 닦아 주시고, 다시 웃을 수 있도록 은혜를 베풀어 주십니다. 벧엘로 올라오라고 부르시는 하나님의 말씀에 순종하여 우리를 만나 주셨던 은혜의 자리로, 예배의 자리로, 기도의 자리로 나아가는 우리가 되기 바랍니다.

🐟 나눔

1. 내가 예수님을 처음 믿게 된 계기는 무엇이었는지 나눠 보세요.
2. 내가 돌아갈 벧엘은 어디인가요? 그곳에서 회복해야 할 것은 무엇인지 나눠 보세요.

🕯 기도

하나님 아버지, 감사합니다. 저를 만나 주시고 은혜를 베풀어 주신 그 은혜를 기억합니다. 또한 언제나 함께하시며 변함없는 사랑으로 인도해 주셔서 감사합니다. 삶의 어려운 순간마다 하나님과 함께했던 벧엘을 기억하게 하시고, 그곳으로 나아가 회복시켜 주시는 은혜를 경험하게 해 주소서. 예수님의 이름으로 기도드립니다. 아멘.

💡 우리 가족 이번 주 미션

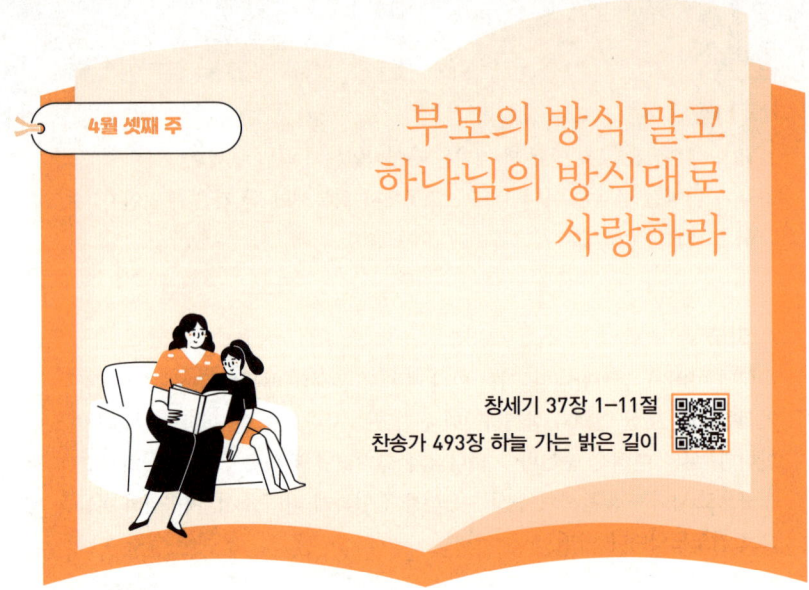

부모의 방식 말고 하나님의 방식대로 사랑하라

4월 셋째 주

창세기 37장 1-11절
찬송가 493장 하늘 가는 밝은 길이

창세기 37장 1-11절

1 야곱이 가나안 땅 곧 그의 아버지가 거류하던 땅에 거주하였으니
2 야곱의 족보는 이러하니라 요셉이 십칠 세의 소년으로서 그의 형들과 함께 양을 칠 때에 그의 아버지의 아내들 빌하와 실바의 아들들과 더불어 함께 있었더니 그가 그들의 잘못을 아버지에게 말하더라
3 요셉은 노년에 얻은 아들이므로 이스라엘이 여러 아들들보다 그를 더 사랑하므로 그를 위하여 채색옷을 지었더니
4 그의 형들이 아버지가 형들보다 그를 더 사랑함을 보고 그를 미워하여 그에게 편안하게 말할 수 없었더라
5 요셉이 꿈을 꾸고 자기 형들에게 말하매 그들이 그를 더욱 미워하였더라
6 요셉이 그들에게 이르되 청하건대 내가 꾼 꿈을 들으시오
7 우리가 밭에서 곡식 단을 묶더니 내 단은 일어서고 당신들의 단은 내 단을 둘러서서 절하더이다

8 그의 형들이 그에게 이르되 네가 참으로 우리의 왕이 되겠느냐 참으로 우리를 다스리게 되겠느냐 하고 그의 꿈과 그의 말로 말미암아 그를 더욱 미워하더니
9 요셉이 다시 꿈을 꾸고 그의 형들에게 말하여 이르되 내가 또 꿈을 꾼즉 해와 달과 열한 별이 내게 절하더이다 하니라
10 그가 그의 꿈을 아버지와 형들에게 말하매 아버지가 그를 꾸짖고 그에게 이르되 네가 꾼 꿈이 무엇이냐 나와 네 어머니와 네 형들이 참으로 가서 땅에 엎드려 네게 절하겠느냐
11 그의 형들은 시기하되 그의 아버지는 그 말을 간직해 두었더라

열 손가락 깨물어서 안 아픈 손가락은 없지만 덜 아픈 손가락은 있기 마련입니다. 자녀가 여럿 있다 보면 마음이 더 가는 자녀가 있을 수 있습니다. 자녀 양육과 교육에 있어서 공정성은 매우 중요합니다. 부모가 자녀를 대하는 방식에 편애가 있다면 반드시 문제가 발생하고, 그 문제는 부모의 문제로만 끝나지 않고 자녀 간의 문제로까지 번질 수 있습니다. 오늘 본문의 야곱의 가정에는 편애라는 문제가 있습니다. 이때 요셉의 나이가 17세인 것을 감안하면 야곱은 108세이고, 이삭은 168세입니다. 3대가 함께 가나안 땅에 살고 있었습니다. 재미있는 것은 이삭은 야곱의 형 에서를 편애했고, 야곱은 요셉을 편애했다는 것입니다. 오늘 본문은 자녀 교육에 대한 중요한 문제를 다루고 있습니다.

📖 부모의 방식을 내려놓으십시오

야곱은 요셉을 다른 형제들보다 더욱 사랑했습니다. 요셉은 노년에

얻은 아들이기도 하고, 형제들의 잘못을 숨기지 않고 자신에게 알려 주는(2절) 아들이었습니다. 그래서 야곱은 요셉을 더 사랑했고 채색옷을 입혔습니다(3절). 고대 근동에서 채색옷은 장자, 곧 후계자가 입는 옷이었습니다. 야곱은 요셉의 많은 형을 놔두고 요셉을 장자로 삼으려 했던 것입니다. 그 일은 형제간의 분열이라는 결과를 낳았습니다. "그의 형들이 아버지가 형들보다 그를 더 사랑함을 보고 그를 미워하여 그에게 편안하게 말할 수 없었더라"(4절). 결국 아버지의 편애는 형제간에 대화가 단절되게 만들었습니다. 형제들의 입장에서 야곱은 이복동생이고 고자질쟁이고 아버지의 사랑을 독차지하고 있으니 얼마나 미웠겠습니까? 야곱은 노년이지만 여전히 성화되지 못한 기질을 보여 주고 있습니다. 야곱 나름대로의 생각이 있었겠지만, 야곱의 방식은 가족 간의 분열을 가져왔습니다. 자녀를 향한 부모의 방식을 내려놓아야 합니다.

✝ 하나님의 방식을 붙잡으십시오

어느 날 요셉이 꿈을 꾸었습니다. 비슷한 꿈을 두 번 꾼 것입니다. 첫 번째는 요셉의 곡식단이 일어나고 남은 형제들의 단이 요셉의 곡식단에 절한 내용입니다. 두 번째는 해와 달과 열한 별이 요셉에게 절한 내용입니다. 요셉의 꿈 이야기를 들은 형제들은 분노합니다. 가뜩이나 아버지에게 자신들의 잘못을 고자질하고 아버지의 사랑을 독차지하는 얄미운 동생인데 자신들이 요셉에게 절까지 하는 꿈을 꾸었다고 하니 화가 난 것입니다. 아무리 요셉을 사랑하는 야곱이지만 야곱이 듣기에도 이는 거북했습니다. "그가 그의 꿈을 아버지와 형들에게 말하매 아버지가 그를 꾸짖고 그에게 이르되 네가 꾼 꿈이 무엇이냐 나와 네 어머니와 네 형들이 참으로 가서 땅에 엎드려 네게 절하겠느냐"(10절). 야곱은 요셉을 혼내는 것으로 그의 입을 막습니다. 하지만 요셉의 말을 마음에 간직해 두었습니다. "그의 형들은 시기하되 그의 아버지는 그 말을 간직해 두었더라"(11절). 비록 야곱은 요셉의 말이 듣기에 거북했지만 요셉을 통해서 일하실 하나님의 계획을 마음에 둔 것입니다. 이것은 부모로서 자신의 생각과 다른 하나님의 방식을 마음에 품은 것입니다. 부모는 자기 방식대로 자녀를 교육할 것이 아니라 하나님의 방식대로 교육해야 합니다.

부모의 손길이 지나치게 많이 닿은 자녀는 독립적이지 못하고 의존적인 인생을 살아갑니다. 우리 자녀에게 하나님의 손길이 많이 닿아야 합니다. 부모 역시 부족한 사람입니다. 그러므로 부모의 방식대로 자녀를 양육하면 안 됩니다. 하나님의 방식대로 자녀를 양육해야 합니다. 하나님의 방식대로 양육된 자녀의 인생을 하나님이 책임져 주실 것입니다.

나눔

1. 누군가로부터 편애를 당한 경험이 있다면, 그때의 감정을 가족과 나눠 보세요.
2. 하나님이 나에게 주신 꿈과 비전을 가족과 나눠 보세요.

기도

하나님 아버지, 우리 가정에 분열과 다툼이 사라지고 풍성한 사랑이 가득하게 하소서. 부모는 자녀를 하나님의 방식으로 사랑하고, 형제간에는 우애가 깊은 가정이 되게 하소서. 우리 가정을 통해서 일하실 예수님의 이름으로 기도합니다. 아멘.

우리 가족 이번 주 미션

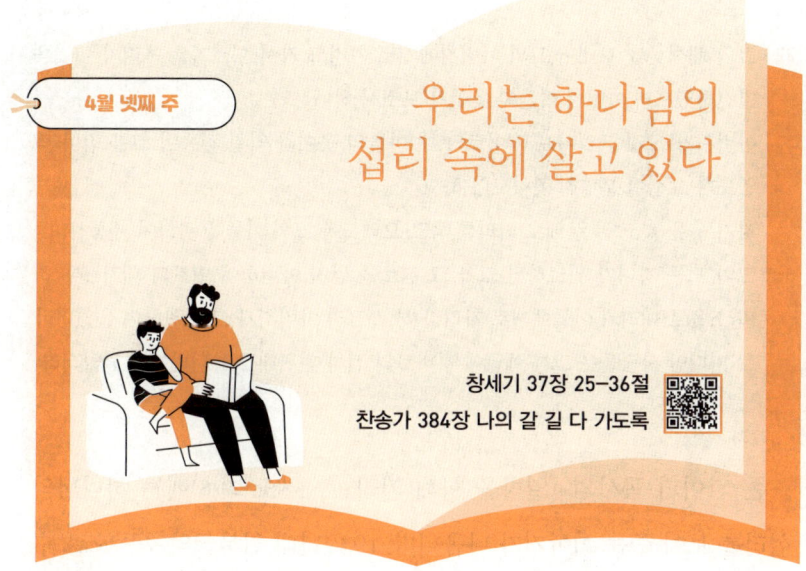

우리는 하나님의 섭리 속에 살고 있다

4월 넷째 주

창세기 37장 25-36절
찬송가 384장 나의 갈 길 다 가도록

창세기 37장 25-36절

25 그들이 앉아 음식을 먹다가 눈을 들어 본즉 한 무리의 이스마엘 사람들이 길르앗에서 오는데 그 낙타들에 향품과 유향과 몰약을 싣고 애굽으로 내려가는지라
26 유다가 자기 형제에게 이르되 우리가 우리 동생을 죽이고 그의 피를 덮어둔들 무엇이 유익할까
27 자 그를 이스마엘 사람들에게 팔고 그에게 우리 손을 대지 말자 그는 우리의 동생이요 우리의 혈육이니라 하매 그의 형제들이 청종하였더라
28 그 때에 미디안 사람 상인들이 지나가고 있는지라 형들이 요셉을 구덩이에서 끌어올리고 은 이십에 그를 이스마엘 사람들에게 팔매 그 상인들이 요셉을 데리고 애굽으로 갔더라
29 르우벤이 돌아와 구덩이에 이르러 본즉 거기 요셉이 없는지라 옷을 찢고
30 아우들에게로 되돌아와서 이르되 아이가 없도다 나는 어디로 갈까
31 그들이 요셉의 옷을 가져다가 숫염소를 죽여 그 옷을 피에 적시고

32 그의 채색옷을 보내어 그의 아버지에게로 가지고 가서 이르기를 우리가 이것을 발견하였으니 아버지 아들의 옷인가 보소서 하매
33 아버지가 그것을 알아보고 이르되 내 아들의 옷이라 악한 짐승이 그를 잡아 먹었도다 요셉이 분명히 찢겼도다 하고
34 자기 옷을 찢고 굵은 베로 허리를 묶고 오래도록 그의 아들을 위하여 애통하니
35 그의 모든 자녀가 위로하되 그가 그 위로를 받지 아니하여 이르되 내가 슬퍼하며 스올로 내려가 아들에게로 가리라 하고 그의 아버지가 그를 위하여 울었더라
36 그 미디안 사람들은 그를 애굽에서 바로의 신하 친위대장 보디발에게 팔았더라

존 파이퍼 목사의 『열방을 향해 가라』(좋은씨앗, 2018)에는 하나님의 섭리를 보여 주는 이야기가 나옵니다. 1930년대 일본군의 침략으로 수천 명의 한국인이 소련 블라디보스톡으로 피난했다가 강제 이주되어 타슈켄트를 포함한 다섯 지역에 정착했습니다. 타슈켄트에 살던 열성 무슬림 교도인 우즈벡족은 수백 년 동안 기독교를 들여오려던 서구의 노력에 거세게 저항했습니다. 그런데 그곳에 한국인들이 정착하면서 그들을 통해 복음이 전파되게 하시고, 들불 같은 부흥이 일어나게 하셨습니다.

하나님이 사람의 계획을 바꾸십니다

우리 인생의 문제는 예상치 못한 일이 생기거나 계획이 틀어질 때 드러납니다. 요셉도 꿈을 꾸었을 때 자신의 인생이 이렇게 꼬일 줄 몰랐을 것입니다. 형들의 시기와 미움이 증오로 변하여, 결국 형들은 요

셉을 죽이려 했습니다. 아버지의 심부름으로 형들을 찾은 요셉은 채색 옷을 빼앗기고 물 없는 구덩이에 던져졌습니다(창 37:23-24). 이는 요셉을 죽게 하려는 의도를 보여 주며, 형들이 계획을 바꾸지 않았다면 요셉은 죽었을 것입니다.

하지만 하나님은 사람의 계획을 바꾸십니다. 요셉의 형들은 음식을 먹다가 이스마엘 사람들이 길르앗에서 오는 것을 보았습니다(25a절). 보았다고 말하고 있지만 하나님이 형들의 눈에 무역하는 상인들을 보여 주신 것입니다. 상인들을 본 유다는 "동생을 죽이고 그의 피를 덮어 둔들 무엇이 유익할까"(26절)라고 말하며 계획을 수정하자고 제안합니다. 요셉은 은 이십에 이스마엘 사람들에게 팔려 애굽으로 가게 되었습니다. 비록 강제로 집을 떠나게 되었지만 죽음의 위기에서 벗어날 수 있었습니다.

본문에는 '하나님'이 전혀 언급되지 않습니다. 요셉의 상황만 놓고 보면 하나님이 지켜 주시지 않은 것처럼 보입니다. 그러나 하나님의 섭리는 우리가 생각하는 것보다 더 큽니다. 비록 요셉이 계획하지 않은 일을 당했고 예상하지 못한 일을 만났지만, 이 가운데도 하나님은 섭리로 하나님이 유다의 생각을 바꾸게 하셨고, 형제들을 설득해 요셉을 사는 길로 이끌어 주셨습니다.

하나님의 섭리가 우리를 이끕니다

　요셉은 가족 사이에서 공식적으로 죽은 사람이 되었습니다. 형들이 자신들의 한 일을 감추기 위해 요셉이 죽었다고 거짓말을 하고, 거짓 정보를 꾸몄기 때문입니다(29-31절). 이것으로 요셉의 꿈은 허공 속에 사라진 것처럼 보였습니다. 야곱은 사랑하는 아들을 잃은 슬픔에 빠져 하나님의 섭리를 깨닫지 못했습니다. 요셉에 대한 하나님의 섭리가 노예로 팔리는 것에서 끝났다면 요셉은 더 이상 역사 속에 등장하지 않았을지도, 어떠면 등장하더라도 주연이 아닌 조연이었을 것입니다. 하지만 하나님은 요셉을 조연에서 주연으로 바꾸십니다.

　요셉이 애굽에 팔려 간 것, 그리고 다른 사람도 아닌 바로의 신하 친위대장 보디발의 집에 가게 된 것은 앞으로 하나님이 이루실 일이 여기에서 시작된다는 것을 예고합니다. 우리가 하나님의 섭리를 다 깨달을 수 있다면 좋겠지만 우리는 다 깨닫지 못합니다. 하나님이 많은 것을 보여 주시고 경험시켜 주셔도 막상 우리 삶에 급박한 일이 일어나면 그 일에 함몰되어 빠져 나오기에 급급합니다. 하나님의 뜻을 찾거나 하나님의 섭리 가운데 있다는 사실을 잊어버리게 됩니다. 그러나 하나님은 우리를 잊지 않으십니다. 우리에 대한 섭리를 성실하게 이루어 가십니다. 비록 지금의 상황은 우리가 기대했던 상황이 아니더라도, 하나님이 그곳에서 우리를 훈련시키시고 다듬어 가시는 줄 믿으시길 바랍니다.

나눔

1. 하나님이 가족이나 친구의 계획을 바꾸셔서 선하게 인도해 주신 경험을 나눠 보세요.
2. 내 인생이 하나님의 섭리 속에 있다는 믿음은 오늘 나에게 어떤 힘과 위로가 되나요?

기도

하나님 아버지, 제 인생이 하나님의 섭리 가운데 있으며 지금도 하나님의 섭리 가운데 제 삶을 이끌고 계심을 믿습니다. 현실의 상황이 막막해 보여도 제 인생이 하나님의 섭리 가운데 있다는 사실을 믿으며 인간의 약함과 악함을 뛰어넘는 하나님의 섭리를 믿음의 눈으로 바라보게 하소서. 예수님의 이름으로 기도드립니다. 아멘.

우리 가족 이번 주 미션

유혹을 이기는 법

5월 첫째 주

창세기 39장 11-23절
찬송가 343장 시험 받을 때에

창세기 39장 11-23절

11 그러할 때에 요셉이 그의 일을 하러 그 집에 들어갔더니 그 집 사람들은 하나도 거기에 없었더라
12 그 여인이 그의 옷을 잡고 이르되 나와 동침하자 그러나 요셉이 자기의 옷을 그 여인의 손에 버려두고 밖으로 나가매
13 그 여인이 요셉이 그의 옷을 자기 손에 버려두고 도망하여 나감을 보고
14 그 여인의 집 사람들을 불러서 그들에게 이르되 보라 주인이 히브리 사람을 우리에게 데려다가 우리를 희롱하게 하는도다 그가 나와 동침하고자 내게로 들어오므로 내가 크게 소리 질렀더니
15 그가 나의 소리 질러 부름을 듣고 그의 옷을 내게 버려두고 도망하여 나갔느니라 하고
16 그의 옷을 곁에 두고 자기 주인이 집으로 돌아오기를 기다려
17 이 말로 그에게 말하여 이르되 당신이 우리에게 데려온 히브리 종이 나를 희롱

하려고 내게로 들어왔으므로

18 내가 소리 질러 불렀더니 그가 그의 옷을 내게 버려두고 밖으로 도망하여 나갔 나이다

19 그의 주인이 자기 아내가 자기에게 이르기를 당신의 종이 내게 이같이 행하였다 하는 말을 듣고 심히 노한지라

20 이에 요셉의 주인이 그를 잡아 옥에 가두니 그 옥은 왕의 죄수를 가두는 곳이었더라 요셉이 옥에 갇혔으니

21 여호와께서 요셉과 함께 하시고 그에게 인자를 더하사 간수장에게 은혜를 받게 하시매

22 간수장이 옥중 죄수를 다 요셉의 손에 맡기므로 그 제반 사무를 요셉이 처리하고

23 간수장은 그의 손에 맡긴 것을 무엇이든지 살펴보지 아니하였으니 이는 여호와께서 요셉과 함께 하심이라 여호와께서 그를 범사에 형통하게 하셨더라

리처드 범브란트 목사님의 『저 높은 곳을 향하여』에서는 요셉의 외모로 인한 유혹 이야기를 다룹니다. 이집트 귀부인들이 요셉을 보고 매혹 당한 일화를 통해, 보디발 부인은 자신이 왜 요셉에게 끌리는지 설명합니다. 요셉은 외모라는 장점 때문에 유혹을 받았지만, 날마다 반복되는 유혹을 피하는 것은 어렵습니다. 요셉은 어떻게 유혹을 피했습니까?

사람이 아닌 하나님을 의식하십시오

보통의 사람들은 아무도 보는 사람이 없을 때 죄를 짓습니다. 성경에도 죄를 지을 때 사람을 의식하고 하나님을 의식하지 않은 사람들이

나옵니다. 가인이 그랬고, 다윗이 그랬습니다. 또 아간, 아나니아와 삽비라가 사람의 눈을 피해 죄를 지었습니다. 그러나 하나님이 죄를 보고 계십니다. 요셉은 두루 살피시는 하나님이 자신을 보고 계시다는 것을 믿었습니다. 그래서 사람이 아닌 하나님을 의식했던 것입니다. 요셉이 "내가 어찌 이 큰 악을 행하여 하나님께 죄를 지으리이까"(창 39:9b)라고 말한 것은 하나님이 자신을 보고 계시다는 것을 의식했음을 보여 줍니다. D. L. 무디는 "인격이란 보는 이 없을 때 당신의 모습이다"라고 말했습니다. 우리의 신앙도 아무도 보는 사람이 없을 때 나오는 모습이 진짜입니다. 사람의 눈이 아니라 하나님의 눈을 살피시기 바랍니다. 그럴 때 유혹을 이길 수 있습니다.

✝ 유혹은 타협의 대상이 아닙니다

유혹을 이기는 방법은 타협하지 않는 마음에서 시작됩니다. 요셉은 "나와 동침하자"(12a절)라는 보디발의 아내의 말에 어떤 대꾸도 하지 않았습니다. 요셉은 자기의 옷을 보디발의 아내의 손에 버려두고 도망쳤습니다. 이러한 요셉의 행동은 유혹이 절대 타협의 대상이 될 수 없다는 것을 보여 줍니다. 유혹을 받는 곳에 가면서 유혹을 받지 않게 해달라고 기도하는 것은 어리석은 것입니다. 아담과 하와는 유혹을 단호하게 거절하지 못하고 타협점을 찾았습니다. 유혹에 대한 즉각적인 반응은 단호하게 거절하는 것입니다.

우리가 일상 속에서 반복하는 것이 인생의 반전을 만들어 냅니다. 창세기 39장에서 반복적으로 쓰인 단어들이 있습니다. 첫째는 '함께'입니다. 본문 21절은 "여호와께서 요셉과 함께 하시고"라고 말하고, 23절은 "간수장은 그의 손에 맡긴 것을 무엇이든지 살펴보지 아니하였으니 이는 여호와께서 요셉과 함께 하심이라"고 말합니다. 또한 창세기 39장 2절은 "여호와께서 요셉과 함께 하시므로 그가 형통한 자가 되어 그의 주인 애굽 사람의 집에 있으니"라고 말하고, 3절은 "그의 주인이 여호와께서 그와 함께 하심을 보며"라고 말합니다. 둘째는 '은혜'입니다. 21절은 "그에게 인자를 더하사 간수장에게 은혜를 받게 하시매"라고 말씀합니다. 그리고 창세기 39장 4절은 "요셉이 그의 주인에게 은혜를 입었다"라고 말합니다. 셋째는 '형통'입니다. 23절은 "여호와께서 그를 범사에 형통케 하셨더라"라고 말합니다. 한편 3절도 "여호와께서 그의 범사에 형통케 하심을 보았더라"고 말하며 하나님이 요셉과 함께 하시고, 은혜를 베풀어 주시고, 형통하게 하셨다는 사실을 강조합니다.

이 단어들이 우리의 삶에 반복될 때 유혹을 극복할 수 있습니다. 하나님이 우리와 함께하시고, 은혜를 베풀어 주시고, 형통하게 하신다는 사실을 믿는 사람은 사람을 의식하지 않고 사람을 의지하지 않습니다. 오직 하나님을 의식하고 하나님을 의지합니다. 그래서 어떤 유혹도 이길 수 있습니다.

나눔

1. 내가 가장 유혹을 잘 받는 것은 무엇인지 나눠 보세요.
2. 유혹을 이기기 위해 나에게 필요한 것은 무엇이라고 생각하나요?

기도

하나님 아버지, 인생을 살아가며 찾아오는 유혹과 타협하지 않기 위해 하나님을 의식하며 살아가는 자가 되게 하소서. 수많은 유혹에 타협하지 않는 행동을 허락하시고 사람이 아닌 하나님을 두려워하는 자가 되게 하소서. 매일의 삶 속에서 하나님을 향한 시선을 놓치지 않게 하소서. 예수님의 이름으로 기도드립니다. 아멘.

우리 가족 이번 주 미션

5월 둘째 주

하나님이 이루신다

창세기 41장 46-57절
찬송가 19장 찬송하는 소리 있어

창세기 41장 46-57절

46 요셉이 애굽 왕 바로 앞에 설 때에 삼십 세라 그가 바로 앞을 떠나 애굽 온 땅을 순찰하니

47 일곱 해 풍년에 토지 소출이 심히 많은지라

48 요셉이 애굽 땅에 있는 그 칠 년 곡물을 거두어 각 성에 저장하되 각 성읍 주위의 밭의 곡물을 그 성읍 중에 쌓아 두매

49 쌓아 둔 곡식이 바다 모래 같이 심히 많아 세기를 그쳤으니 그 수가 한이 없음이었더라

50 흉년이 들기 전에 요셉에게 두 아들이 나되 곧 온의 제사장 보디베라의 딸 아스낫이 그에게서 낳은지라

51 요셉이 그의 장남의 이름을 므낫세라 하였으니 하나님이 내게 내 모든 고난과 내 아버지의 온 집 일을 잊어버리게 하셨다 함이요

52 차남의 이름을 에브라임이라 하였으니 하나님이 나를 내가 수고한 땅에서 번성

하게 하셨다 함이었더라

53 애굽 땅에 일곱 해 풍년이 그치고
54 요셉의 말과 같이 일곱 해 흉년이 들기 시작하매 각국에는 기근이 있으나 애굽 온 땅에는 먹을 것이 있더니
55 애굽 온 땅이 굶주리매 백성이 바로에게 부르짖어 양식을 구하는지라 바로가 애굽 모든 백성에게 이르되 요셉에게 가서 그가 너희에게 이르는 대로 하라 하니라
56 온 지면에 기근이 있으매 요셉이 모든 창고를 열고 애굽 백성에게 팔새 애굽 땅에 기근이 심하며
57 각국 백성도 양식을 사려고 애굽으로 들어와 요셉에게 이르렀으니 기근이 온 세상에 심함이었더라

미국의 제1대 대통령 조지 워싱턴은 독립 전쟁에서 군대 총사령관으로 활약하며 승리를 이끌었습니다. 하지만 한때 큰 위기가 있었습니다. 영국 해군이 이스트강 상류로 올라갔다면 워싱턴의 군대는 전멸할 위험에 처했을 것입니다. 그러나 바람 덕분에 영국 해군은 기회를 놓쳤고, 미국은 독립할 수 있었습니다. 사람들은 이를 우연이라 하지만, 우리는 하나님의 간섭이라고 봅니다. 요셉의 삶에도 하나님의 간섭이 있었습니다. 하나님의 간섭은 요셉의 운명을 어떻게 바꾸었습니까? 그리고 이것은 우리에게 무엇을 가르쳐 줍니까?

📖 우리 인생을 온전하게 이루십니다

요셉은 하나님이 함께하심을 믿었고, 하나님이 자신의 인생을 형통

하게 이끄시는 것을 느꼈습니다. 바로의 꿈이 실현되는 것을 통해 하나님을 믿는 믿음이 더 굳건해졌습니다. 하나님은 말씀하신 대로 애굽 땅에 7년의 풍년을 주셨습니다. 요셉은 7년의 풍년 동안 다가올 흉년을 대비해 곡물을 거두어 각 성에 저장했습니다(48b절). 이렇게 쌓아 둔 곡식은 바다의 모래같이 셀 수 없을 정도였습니다(49절). 요셉은 하나님이 풍년을 주셨고, 풍년을 통해 세상을 주관하고 계신 것을 보았습니다.

요셉은 애굽의 총리가 되었지만 자신의 인생을 하나님께 온전히 맡겼습니다. 그 자리의 무게에 눌려 걱정하지 않습니다. 하나님이 그 자리에 앉혀 주셨다고 믿기에 책임을 다할 수 있는 능력도 하나님이 주실 것을 믿기 때문입니다. 그가 자리에 연연하지 않고 오늘 주어진 삶에 충실했다는 것은 요셉이 두 아들의 이름을 짓는 것을 통해 나타납니다. 첫째 아들의 이름인 므낫세('잊게 하는 자')는 요셉이 형제들에게 받은 핍박과 애굽에서 겪었던 고난을 하나님이 모두 잊게 하셨다는 고백입니다. 요셉은 둘째 아들의 이름인 에브라임('기름진 땅', '두 배의 창성함')은 하나님이 자신의 인생을 이전과는 비교할 수 없는 은혜로 창성하게 하셨다는 고백입니다. 과거를 곱씹지 않고 하나님께 맡기는 사람은 그것을 잊게 하시는 은혜를 얻습니다. 그리고 우리 인생을 하나님이 주도하신다는 사실을 믿는 사람은 모든 것이 은혜라고 고백할 수 있습니다.

✝ 온 세상을 말씀대로 이루십니다

7년의 풍년 후에 7년의 흉년이 왔습니다. 그러나 요셉은 흉년이 왔다고 걱정하지 않았습니다. 이미 하나님이 말씀하신 일이었고, 그 말씀이 이루어진 것을 알았기 때문입니다. 하나님은 7년의 풍년과 7년의 흉년을 통해 하나님이 말씀하신 대로 이루시는 분임을 보여 주셨습니다. 요셉만 아니라 바로왕과 그의 신하들도 이를 똑똑히 보았습니다. 그래서 요셉에게 전권을 주어 맡겼고, 요셉이 하라는 대로 따랐습니다. 이것은 곧 요셉을 통해 일하시는 하나님의 뜻에 따른 것이라 할 수 있습니다.

하나님은 세상에 풍년을 주실 수 있고 흉년도 주실 수 있습니다. 하나님은 온 세상의 흉년을 통해서도 하나님의 뜻을 이루실 것입니다. 이 흉년은 요셉을 미워하고 시기하여 팔아넘긴 형들과의 화해를 이끌 것입니다. 또한 요셉이 죽은 줄 알고 가슴에 묻고 살아온 야곱과 극적인 재회로 이끌 것입니다. 그러나 하나님이 흉년을 통해 이루고자 하는 진정한 뜻은 아브라함에게 주신 약속이 성취되는 것입니다. 하나님은 아브라함에게 "네 자손이 이방에서 객이 되어 그들을 섬기겠고 그들은 사백 년 동안 네 자손을 괴롭히리니 그들이 섬기는 나라를 내가 징벌할지며 그 후에 네 자손이 큰 재물을 이끌로 나오리라"(창 15:13-14)라고 말씀하셨습니다. 그래서 흉년은 고통과 절망의 시간이 아니라 하나님의 말씀이 이루어지는 숙성의 시간입니다. 굶주림의 고통이 있고 현실적인 어려움이 있는 것은 분명하지만, 그 이면에 하나님의 선하신 뜻이 이루어진다는 사실을 놓치지 말아야 합니다.

하나님은 우리 삶의 한 영역만이 아니라 모든 영역을 돌보셔서 우리의 삶을 하나님의 뜻 가운데 이루십니다. 하나님이 요셉을 사용하셨듯이 우리가 하나님의 손에 들려 하나님의 뜻을 이루는 도구로, 죽은 영혼을 주님께 인도하는 구원의 도구로 사용되길 원하십니다. 우리 인생을 구원의 역사를 이루시는 하나님의 손에 온전히 맡겨 드리는 복된 성도가 되기 바랍니다.

🐟 나눔

1. 내가 살아온 인생을 돌아보며 나를 하나님께 이끈 상징적인 사건들을 나눠 보세요.
2. 하나님이 말씀하신 대로 이루신다는 사실이 오늘 나에게 어떤 의미로 다가오나요?

🕯 기도

하나님 아버지, 지금까지 제 인생을 돌보시고 은혜로 풍성히 채우신 하나님을 찬양합니다. 온 우주의 통치자이신 하나님이 저와 우리 가정, 이 세상을 돌보고 계신다는 사실을 기억하게 하소서. 우리 가정이 하나님의 계획 가운데 모든 것을 이루시는 하나님을 믿음의 눈으로 보게 하소서. 예수님의 이름으로 기도드립니다. 아멘.

🔔 우리 가족 이번 주 미션

_____
_____
_____
_____
_____
_____
_____
_____

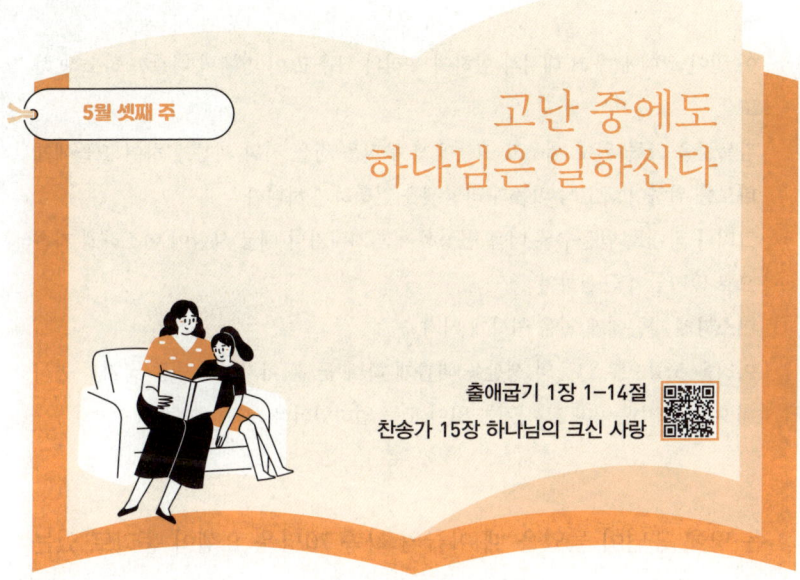

5월 셋째 주

고난 중에도 하나님은 일하신다

출애굽기 1장 1-14절
찬송가 15장 하나님의 크신 사랑

출애굽기 1장 1-14절

1 야곱과 함께 각각 자기 가족을 데리고 애굽에 이른 이스라엘 아들들의 이름은 이러하니
2 르우벤과 시므온과 레위와 유다와
3 잇사갈과 스불론과 베냐민과
4 단과 납달리와 갓과 아셀이요
5 야곱의 허리에서 나온 사람이 모두 칠십이요 요셉은 애굽에 있었더라
6 요셉과 그의 모든 형제와 그 시대의 사람은 다 죽었고
7 이스라엘 자손은 생육하고 불어나 번성하고 매우 강하여 온 땅에 가득하게 되었더라
8 요셉을 알지 못하는 새 왕이 일어나 애굽을 다스리더니
9 그가 그 백성에게 이르되 이 백성 이스라엘 자손이 우리보다 많고 강하도다
10 자, 우리가 그들에게 대하여 지혜롭게 하자 두렵건대 그들이 더 많게 되면 전쟁

이 일어날 때에 우리 대적과 합하여 우리와 싸우고 이 땅에서 나갈까 하노라 하고
11 감독들을 그들 위에 세우고 그들에게 무거운 짐을 지워 괴롭게 하여 그들에게 바로를 위하여 국고성 비돔과 라암셋을 건축하게 하니라
12 그러나 학대를 받을수록 더욱 번성하여 퍼져나가니 애굽 사람이 이스라엘 자손으로 말미암아 근심하여
13 이스라엘 자손에게 일을 엄하게 시켜
14 어려운 노동으로 그들의 생활을 괴롭게 하니 곧 흙 이기기와 벽돌 굽기와 농사의 여러 가지 일이라 그 시키는 일이 모두 엄하였더라

온 땅에 흉년이 들었을 때 야곱의 가족 70명은 요셉이 총리로 있는 애굽으로 이주해 왔습니다. "야곱의 허리에서 나온 사람이 모두 칠십이요 요셉은 애굽에 있었더라"(5절). 흉년 중에 야곱의 가족만이 누리게 된 특혜였습니다. 하나님이 요셉을 가족보다 미리 애굽으로 보내셔서 총리로 삼으시고, 흉년 중에 야곱의 가족이 애굽에 들어가 안전하게 살게 되었으니 하나님의 놀라운 은혜입니다.

그런데 시간이 흘러 요셉을 알지 못하는 사람이 애굽의 왕이 되면서 상황이 변했습니다. 축복의 땅이라고 여겼던 애굽에서 종이 되어 갇히게 된 것입니다. 그들은 애굽의 종이 되어 430년을 보냅니다. 고난의 때에 하나님은 무엇을 하고 계셨습니까? 이것은 종이 된 이스라엘의 질문이며, 고난 중에 있는 우리의 질문이기도 합니다.

✝ 고난이 하나님의 일하심을 막을 수 없습니다

하나님은 아담을 창조하신 후에 복을 주시면서 생육하고 번성하라고 명하셨습니다. "하나님이 그들에게 복을 주시며 하나님이 그들에게 이르시되 생육하고 번성하여 땅에 충만하라, 땅을 정복하라, 바다의 물고기와 하늘의 새와 땅에 움직이는 모든 생물을 다스리라 하시니라"(창 1:28). 믿음의 조상으로 아브라함을 부르실 때도 복과 약속을 주셨습니다. "내가 너로 큰 민족을 이루고 네게 복을 주어 네 이름을 창대하게 하리니 너는 복이 될지라"(창 12:2). 이삭에게도 같은 약속을 하셨습니다. "네 자손을 하늘의 별과 같이 번성하게 하며 이 모든 땅을 네 자손에게 주리니 네 자손으로 말미암아 천하 만민이 복을 받으리라"(창 26:4). 이 약속은 야곱에게도 주어졌습니다. "네 자손이 땅의 티끌 같이 되어 네가 서쪽과 동쪽과 북쪽과 남쪽으로 퍼져나갈지며 땅의 모든 족속이 너와 네 자손으로 말미암아 복을 받으리라"(창 28:14). 이스라엘은 애굽에서 고난 중에 있었지만 그때에도 하나님의 약속이 진행되고 있었습니다. 430년 전에 야곱의 가족 70명이 애굽으로 들어왔는데, 430년 이후에 이스라엘은 20세 이상의 남자만 60만 3,550명이었습니다(출 38:26). 하나님은 고난 중에도 신실하게 약속을 성취하시는 분입니다.

✝ 고난이 성도의 번성을 막을 수 없습니다

이스라엘은 애굽에서 종이 되어 고난을 받고 있었습니다. 그런데 놀라운 것은 이스라엘이 계속해서 번성하고 강해졌다는 것입니다. "이스라엘 자손은 생육하고 불어나 번성하고 매우 강하여 온 땅에 가득하게 되었더라"(7절). 이스라엘은 숫자만 늘어난 것이 아니라 매우 강해져서 애굽이 두려워하는 존재가 되었습니다. "자, 우리가 그들에게 대하여 지혜롭게 하자 두렵건대 그들이 더 많게 되면 전쟁이 일어날 때에 우리 대적과 합하여 우리와 싸우고 이 땅에서 나갈까 하노라"(10절). 그래서 이스라엘을 학대하고 급기야 종으로 삼았습니다. 하지만 고난도 이스라엘의 번성을 막을 수 없었습니다. "그러나 학대를 받을수록 더욱 번성하여 퍼져나가니 애굽 사람이 이스라엘 자손으로 말미암아 근심하여"(12절). 이스라엘은 학대를 받을수록 더욱 번성했습니다. 하나님이 함께하셨기 때문입니다. 하나님이 함께하시면 고난 중에도 번성합니다.

"내가 고난당할 때 하나님은 어디 계시나요?" 우리가 종종 하는 질문입니다. 우리는 기억해야 합니다. 우리가 당하는 고난보다 하나님이 크십니다. 고난이 하나님의 일하심을 막을 수 없습니다. 고난이 성도의 번성을 막을 수 없습니다. 고난 중에도 하나님 안에서 평안한 가정이 되길 축복합니다.

나눔

1. 고난 중에도 하나님의 일하심을 경험한 일이 있다면 가족과 나눠 보세요.
2. 고난이 도리어 복이 되었던 경험이 있다면 가족과 나눠 보세요.

기도

하나님 아버지, 우리 가정을 부르시고 약속하시고 신실하게 지켜 주심에 감사드립니다. 우리 가정이 살아가는 날 동안에 어떤 일을 만나든지 언제나 신실하신 하나님을 의지하는 가정이 되게 하소서. 고난 중에 큰 위로를 주시는 예수님의 이름으로 기도드립니다. 아멘.

우리 가족 이번 주 미션

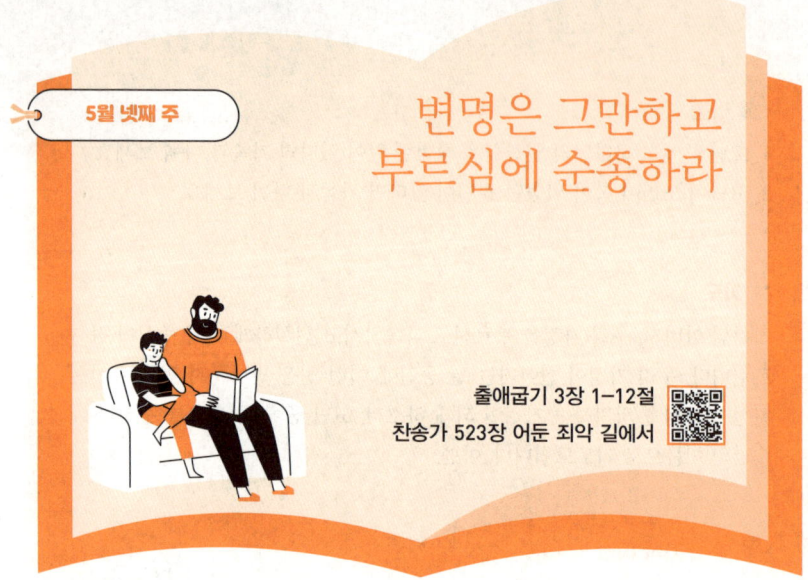

5월 넷째 주

변명은 그만하고 부르심에 순종하라

출애굽기 3장 1-12절
찬송가 523장 어둔 죄악 길에서

출애굽기 3장 1-12절

1 모세가 그의 장인 미디안 제사장 이드로의 양 떼를 치더니 그 떼를 광야 서쪽으로 인도하여 하나님의 산 호렙에 이르매
2 여호와의 사자가 떨기나무 가운데로부터 나오는 불꽃 안에서 그에게 나타나시니라 그가 보니 떨기나무에 불이 붙었으나 그 떨기나무가 사라지지 아니하는지라
3 이에 모세가 이르되 내가 돌이켜 가서 이 큰 광경을 보리라 떨기나무가 어찌하여 타지 아니하는고 하니 그 때에
4 여호와께서 그가 보려고 돌이켜 오는 것을 보신지라 하나님이 떨기나무 가운데서 그를 불러 이르시되 모세야 모세야 하시매 그가 이르되 내가 여기 있나이다
5 하나님이 이르시되 이리로 가까이 오지 말라 네가 선 곳은 거룩한 땅이니 네 발에서 신을 벗으라
6 또 이르시되 나는 네 조상의 하나님이니 아브라함의 하나님, 이삭의 하나님, 야

곱의 하나님이니라 모세가 하나님 뵈옵기를 두려워하여 얼굴을 가리매

7 여호와께서 이르시되 내가 애굽에 있는 내 백성의 고통을 분명히 보고 그들이 그들의 감독자로 말미암아 부르짖음을 듣고 그 근심을 알고

8 내가 내려가서 그들을 애굽인의 손에서 건져내고 그들을 그 땅에서 인도하여 아름답고 광대한 땅, 젖과 꿀이 흐르는 땅 곧 가나안 족속, 헷 족속, 아모리 족속, 브리스 족속, 히위 족속, 여부스 족속의 지방에 데려가려 하노라

9 이제 가라 이스라엘 자손의 부르짖음이 내게 달하고 애굽 사람이 그들을 괴롭히는 학대도 내가 보았으니

10 이제 내가 너를 바로에게 보내어 너에게 내 백성 이스라엘 자손을 애굽에서 인도하여 내게 하리라

11 모세가 하나님께 아뢰되 내가 누구이기에 바로에게 가며 이스라엘 자손을 애굽에서 인도하여 내리이까

12 하나님이 이르시되 내가 반드시 너와 함께 있으리라 네가 그 백성을 애굽에서 인도하여 낸 후에 너희가 이 산에서 하나님을 섬기리니 이것이 내가 너를 보낸 증거니라

어떤 일이든 하고자 하는 사람은 방법을 찾고, 하지 않으려는 사람은 핑곗거리를 찾습니다. 다시 말해, 하고 싶은 일에는 방법이 보이고 하기 싫은 일에는 변명이 보입니다. 하나님은 언제나 사람을 통해서 일하십니다. 하나님은 인간과 차원이 다른 분이시기에 하나님의 계획은 언제나 상상을 초월합니다. 그래서 성경을 보면 하나님이 누군가를 부르실 때 사람의 첫 번째 반응은 변명과 거절이었습니다. 오늘 본문에 등장하는 모세 역시 마찬가지입니다. 오늘 본문을 통해 우리는 사명자를 부르시는 하나님이 어떤 분이신지 알게 됩니다.

✝ 하나님은 자녀들의 부르짖음을 들으시고 고통을 보십니다

장인의 양 떼를 치고 있던 모세에게 하나님이 찾아오셨습니다. 불붙은 떨기나무는 삽시간에 사라지기 마련인데 불붙은 떨기나무 하나가 사라지지 않는 것입니다. 모세가 이상히 여겨 자세히 보기 위해 가까이 가는데 하나님이 떨기나무 가운데서 모세를 사명자로 부르셨습니다(4절). 그에게 애굽으로 가서 이스라엘을 구원하라고 하십니다. 하나님이 이스라엘 백성의 고통을 보시고 그들의 부르짖음을 들으시고 근심을 아시기 때문이라고 합니다(7절). 하나님은 자녀의 아픔을 보고 듣고 알고 계십니다. 자녀의 고통을 보고 가만히 있을 부모는 없습니다. 하나님은 우리의 신음 소리에도 응답하시는 분입니다. 그래서 자녀를 고통과 아픔에서 건질 사명자를 보내십니다. 그렇다면 사명자는 누구입니까? 자녀를 향한 애타는 하나님의 마음을 시원하게 해 드리는 사람입니다. 이 땅에서 가장 영광스러운 자리가 사명자의 자리입니다. 하나님이 사명의 현장으로 부르실 때 순종하는 가정이 되기 바랍니다.

✝ 하나님은 사명을 이루기까지 함께하십니다

하나님이 모세를 부르시자 모세는 변명을 하기 시작합니다. "모세가 하나님께 아뢰되 내가 누구이기에 바로에게 가며 이스라엘 자손을 애굽에서 인도하여 내리이까"(11절). 모세는 한때 히브리 사람을 도와주기 위해 애굽 사람을 때려죽일 정도로 의기양양했습니다. 그 결과, 모세는 애굽에서 도망쳐 광야에서 양을 치고 있었습니다. 아마도 모세는 그날 이후로 누군가의 인생에 개입하지 않으려고 애를 썼는지 모릅니다. 이런 시간을 40년 살다 보니 패기와 자신감은 온데간데없는, 마른 떨기나무와 같은 모습입니다. 이때 하나님은 모세와 함께할 것이라는 약속을 주십니다. "하나님이 이르시되 내가 반드시 너와 함께 있으리라 네가 그 백성을 애굽에서 인도하여 낸 후에 너희가 이 산에서 하나님을 섬기리니 이것이 내가 너를 보낸 증거니라"(12절). 모세는 사명을 이루기 위한 자신의 능력에 집중합니다. 하지만 하나님은 모세의 능력이 아니라 순종을 원하십니다. 능력은 하나님께 있습니다. 사명자에게 필요한 것은 함께하시는 하나님에 대한 순종입니다. 하나님이 부르셨다면 반드시 하나님이 함께하시고 친히 이루실 것입니다.

하나님은 지금도 이 땅의 아픔을 보시고, 부르짖음을 들으시고, 고초를 아십니다. 그리고 그 아픔을 해결하기 위한 사명자를 찾고 계십니다. 하나님이 찾으시는 사명자는 능력이 많은 사람이 아니라 순결한 순종의 사람입니다. 하나님의 부르심에 "아멘!" 하며 순종하는 가정이 되길 축복합니다.

🐟 나눔

1. 하나님의 마음으로 이 땅을 바라볼 때 하나님이 가장 마음 아프실 것 같은 곳은 어디인가요?
2. 나는 하나님이 부르실 때 순종하는 사람인가요, 변명하는 사람인가요?

⛪ 기도

하나님 아버지, 우리 가정이 연약하지만 하나님의 사명자로 살기 원합니다. 우리 가정의 수준에 맞는 사명을 구하지 않고 하나님이 보내신 곳에서 헌신하는 가정이 되게 하소서. 이 땅에서 하나님의 손과 발이 되어 하나님의 살아 계심을 드러내는 가정이 되게 하소서. 우리 가정을 사용하실 예수님의 이름으로 기도합니다. 아멘.

우리 가족 이번 주 미션

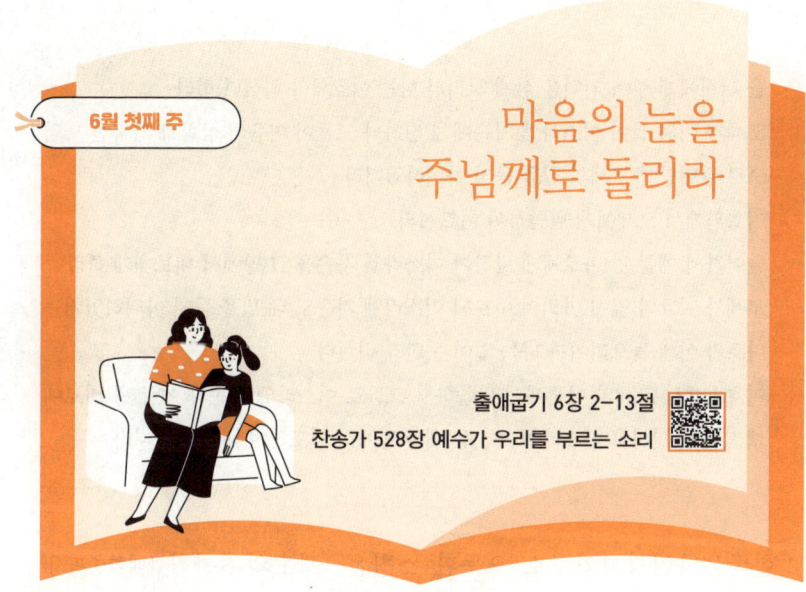

6월 첫째 주

마음의 눈을 주님께로 돌리라

출애굽기 6장 2-13절
찬송가 528장 예수가 우리를 부르는 소리

출애굽기 6장 2-13절

2 하나님이 모세에게 말씀하여 이르시되 나는 여호와이니라
3 내가 아브라함과 이삭과 야곱에게 전능의 하나님으로 나타났으나 나의 이름을 여호와로는 그들에게 알리지 아니하였고
4 가나안 땅 곧 그들이 거류하는 땅을 그들에게 주기로 그들과 언약하였더니
5 이제 애굽 사람이 종으로 삼은 이스라엘 자손의 신음 소리를 내가 듣고 나의 언약을 기억하노라
6 그러므로 이스라엘 자손에게 말하기를 나는 여호와라 내가 애굽 사람의 무거운 짐 밑에서 너희를 빼내며 그들의 노역에서 너희를 건지며 편 팔과 여러 큰 심판들로써 너희를 속량하여
7 너희를 내 백성으로 삼고 나는 너희의 하나님이 되리니 나는 애굽 사람의 무거운 짐 밑에서 너희를 빼낸 너희의 하나님 여호와인 줄 너희가 알지라
8 내가 아브라함과 이삭과 야곱에게 주기로 맹세한 땅으로 너희를 인도하고 그 땅

을 너희에게 주어 기업을 삼게 하리라 나는 여호와라 하셨다 하라

9 모세가 이와 같이 이스라엘 자손에게 전하나 그들이 마음의 상함과 가혹한 노역으로 말미암아 모세의 말을 듣지 아니하였더라

10 여호와께서 모세에게 말씀하여 이르시되

11 들어가서 애굽 왕 바로에게 말하여 이스라엘 자손을 그 땅에서 내보내게 하라

12 모세가 여호와 앞에 아뢰어 이르되 이스라엘 자손도 내 말을 듣지 아니하였거든 바로가 어찌 들으리이까 나는 입이 둔한 자니이다

13 여호와께서 모세와 아론에게 말씀하사 그들로 이스라엘 자손과 애굽 왕 바로에게 명령을 전하고 이스라엘 자손을 애굽 땅에서 인도하여 내게 하시니라

　　한국온라인광고연구소 오두환 소장은 『광고의 8원칙』(대한출판사, 2020)에서 광고의 첫 번째 원칙을 "그것을 바라보게 하라"라고 말합니다. 광고는 바라보게 하는 것이 첫 번째 원칙입니다. 많은 사람이 보지 않으면 알지 못하고, 알지 못하면 구매하지 않습니다. 무엇을 보느냐는 생각에 영향을 미치고, 생각은 행동에 영향을 미칩니다. 그래서 무엇을 바라보느냐가 굉장히 중요합니다. 하나님이 모세를 부르셨을 때 이스라엘 백성이 바라보던 환경은 암울했습니다. 그들은 오랜 세월 애굽의 왕 바로의 노예로 살며 많은 고생을 하고 있었습니다. 노예에게 미래는 없습니다. 주인이 미래를 결정하기 때문입니다. 이런 상황에서 하나님은 모세를 통해 무엇을 말씀하십니까? 이스라엘 백성은 어떻게 반응합니까?

하나님을 바라보십시오

모세와 이스라엘 백성이 처한 상황은 좋지 않았습니다. 그들은 자유를 억압당하고, 노동력을 착취당한 채, 언제까지 노예로 살아야 하는지 답답하고 힘든 나머지 신음하며 기도했습니다. 아무도 듣지 않는다고 생각했지만 하나님이 그들의 신음 소리를 들으셨습니다(5절). 이스라엘 백성의 기도를 들으신 하나님은 이스라엘 백성에게 하신 약속을 이루기 위해 모세를 부르십니다. 하나님의 때가 되어 이스라엘 백성을 약속하신 땅으로 인도해 주실 것입니다.

하나님은 모세에게 나타나 자신을 "나는 여호와"라고 소개하십니다(2절). 여호와는 '스스로 있는 자'라는 뜻으로, 하나님은 사람에 의해 만들어진 신이 아닌 스스로 존재하시는 분임을 의미합니다. 스스로 존재하시기에 하나님의 의지와 뜻대로 행동하시며, 모든 일을 이루실 능력을 가지신 분입니다. 또한, 하나님은 자신을 언약을 기억하고 지키는 분으로 소개하십니다(5-7절). 하나님은 주신 언약을 반드시 지키시는 신실하고 전능하신 분입니다. 하나님이 이렇게 자신을 소개하신 것은 이스라엘 백성이 바라보아야 할 대상이 바로 하나님임을 알리기 위함입니다. 땅에 묶인 시선을 들어 여호와, 언약을 지키시는 하나님을 바라보라는 것입니다.

하나님의 부르심에 응답하십시오

하나님은 애굽의 무거운 짐 아래 있던 이스라엘 백성을 구원하겠다고 약속하셨습니다(6절). 이는 이스라엘이 하나님의 백성이며, 하나님이 자기 백성을 살피고 보호하시는 분임을 보여줍니다(7절). 또한 하나님은 이스라엘에게 땅을 주겠다는 약속을 지키시겠다고 말씀하셨습니다(8절). 그러나 가혹한 노역에 지친 이스라엘 백성은 하나님의 약속을 믿기보다 절망했습니다(9절). 현실에 갇히면 꿈을 꾸거나 하나님의 비전을 품을 수 없기 때문입니다. 현실은 우리를 제한하며 하나님의 약속을 의심하게 만듭니다.

현실을 무시하라는 뜻이 아니라, 현실에 매일 필요가 없다는 말입니다. 현실이 불가능을 말해도, 미래는 하나님의 손에 달려 있습니다. 신음 소리를 들으시고 구원하시는 하나님이 계시기에, 현실은 단지 현실일 뿐입니다. 하나님과 함께라면 어려움을 돌파할 수 있습니다. 그래서 우리에게 필요한 것은 상황을 계산하는 능력이 아니라 하나님에 대한 믿음입니다. 믿음을 가진 사람만이 하나님의 역사를 볼 수 있습니다. 하나님은 모세에게 바로에게 가서 말하라고 명령하셨지만, 모세는 주저했습니다. 이스라엘 백성도 듣지 않았는데, 바로가 들을 리 없다고 생각했기 때문입니다. 그러나 하나님은 물러서지 않으셨고, 모세와 아론을 통해 말씀을 이루셨습니다.

하나님이 우리를 믿음으로 부르시는 데 우리는 어떤 반응을 보이고 있나요? 미래를 여는 힘은 하나님으로부터 나오고, 하나님은 우리의 믿음을 통해 일하십니다. 그래서 우리가 하나님의 부르심에 믿음으로 반응해야 합니다. 믿음의 눈을 뜰 때 현실과 현상 가운데 역사하시는 하나님이 보입니다. 우리의 삶에 여전히 역사하시고 인도하시는 하나님을 보게 됩니다. 예수님의 부르심에 모든 것을 두고 따랐던 베드로와 요한처럼 우리를 부르시는 하나님의 부르심에 믿음으로 응답하시기 바랍니다.

나눔

1. 24시간 중 내가 제일 많이 보는 것은 무엇인가요? 더 많이 봐야 할 것은 무엇이라고 생각하나요?
2. 내가 겪는 현실적인 어려움은 무엇인가요? 그것을 이기기 위해 필요한 것은 무엇이라고 생각하나요?

기도

하나님 아버지, 하나님의 백성을 향한 언약을 지키시고 하나님의 백성의 작은 신음 소리에도 귀 기울이시는 하나님을 알게 하시니 감사합니다. 하나님이 일하시면 현실의 문제는 문제가 아님을 믿습니다. 현실의 문제를 바라보는 것이 아니라 하나님을 의지함으로 하나님을 바라보게 하시고 하나님을 믿는 믿음을 허락하소서. 우리 가정에 놓인 어려움 가운데 역사하시고 큰일을 행하실 하나님을 찬양합니다. 예수님의 이름으로 기도드립니다. 아멘.

우리 가족 이번 주 미션

6월 둘째 주

새로운 날이 열리다

출애굽기 12장 1-14절
찬송가 94장 주 예수보다 더 귀한 것은 없네

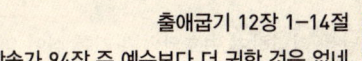

출애굽기 12장 1-14절

1. 여호와께서 애굽 땅에서 모세와 아론에게 일러 말씀하시되
2. 이 달을 너희에게 달의 시작 곧 해의 첫 달이 되게 하고
3. 너희는 이스라엘 온 회중에게 말하여 이르라 이 달 열흘에 너희 각자가 어린 양을 취할지니 각 가족대로 그 식구를 위하여 어린 양을 취하되
4. 그 어린 양에 대하여 식구가 너무 적으면 그 집의 이웃과 함께 사람 수를 따라서 하나를 취하며 각 사람이 먹을 수 있는 분량에 따라서 너희 어린 양을 계산할 것이며
5. 너희 어린 양은 흠 없고 일 년 된 수컷으로 하되 양이나 염소 중에서 취하고
6. 이 달 열나흗날까지 간직하였다가 해 질 때에 이스라엘 회중이 그 양을 잡고
7. 그 피를 양을 먹을 집 좌우 문설주와 인방에 바르고
8. 그 밤에 그 고기를 불에 구워 무교병과 쓴 나물과 아울러 먹되
9. 날것으로나 물에 삶아서 먹지 말고 머리와 다리와 내장을 다 불에 구워 먹고

10 아침까지 남겨두지 말며 아침까지 남은 것은 곧 불사르라

11 너희는 그것을 이렇게 먹을지니 허리에 띠를 띠고 발에 신을 신고 손에 지팡이를 잡고 급히 먹으라 이것이 여호와의 유월절이니라

12 내가 그 밤에 애굽 땅에 두루 다니며 사람이나 짐승을 막론하고 애굽 땅에 있는 모든 처음 난 것을 다 치고 애굽의 모든 신을 내가 심판하리라 나는 여호와라

13 내가 애굽 땅을 칠 때에 그 피가 너희가 사는 집에 있어서 너희를 위하여 표적이 될지라 내가 피를 볼 때에 너희를 넘어가리니 재앙이 너희에게 내려 멸하지 아니하리라

14 너희는 이 날을 기념하여 여호와의 절기를 삼아 영원한 규례로 대대로 지킬지니라

살다 보면 특별히 기념하는 날이 있습니다. 태어난 날, 사랑의 결실을 맺는 결혼식 날, 자녀가 태어난 날 등 인생에 중요한 기념일이 있습니다. 아마도 그날은 사람마다 다를 것입니다. 그런데 오늘 본문의 유월절은 모든 사람이 반드시 기억해야 하는 중요한 날입니다. "이 달을 너희에게 달의 시작 곧 해의 첫 달이 되게 하고"(2절). 이스라엘 백성에게는 이미 살아온 날을 표시하는 월력이 있었습니다. 하지만 하나님은 유월절을 해의 첫 달이 되게 하라고 하셨습니다. 유월절은 옛 삶에서 새로운 삶으로 넘어가는 중요한 날이기 때문입니다. 애굽 땅에 사망과 죽음의 슬픔이 침범할 때 이스라엘은 어린 양의 피 흘림으로 죽음이 넘어가게(pass over) 되었습니다. 유월절로 인해서 이스라엘은 완전히 새로운 신분, 새로운 관계, 새로운 세상을 맞이하게 된 것입니다. 이처럼 중요한 유월절 규례를 잠시 살펴보겠습니다.

🕆 유월절은 어린 양의 피 흘림으로 주어졌습니다

"너희 각자가 어린 양을 취할지니 각 가족대로 그 식구를 위하여 어린 양을 취하되"(3b절). 어린 양의 희생을 통해 구원의 역사가 이루어집니다. 이스라엘 백성은 어린 양을 취한 후에 그 피를 집 좌우 문설주와 인방에 바르고(7절), 그 고기를 먹었습니다(8-9절). 이것은 예수님이 십자가에서 우리를 위해 살이 찢기시고 피를 흘리신 것의 예표입니다. 결국 우리가 구원을 받은 것은 절대적인 하나님의 은혜로 이루어진 것입니다. 인간의 공로는 1퍼센트도 들어가 있지 않습니다. 오직 하나님의 은혜로 구원을 얻은 것입니다. 흔히 신앙생활을 하다 보면 은혜로 시작하여 결국 공로를 주장하는 사람들이 있습니다. 하나님을 믿으면서 자신의 공로를 주장하는 것만큼 어리석은 일은 없습니다. 은혜로 살리심을 받은 사람은 마지막까지 은혜만을 붙잡아야 합니다.

🕆 유월절 절차는 영적으로 중요한 의미를 담고 있습니다

하나님은 유월절의 피를 집 좌우 문설주와 인방에 바르라고 하십니다. 그렇게 하면 그 집은 온통 피투성이가 될 것입니다. 온 집에 피비린내가 진동하고 마치 도살장과 같은 죽음의 장소를 방불하게 될 것입니다. 하지만 이 죽음의 장소와 같았던 곳에 머물렀던 이스라엘이 도리어 구원을 받고, 그 외 사람들은 장자가 죽임을 당했습니다. 어린 양의 피 안에 있었던 사람들은 어린 양의 죽음과 자신의 장자의 죽음이 맞바꾸어졌음을 생생하게 경험한 것입니다. 집 좌우 문설주와 인방의 피는 대속의 죽음을 상징하는 것입니다. 또한 하나님은 어린 양을 먹을 때는 허리에 띠를 띠고 발에 신을 신고 손에 지팡이를 잡고 급히 먹으라고 (11절) 하셨습니다. 구원의 문제는 시급한 일이기 때문에 여유를 부리며 지체하지 말고 즉각 응답하란 것입니다. 그리고 고기를 먹을 때 무교병과 쓴 나물을 같이 먹으라고 하셨습니다(8절). 무교병은 누룩 없는 떡으로 신명기 16장 3절에서는 "고난의 떡"이라고 했습니다. 이스라엘 백성은 고난의 떡과 쓴 나물을 먹으면서 애굽에서의 쓰고 괴로웠던 삶을 기억했을 것입니다. 또한 다시는 옛 삶으로 돌아가지 않을 것을 다짐했을 것입니다.

어린 양의 대속의 죽음으로 이스라엘에 새로운 날이 시작되었습니다. 애굽의 장자들처럼 죽어야 했는데 애굽의 장자들은 경험하지 못한 새로운 날이 이스라엘에 주어진 것입니다. 모든 것이 하나님의 은혜입니다. 구원의 감격과 은혜가 날마다 충만한 가정이 되어야 할 것입니다.

나눔

1. 구원의 은혜에 대해서 크고 깊게 경험한 적이 있다면 가족과 나눠 보세요.
2. 구원의 은혜를 입은 우리가 할 일은 지금도 죽어 가는 사람들에게 예수님을 전하는 것입니다. 누구에게 이 복된 소식을 전할지 가족과 나눠 보세요.

기도

하나님 아버지, 독생자 예수 그리스도의 대속의 은혜로 우리를 구원해 주셔서 감사합니다. 어떤 말로도 어떤 행위로도 다 갚을 수 없는 하나님의 은혜를 잊지 않는 가정이 되게 하소서. 날마다 구원의 감격과 감사가 깊어지는 가정이 되게 하소서. 귀하신 예수님의 이름으로 기도드립니다. 아멘.

우리 가족 이번 주 미션

6월 셋째 주

인도하심을 믿고 따르는 삶

출애굽기 13장 17-22절
찬송가 28장 복의 근원 강림하사

출애굽기 13장 17-22절

17 바로가 백성을 보낸 후에 블레셋 사람의 땅의 길은 가까울지라도 하나님이 그들을 그 길로 인도하지 아니하셨으니 이는 하나님이 말씀하시기를 이 백성이 전쟁을 하게 되면 마음을 돌이켜 애굽으로 돌아갈까 하셨음이라

18 그러므로 하나님이 홍해의 광야 길로 돌려 백성을 인도하시매 이스라엘 자손이 애굽 땅에서 대열을 지어 나올 때에

19 모세가 요셉의 유골을 가졌으니 이는 요셉이 이스라엘 자손으로 단단히 맹세하게 하여 이르기를 하나님이 반드시 너희를 찾아오시리니 너희는 내 유골을 여기서 가지고 나가라 하였음이더라

20 그들이 숙곳을 떠나서 광야 끝 에담에 장막을 치니

21 여호와께서 그들 앞에서 가시며 낮에는 구름 기둥으로 그들의 길을 인도하시고 밤에는 불 기둥을 그들에게 비추사 낮이나 밤이나 진행하게 하시니

22 낮에는 구름 기둥, 밤에는 불 기둥이 백성 앞에서 떠나지 아니하니라

스마트폰에 설치된 내비게이션은 운전자에게 필수품이 되었습니다. 내비게이션처럼 인생의 길을 알려 주는 안내자가 있다면 얼마나 좋을까요? 성경은 그 역할을 하시는 분이 바로 하나님임을 보여 줍니다. 하나님은 당신의 백성을 인도하시며 목적지까지 안전하게 이끄십니다. 애굽을 탈출한 이스라엘 백성을 하나님이 어떻게 인도하십니까?

돌아가게 하시는 이유가 있습니다

하나님은 430년간 애굽에서 노예로 살던 이스라엘 백성을 이끌어 약속의 땅으로 인도하셨습니다. 가장 빠른 길은 지중해 해변을 따라가는 무역로였지만, 그 길은 블레셋 사람의 땅을 지나야 했습니다. 블레셋 사람들은 호전적이었고, 이스라엘과의 전쟁이 불가피했습니다. 하나님은 전쟁으로 이스라엘 백성이 애굽으로 돌아갈 것을 염려하셔서, 빠른 길 대신 홍해의 광야 길로 인도하셨습니다(17-18절). 우리는 빠른 길을 원하지만, 하나님은 우리의 상황에 맞는 가장 안전한 길로 인도하십니다.

하나님은 우리 인생을 돌아가게 하심으로 우리를 안전하게 인도하십니다. 우리가 해를 받지 않도록 보호하십니다. 우리가 마음이 상해서 포기할 것을 아시기에 포기하지 않도록 세심하게 인도하십니다. 우리가 이 사실을 믿게 될 때 돌아가는 길이 축복이고, 그 길이 우리에게 가장 좋은 지름길이라는 것을 알게 될 것입니다. 하나님이 우리 인생을 평탄하고 순탄하게 인도해 주시기를 바라지만 때론 방해물이 있고 때론 길이 막혀서 다른 길로 우회해야 할 경우에 원망하는 사람이 아니라 하나님의 선하신 뜻을 믿고 감사하며 걸어가시기 바랍니다.

✝ 우리와 동행하십니다

하나님은 이스라엘 백성을 단순히 길을 인도하시는 데 그치지 않고 낮에는 구름기둥으로, 밤에는 불기둥으로 인도하십니다. 광야는 일교차가 큽니다. 낮에는 높은 기온으로 덥지만 밤이 되면 기온이 낮아져 추위가 찾아옵니다. 하나님이 낮에 구름기둥으로 인도하신 것은 높은 기온으로 더위에 지치지 않도록 보호해 주신 것입니다. 또 밤에 불기둥으로 인도하신 것은 추위와 짐승의 위험으로부터 보호해 주신 것입니다. 이스라엘 백성을 모든 위험으로부터 보호하기 위해 구름기둥과 불기둥이라는 은혜로 함께하셨습니다. 이스라엘 백성의 인생 가운데 광야 생활만큼 하나님의 은혜를 직간접적으로 경험한 적이 없습니다. 세상의 어떤 신이 이렇게 세심하게 자기 백성을 인도하겠습니까? 세상의 어느 누가 자기 백성을 보호해 줄 수 있겠습니까? 하나님밖에는 없습니다. 하나님만이 이런 은혜를 베풀 능력을 가지고 있습니다.

우리는 광야를 들어서는 순간 당황합니다. 길도 보이지 않고, 살 수 있는 방법도 보이지 않습니다. 이스라엘 백성이 광야에서 본 것은 길도 아니고, 살 수 있는 방법도 아니었습니다. 구름기둥과 불기둥뿐이었습니다. 그들은 낮에는 구름기둥이 인도하는 대로 따라갔습니다. 밤에는 불기둥이 인도하는 대로 따라갔습니다. 광야는 길이 없고 먹을 것이 없는 곳이지만 하나님이 계시는 곳입니다. 하나님이 광야에서도 우리와 함께하시며 우리를 인도해 주십니다. 사람들은 인생의 광야에서 출구를 찾습니다. 무엇을 먹고 살지를 걱정합니다. 그러나 성도는 하나님을 찾습니다. 하나님은 우리 눈에 보이는 구름기둥과 불기둥을 통해 우리와 함께하고 계시다는 것을 보여 주십니다. 인생의 광야에서 우리가 해야 할 일은 하나님을 바라보고 따르는 것입니다. 어디를 얼마나 가야 할지는 우리가 결정하는 게 아닙니다. 하나님이 결정하십니다. 우리의 상황과 형편을 너무 잘 아시는 하나님이 우리에게 가장 적합한 방법으로 인도해 주실 것입니다.

험한 인생길이라도 하나님이 펼치시는 구름기둥과 불기둥을 따라간다면 그 길은 험한 길이 아니라 은혜의 길이 됩니다. 나보다 나를 더 잘 아시고, 내 마음 깊은 곳을 보시는 하나님이 우리가 어디로 가야 할지, 우리가 어디서 멈춰야 할지 친절하게 안내해 주실 것입니다. 그리고 우리를 모든 위험에서 보호하시고 구원해 주실 것입니다. 하나님이 우리의 인생길을 인도하시도록 삶을 맡기고 이끄시는 대로 순종하시기 바랍니다. 순종의 길 끝에 하나님이 약속하신 은혜와 축복이 기다리고 있습니다.

🐟 나눔

1. 가장 멀리 길을 돌아가야 했던 경험이 있다면 나눠 보세요. 그때 마음이 어땠나요?
2. 하나님이 내 인생길에 동행하신다는 사실이 나에게 어떤 위로와 힘이 되나요?

🕊 기도

하나님 아버지, 제 인생의 내비게이션이 되어 주셔서 가장 안전하고 복된 길로 인도하시니 감사드립니다. 하나님이 인도하시는 길이 가장 좋은 길임을 기억하며, 하나님의 인도하심을 전적으로 따르는 하나님의 자녀가 되게 하소서. 우리 가정이 하나님이 항상 우리와 동행하신다는 사실을 의지하며 하나님을 신뢰하며 살아가게 하소서. 예수님의 이름으로 기도드립니다. 아멘.

📖 우리 가족 이번 주 미션

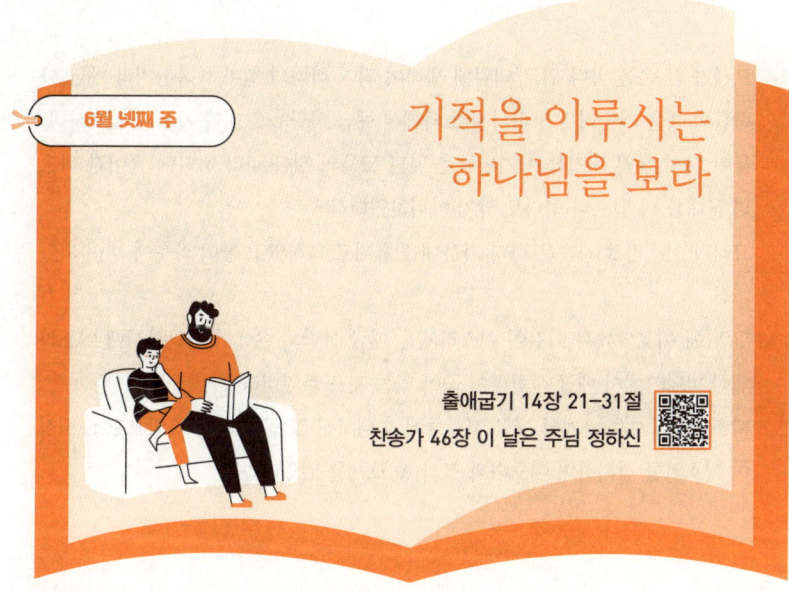

기적을 이루시는 하나님을 보라

6월 넷째 주

출애굽기 14장 21-31절
찬송가 46장 이 날은 주님 정하신

출애굽기 14장 21-31절

21 모세가 바다 위로 손을 내밀매 여호와께서 큰 동풍이 밤새도록 바닷물을 물러가게 하시니 물이 갈라져 바다가 마른 땅이 된지라

22 이스라엘 자손이 바다 가운데를 육지로 걸어가고 물은 그들의 좌우에 벽이 되니

23 애굽 사람들과 바로의 말들, 병거들과 그 마병들이 다 그들의 뒤를 추격하여 바다 가운데로 들어오는지라

24 새벽에 여호와께서 불과 구름 기둥 가운데서 애굽 군대를 보시고 애굽 군대를 어지럽게 하시며

25 그들의 병거 바퀴를 벗겨서 달리기가 어렵게 하시니 애굽 사람들이 이르되 이스라엘 앞에서 우리가 도망하자 여호와가 그들을 위하여 싸워 애굽 사람들을 치는도다

26 여호와께서 모세에게 이르시되 네 손을 바다 위로 내밀어 물이 애굽 사람들과 그들의 병거들과 마병들 위에 다시 흐르게 하라 하시니

27 모세가 곧 손을 바다 위로 내밀매 새벽이 되어 바다의 힘이 회복된지라 애굽 사람들이 물을 거슬러 도망하나 여호와께서 애굽 사람들을 바다 가운데 엎으시니

28 물이 다시 흘러 병거들과 기병들을 덮되 그들의 뒤를 따라 바다에 들어간 바로의 군대를 다 덮으니 하나도 남지 아니하였더라

29 그러나 이스라엘 자손은 바다 가운데를 육지로 행하였고 물이 좌우에 벽이 되었더라

30 그 날에 여호와께서 이같이 이스라엘을 애굽 사람의 손에서 구원하시매 이스라엘이 바닷가에서 애굽 사람들이 죽어 있는 것을 보았더라

31 이스라엘이 여호와께서 애굽 사람들에게 행하신 그 큰 능력을 보았으므로 백성이 여호와를 경외하며 여호와와 그의 종 모세를 믿었더라

하나님은 인간의 상식과 공식을 초월한 방법을 통해 전례가 없는 극적인 사건을 일으킵니다. 그중에서 가장 극적인 사건은 홍해가 갈라진 사건입니다. 극적이란 인간의 계획과 노력, 지혜가 전혀 들어가지 않은 것을 말합니다. 그래서 하나님의 구원은 극적입니다. 이스라엘 백성이 경험한 극적인 구원은 어떤 상황에서 일어났습니까? 우리는 하나님이 일으킨 기적을 통해 무엇을 배울 수 있습니까?

하나님은 기적을 통해 영광을 받으십니다

하나님은 애굽 땅에 내리신 열 가지 재앙을 통해 바로의 마음을 바꾸시고, 이스라엘 백성이 430년간 지속되던 노예 생활을 끝내고 애굽을 나오게 하셨습니다. 그러나 바로는 다시 마음을 완고하게 먹고 막

애굽을 빠져나온 이스라엘 백성을 추격하기 시작했습니다. 애굽을 탈출한 이스라엘 백성 앞에는 홍해가 가로막고 있고, 뒤에는 애굽 군대가 쫓아오고 있었습니다. 위기가 닥치자 백성도, 모세도 두려워했습니다. '위기는 기회'라는 말을 하지만 위기 가운데 있는 사람은 기회를 볼 수 있는 여유가 없습니다. 그러나 하나님은 위기에 빠져 인간의 가능성이 남아 있지 않은 상황에서 일하십니다.

하나님은 절망 중에 있던 모세를 일으켜 세우시고 홍해 앞으로 인도하십니다. 그리고 이스라엘 백성에게 명령하여 나아가라고 말씀합니다(출 14:15). 하나님이 나아가라는 곳은 육지가 아니라 무서운 파도가 치고 있는 바다입니다. 그리고 모세에게 지팡이를 들고 손을 바다 위로 내밀어 바다를 갈라지게 하라고 말씀합니다(출 14:16a). 하나님은 현실적인 방법, 누구나 납득할 수 있는 방법이 아니라 따르기 힘든 길을 따르라고 말씀하십니다. 바다 위로 손을 내밀어 갈라지게 하라는 것은 아무리 생각해도 이해가 되지 않습니다. 물을 갈라지게 하시고 지팡이로 건너갈 길을 가리키라고 하시면 이해가 될 텐데, 하나님은 홍해를 향해 지팡이를 내밀어 가르라고 하십니다. 모세에게는 바다를 가를 수 있는 능력이 없었습니다. 그럼에도 불구하고 하나님이 모세에게 명령하신 것은, 과학적으로, 물리적으로 일어날 수 없는 기적을 모세를 통해 일으키실 것이기 때문입니다.

하나님이 전무후무한 방법으로 애굽을 나온 이스라엘 백성의 첫 번째 문제를 해결해 주신 것은 구원이 하나님께 있다는 것을 가르쳐 주기 위한 것입니다. 애굽을 나오게 하신 하나님이 이스라엘 백성이 걷는 길에서 구원해 주실 것을 보여 주는 것입니다.

✝ 하나님께 맡겨야 합니다

인생을 살다보면 우리가 해결할 수 없는 문제나 우리의 힘이 미치지 못하는 상황을 마주하게 됩니다. 고통스러운 문제지만 내 힘으로 해결할 수 없기에 괴롭고 힘듭니다. 그러나 우리가 가지고 있는 문제가 어떤 문제인지는 중요하지 않습니다. 그 문제를 하나님께 맡겼느냐가 중요합니다. 하나님은 우리의 문제를 맡아 주실 능력을 가지고 계십니다.

하나님은 홍해 가운데 길을 내시는 기적을 베푸셨습니다. 이 기적은 사람의 방법이 아닌 하나님의 방법이 있다는 것을 보여 주는 기적이었습니다. 그 무엇보다 죄인인 우리가 구원받은 것 만한 기적이 어디에 있겠습니까? 마귀의 자녀로 살던 우리가 하나님의 자녀가 된 것만큼 큰 기적은 없으며 앞으로도 없을 것입니다. 하나님은 얼마든지 우리의 인생에 기적을 베푸실 능력이 있다는 사실을 잊지 마시기 바랍니다. 그래서 삶의 어떤 문제든 그 문제를 하나님께 맡기면 하나님이 우리의 길이 되어 주시고, 빛이 되어 주실 줄 믿습니다.

🐟 나눔

1. 하나님이 내 삶에 주신 감사의 제목을 세 가지 이상 적고 나눠 보세요.
2. 하나님의 기적을 바라고 맡겨야 할 것은 무엇인가요?

🕯 기도

하나님 아버지, 절망 가운데 놓인 하나님의 자녀에게 기적을 허락하시고 하나님의 능력이 크심을 보여 주심에 감사드립니다. 내 힘으로 해결할 수 없는 문제 가운데 하나님을 의지하게 하시고, 하나님이 베푸시는 기적을 경험하는 기적의 주인공이 되게 하소서. 우리 가정이 하나님의 기적을 바라고 하나님께 모든 문제를 맡겨 드리는 가정이 되게 하소서. 예수님의 이름으로 기도드립니다. 아멘.

📖 우리 가족 이번 주 미션

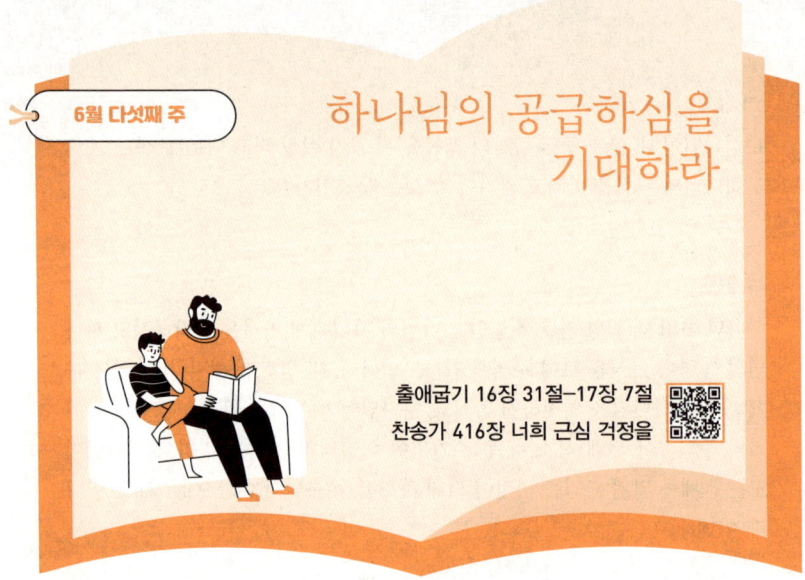

6월 다섯째 주
하나님의 공급하심을 기대하라

출애굽기 16장 31절-17장 7절
찬송가 416장 너희 근심 걱정을

출애굽기 16장 31절-17장 7절

31 이스라엘 족속이 그 이름을 만나라 하였으며 깟씨 같이 희고 맛은 꿀 섞은 과자 같았더라
32 모세가 이르되 여호와께서 이같이 명령하시기를 이것을 오멜에 채워서 너희의 대대 후손을 위하여 간수하라 이는 내가 너희를 애굽 땅에서 인도하여 낼 때에 광야에서 너희에게 먹인 양식을 그들에게 보이기 위함이니라 하셨다 하고
33 또 모세가 아론에게 이르되 항아리를 가져다가 그 속에 만나 한 오멜을 담아 여호와 앞에 두어 너희 대대로 간수하라
34 아론이 여호와께서 모세에게 명령하신 대로 그것을 증거판 앞에 두어 간수하게 하였고
35 사람이 사는 땅에 이르기까지 이스라엘 자손이 사십 년 동안 만나를 먹었으니 곧 가나안 땅 접경에 이르기까지 그들이 만나를 먹었더라
36 오멜은 십분의 일 에바이더라

17:1 이스라엘 자손의 온 회중이 여호와의 명령대로 신 광야에서 떠나 그 노정대로 행하여 르비딤에 장막을 쳤으나 백성이 마실 물이 없는지라

2 백성이 모세와 다투어 이르되 우리에게 물을 주어 마시게 하라 모세가 그들에게 이르되 너희가 어찌하여 나와 다투느냐 너희가 어찌하여 여호와를 시험하느냐

3 거기서 백성이 목이 말라 물을 찾으매 그들이 모세에게 대하여 원망하여 이르되 당신이 어찌하여 우리를 애굽에서 인도해 내어서 우리와 우리 자녀와 우리 가축이 목말라 죽게 하느냐

4 모세가 여호와께 부르짖어 이르되 내가 이 백성에게 어떻게 하리이까 그들이 조금 있으면 내게 돌을 던지겠나이다

5 여호와께서 모세에게 이르시되 백성 앞을 지나서 이스라엘 장로들을 데리고 나일 강을 치던 네 지팡이를 손에 잡고 가라

6 내가 호렙 산에 있는 그 반석 위 거기서 네 앞에 서리니 너는 그 반석을 치라 그것에서 물이 나오리니 백성이 마시리라 모세가 이스라엘 장로들의 목전에서 그대로 행하니라

7 그가 그 곳 이름을 맛사 또는 므리바라 불렀으니 이는 이스라엘 자손이 다투었음이요 또는 그들이 여호와를 시험하여 이르기를 여호와께서 우리 중에 계신가 안 계신가 하였음이더라

생텍쥐페리는 『사막의 죄수』에서 "내가 어디에 있는지 알지 못하면 지도를 봐도 소용없다"고 말합니다. 이처럼 이스라엘 백성도 자신들이 광야에 있다는 사실을 종종 잊었습니다. 광야는 애굽과 달리 생존을 위한 기본 조건이 부족했습니다. 물과 음식도 쉽게 얻을 수 없었습니다. 그렇다면 이스라엘 백성은 광야에서 어떻게 살아갔습니까? 필요한 음식과 물은 어떻게 채워졌습니까?

하나님이 공급하십니다

이스라엘 백성은 애굽에서 적어도 먹을 것과 마실 것과 같은 기본적인 일은 걱정하지 않고 살았습니다(출 16:3). 그러나 광야로 나온 이후부터 당장 어디서 음식을 구해야 할지, 물은 또 어떻게 얻어야 할지 걱정하지 않을 수 없었습니다. 이스라엘은 도대체 어떻게 해야 할지 몰라 모세에게 불평했습니다. 백성의 불평을 들으신 하나님은 양식을 비같이 내려 주셨습니다(출 16:4). 우리에게 먹고사는 문제는 중요합니다. 그래서 먹고사는 문제에 직면하면 예민해지고 불평합니다. 문제를 일으킨 대상을 원망합니다. 그러나 하나님은 우리의 불평과 원망에도 불구하고 먹을 것을 주십니다.

애굽을 나올 당시, 이스라엘 백성의 수는 여자와 어린아이들까지 합쳐 약 200만 명이나 되었습니다. 200만 명에게 음식을 공급한다는 것은 사람의 힘으로는 불가능한 일입니다. 그러나 하나님은 40년간 매일 만나를 공급해 주셨습니다. 하나님은 후손을 위해 만나를 간수하라고 명령하셨습니다(32a절). 후손들이 만나를 보며 아무것도 얻을 수 없는 광야에서 하나님이 먹이신 일을 알게 하기 위해서였습니다. 광야와 같은 인생에서 우리가 걱정한다고 먹을 것을 얻을 수 없습니다. 하나님은 만나를 통해 우리가 하나님의 백성이며, 하나님이 우리를 먹이신다는 사실을 가르쳐 주십니다.

✝ 원망하지 말고 부르짖으십시오

음식 문제가 해결되자 물이 부족한 문제가 발생합니다. 마실 물이 떨어진 이스라엘 백성은 모세에게 무작정 물을 내놓으라며 다툽니다. 목이 마른 백성은 어떻게든 물을 찾아 나섰지만 찾지 못했습니다. 상황이 점점 어려워지자 상황은 험악하게 바뀝니다(3절). 백성에게 물이 없는 것은 곧 죽음을 의미했기에 공포심은 커졌고, 공포심이 커진 만큼 모세에 대한 원망과 불평의 소리도 커졌습니다. 물이 없다고 불평하는 이스라엘 백성은 오늘 아침 하나님이 공급하시는 만나를 거둔 사람들입니다. 우리는 하나님이 공급해 주시는 것을 당연하게 여기는 경향이 있습니다. 그러나 이 당연한 것이 결코 당연하지 않습니다. 하나님의 은혜입니다. 이것을 은혜로 알았다면 물이 없는 상황에서 원망하고 불평하며 모세와 다투지 않았을 것입니다. 하나님이 만나를 주신 것처럼 물도 주실 것이라고 기대할 수 있습니다.

시편 기자는 "나의 도움은 천지를 지으신 여호와에게서로다"(시 121:2)라고 고백합니다. 광야와 같은 인생길이라도 하나님이 공급해 주시는 은혜가 있다면 꽃길이 됩니다. 열악한 환경에서도 하나님의 도움을 입는 사람은 환경을 탓하거나 원망하지 않고 찬송하고 감사할 수 있습니다. 우리가 어디에 있든, 어떤 상황에 있든지 하나님이 공급하시는 은혜를 입는 복된 성도가 되기 바랍니다.

나눔

1. 내 인생에서 가장 외롭고 힘들었던 때는 언제였나요?
2. 하나님이 공급해 주시는 은혜를 입었던 경험이 있다면 나눠 보세요. 어떻게 하면 하나님이 공급해 주시는 은혜를 입을 수 있을까요?

기도

하나님 아버지, 매일의 삶 속에서 하나님의 손길로 저의 결핍을 채우시는 하나님을 찬양합니다. 광야와 같은 인생길을 걸어갈 때에 하나님을 찾는 부르짖음을 통해 응답하시는 하나님을 경험하는 자가 되게 하소서. 우리 가정이 하나님을 찾는 가정이 되게 하시고, 우리 가정을 채우시는 하나님의 손길에 감사하는 가정이 되게 하소서. 예수님의 이름으로 기도드립니다. 아멘.

우리 가족 이번 주 미션

7월 첫째 주

나를 위한 하나님을 만들지 말라

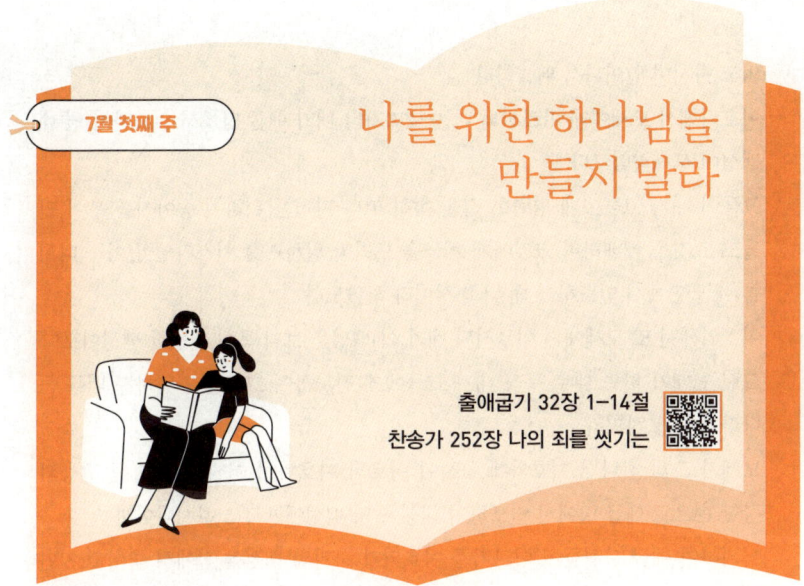

출애굽기 32장 1-14절
찬송가 252장 나의 죄를 씻기는

출애굽기 32장 1-14절

1. 백성이 모세가 산에서 내려옴이 더딤을 보고 모여 백성이 아론에게 이르러 말하되 일어나라 우리를 위하여 우리를 인도할 신을 만들라 이 모세 곧 우리를 애굽 땅에서 인도하여 낸 사람은 어찌 되었는지 알지 못함이니라
2. 아론이 그들에게 이르되 너희의 아내와 자녀의 귀에서 금 고리를 빼어 내게로 가져오라
3. 모든 백성이 그 귀에서 금 고리를 빼어 아론에게로 가져가매
4. 아론이 그들의 손에서 금 고리를 받아 부어서 조각칼로 새겨 송아지 형상을 만드니 그들이 말하되 이스라엘아 이는 너희를 애굽 땅에서 인도하여 낸 너희의 신이로다 하는지라
5. 아론이 보고 그 앞에 제단을 쌓고 이에 아론이 공포하여 이르되 내일은 여호와의 절일이니라 하니
6. 이튿날에 그들이 일찍이 일어나 번제를 드리며 화목제를 드리고 백성이 앉아서

먹고 마시며 일어나서 뛰놀더라

7 여호와께서 모세에게 이르시되 너는 내려가라 네가 애굽 땅에서 인도하여 낸 네 백성이 부패하였도다
8 그들이 내가 그들에게 명령한 길을 속히 떠나 자기를 위하여 송아지를 부어 만들고 그것을 예배하며 그것에게 제물을 드리며 말하기를 이스라엘아 이는 너희를 애굽 땅에서 인도하여 낸 너희 신이라 하였도다
9 여호와께서 또 모세에게 이르시되 내가 이 백성을 보니 목이 뻣뻣한 백성이로다
10 그런즉 내가 하는 대로 두라 내가 그들에게 진노하여 그들을 진멸하고 너를 큰 나라가 되게 하리라
11 모세가 그의 하나님 여호와께 구하여 이르되 여호와여 어찌하여 그 큰 권능과 강한 손으로 애굽 땅에서 인도하여 내신 주의 백성에게 진노하시나이까
12 어찌하여 애굽 사람들이 이르기를 여호와가 자기의 백성을 산에서 죽이고 지면에서 진멸하려는 악한 의도로 인도해 내었다고 말하게 하시려 하나이까 주의 맹렬한 노를 그치시고 뜻을 돌이키사 주의 백성에게 이 화를 내리지 마옵소서
13 주의 종 아브라함과 이삭과 이스라엘을 기억하소서 주께서 그들을 위하여 주를 가리켜 맹세하여 이르시기를 내가 너희의 자손을 하늘의 별처럼 많게 하고 내가 허락한 이 온 땅을 너희의 자손에게 주어 영원한 기업이 되게 하리라 하셨나이다
14 여호와께서 뜻을 돌이키사 말씀하신 화를 그 백성에게 내리지 아니하시니라

팀 켈러 목사님은 『팀 켈러의 내가 만든 신』에서 "모든 문화에는 지배적인 우상이 있으며, 미모, 권력, 돈, 성취 등이 신적 위치를 차지한다"고 말합니다. 또 "내적 우상 숭배는 모든 사람에게 퍼져 있다"고 합니다. 하나님은 십계명 첫 번째 계명에서 "나 외에 다른 신들을 두지 말라"(출 20:3)고 명령하셨습니다. 그러나 사람들은 하나님보다 더 사랑하

는 것들을 통해 행복과 완벽함을 추구합니다. 이스라엘 백성이 우상을 만든 이유도 바로 여기에 있습니다.

✝ 우리가 만든 신을 섬기지 마십시오

모세가 시내산에 오른 후 많은 시간이 흘렀는데도 모세가 내려오지 않자 백성들은 불안해하기 시작했습니다(1절). 불안은 초조한 마음에서 비롯됩니다. 애굽에서 우상을 통해 걱정을 달래고 불안한 마음을 다잡는 것을 보았던 백성은 아론에게 자신들을 인도할 신을 만들라고 말합니다. 이들이 아론에게 신을 만들라고 한 이유는 자신들을 위해서였습니다(1절). 아론은 백성의 요구에 즉각 응합니다. 그는 자신들을 위해 우상을 만들라는 백성을 책망하지 않았습니다. 그것은 아론 역시 그들처럼 걱정되고 불안했기 때문입니다. 또한 백성의 요구에 불응했다가 어떤 원망을 들을지 알 수 없었기 때문일 것입니다.

아론은 백성이 가져온 금 고리를 녹이고 조각해 금송아지 형상을 만들고 그 우상을 가리켜 "너희를 애굽 땅에서 인도하여 낸 너희의 신"이라고 공포합니다(4b절). 모세가 산에서 내려옴이 더디다고 걱정하고 불안해하던 이스라엘 백성은 금송아지 우상을 통해 금방 달라졌습니다. 걱정과 근심은 온데간데없이 사라지고 기쁨이 넘쳤습니다. 아무것도 할 수 없는 금송아지를 보는 것만으로도 의지가 되고 위로가 되었던 것입니다. 우상은 사람의 손으로 만든 것입니다. 객관적으로 보면 아무

것도 아닌 존재입니다. 그러나 우상에게 의미를 부여하는 순간 그것은 하나님의 위치에 오르게 됩니다. 그것이 내 문제를 해결해 줄 수 있다고 믿고 의지합니다. 힘이 없는 존재가 아니라 대단한 힘을 가진 존재라고 믿는 것입니다. 얼마나 어리석은 일입니까? 그러나 나를 위하는 마음에 가려져 이 사실을 깨닫지 못합니다.

🕆 우리를 만드신 하나님을 섬기십시오

산 아래의 백성이 금송아지 우상을 섬기자 하나님은 모세에게 알리십니다. 하나님은 하나님이 주신 계명을 따르지 않는 이스라엘 백성을 심판하겠다고 하십니다. 그리고 모세를 통해 큰 나라를 세우시겠다고 말씀하십니다(9-10절). 하지만 모세는 하나님의 말씀을 듣고 기도합니다. 백성을 향한 하나님의 진노를 거두어 달라고 간구합니다(12절). 모세는 하나님이 애굽에서 구원해 주시고 인도해 주셨다는 사실을 알고 있었습니다. 그래서 하나님께 약속을 기억하여 그대로 이루어 달라고 기도합니다(13절). 모세의 기도에 하나님은 뜻을 돌이키십니다(14절). 모세는 이스라엘 백성이 섬겨야 할 대상이 누구인지 알았습니다. 하나님이 허락하시지 않으면 누구도 이스라엘 백성을 약속의 땅으로 인도할 수 없다는 것을 알았기에 하나님께 간구했던 것입니다. 우리의 삶을 이끄는 분이 하나님이라는 사실을 아는 사람은 하나님만 섬깁니다. 나를 위해 자기 아들을 십자가에 죽게 하신 하나님의 사랑을 의심하지 않습니다. 온전히 믿고 의지합니다.

이스라엘 백성은 걱정과 근심 가운데 불안한 마음을 달래 줄 우상이 아니라 자신들을 애굽에서 구원해 주시고 자신들을 위하시는 하나님을 온전히 믿고 의지해야 했습니다. 그러나 하나님을 온전히 믿고 의지하지 않았습니다. 우리가 섬겨야 할 대상은 하나님입니다. 우리를 위해 전부를 주신 하나님만이 우리 하나님이십니다. 우리가 걱정과 근심 가운데 있을 때 하나님은 그 중심에 함께하십니다. 우리가 사망의 음침한 골짜기를 걸어갈 때도 주님이 인도해 주십니다. 우리의 연약한 믿음에도 불구하고 기다려 주십니다. 약속하신 것을 지키시며, 하나님이 우리를 인도하고 계시다는 것을 보여 주십니다.

　나를 위한 우상이 주는 것은 거짓된 위로와 평안입니다. 우리가 만들어 낸 거짓 신이기 때문입니다. 그러나 우리를 만드신 하나님은 세상이 줄 수 없는 평안을 주시며 말할 수 없는 기쁨 가운데 살게 하십니다. 걱정과 근심이 밀물처럼 몰려올 때 하나님은 그것이 우리를 해칠 수 없게 막아 주십니다. 하나님은 우리를 만드신 것으로 그치지 않고 우리를 끝까지 지키시고 약속하신 대로 우리 인생을 인도해 주시며 하나님의 은혜 안에 살게 하십니다. 이 은혜 안에 있는 사람이 하나님을 알고 하나님을 섬깁니다. 언제나 변함없는 사랑으로 우리를 위하시는 하나님만 섬기시기 바랍니다. 우리에게 산 소망을 주시며 어디를 가든 우리와 동행하시는 하나님이 우리의 하나님이심을 믿는 복된 성도가 되시기 바랍니다.

나눔

1. 내가 하나님보다 더 사랑하고 있다고 생각하는 것들을 나눠 보세요.
2. 하나님이 나를 위해 하신 일을 나누고, 하나님을 위해 내가 할 수 있는 일은 무엇인지 나눠 보세요.

기도

하나님 아버지, 하나님만이 제가 섬겨야 할 대상이며, 저의 모든 문제를 해결해 주실 수 있는 분이심을 고백합니다. 유일하신 하나님 한 분만을 온전히 사랑하는 제가 되게 하시고, 제 안의 우상을 깨뜨릴 수 있는 은혜를 허락하소서. 우리 가정이 온전히 하나님만을 사랑하는 가정이 되게 하시고, 우리 가정을 인도하시는 하나님의 은혜 안에 거하는 가정이 되게 하소서. 예수님의 이름으로 기도드립니다. 아멘.

우리 가족 이번 주 미션

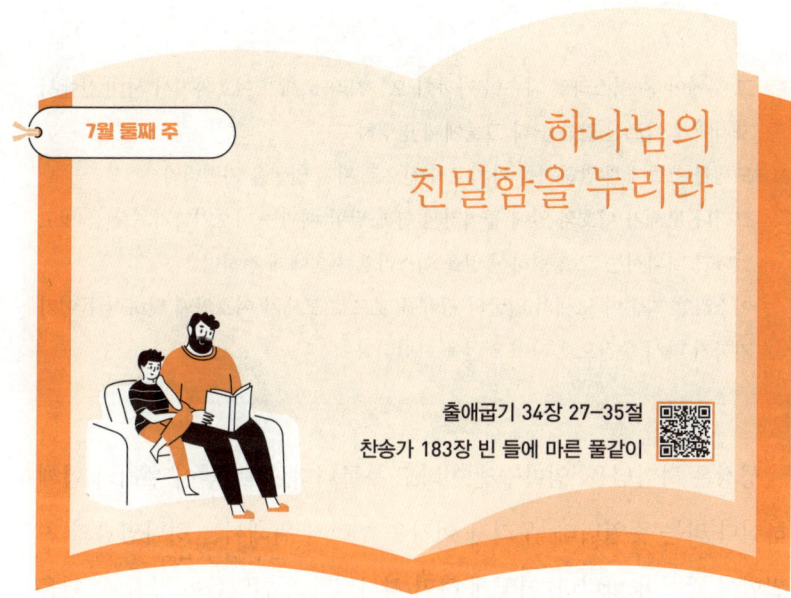

7월 둘째 주

하나님의 친밀함을 누리라

출애굽기 34장 27-35절
찬송가 183장 빈 들에 마른 풀같이

출애굽기 34장 27-35절

27 여호와께서 모세에게 이르시되 너는 이 말들을 기록하라 내가 이 말들의 뜻대로 너와 이스라엘과 언약을 세웠음이니라 하시니라

28 모세가 여호와와 함께 사십 일 사십 야를 거기 있으면서 떡도 먹지 아니하였고 물도 마시지 아니하였으며 여호와께서는 언약의 말씀 곧 십계명을 그 판들에 기록하셨더라

29 모세가 그 증거의 두 판을 모세의 손에 들고 시내 산에서 내려오니 그 산에서 내려올 때에 모세는 자기가 여호와와 말하였음으로 말미암아 얼굴 피부에 광채가 나나 깨닫지 못하였더라

30 아론과 온 이스라엘 자손이 모세를 볼 때에 모세의 얼굴 피부에 광채가 남을 보고 그에게 가까이 하기를 두려워하더니

31 모세가 그들을 부르매 아론과 회중의 모든 어른이 모세에게로 오고 모세가 그들과 말하니

32 그 후에야 온 이스라엘 자손이 가까이 오는지라 모세가 여호와께서 시내 산에서 자기에게 이르신 말씀을 다 그들에게 명령하고
33 모세가 그들에게 말하기를 마치고 수건으로 자기 얼굴을 가렸더라
34 그러나 모세가 여호와 앞에 들어가서 함께 말할 때에는 나오기까지 수건을 벗고 있다가 나와서는 그 명령하신 일을 이스라엘 자손에게 전하며
35 이스라엘 자손이 모세의 얼굴의 광채를 보므로 모세가 여호와께 말하러 들어가기까지 다시 수건으로 자기 얼굴을 가렸더라

성경은 하나님을 '임마누엘'이라고 부릅니다. '하나님이 우리와 함께 하신다'라는 뜻입니다. 우리가 이것을 누리기 위해서는 하나님과의 친밀함이 쌓여야 합니다. 어떻게 하면 하나님과의 친밀함이 쌓일 수 있을까요?

행위가 아닌 은혜로 맺어진 관계입니다

하나님은 모세를 통해 다시 십계명을 주셨습니다. 모세가 처음 받은 십계명 돌판은 이스라엘 백성이 지은 죄로 인해 깨졌기 때문입니다. 하나님은 이스라엘 백성에게 다시 십계명을 주심으로 자격 없는 그들을 사랑하신다는 사실을 보여 주십니다. 이스라엘 백성은 매사에 불평이 많고 원망을 잘하는 사람들이었습니다. 그때마다 하나님은 사랑을 보여 주시고 은혜를 베풀어 주셨지만 이스라엘 백성은 하나님이 주신 언약을 잊어버렸고 하나님을 온전히 신뢰하지 못했습니다. 이러한 이스라엘 백성의 삶은 그들의 행위로는 하나님의 기준에 부합한 삶을 살

수 없다는 것을 보여 줍니다.

'기록이 기억을 지배한다'는 카피 문구가 있습니다. 사람은 망각의 동물이기 때문에 기록하지 않으면 쉽게 잊어버립니다. 하나님이 십계명을 말이 아닌 글로 기록하게 하신 이유입니다. 모세는 하나님의 명령에 따라 십계명을 돌판에 기록합니다. 이것은 당시 가장 오래 기록을 보존할 수 있는 방법이었습니다. 기록의 목적은 지금 이 계명을 받는 이스라엘 백성뿐 아니라 대대손손 하나님의 계명이 무엇인지 알고 지키게 하기 위해서입니다.

사실 하나님의 말씀을 새겨야 할 곳은 돌판이 아니라 마음입니다. 마음에 새긴다는 것은 계명에 순종하는 것을 가리킵니다. 계명을 마음에 새기는 사람은 계명을 살아가는 사람입니다. 우리가 하나님의 말씀을 마음에 기록하면 말씀이 우리의 마음과 생각을 지배합니다. 우리를 하나님의 뜻에 순종하며 살아가게 합니다. 십계명은 열 가지 계명으로 돼 있지만 이 계명들은 크게 두 계명으로 요약할 수 있습니다. 첫째는 하나님을 사랑하라는 계명이고, 둘째는 이웃을 사랑하는 계명입니다. 우리가 십계명을 지키며 하나님과 이웃을 사랑할 때 자격 없는 우리가 얼마나 큰 사랑과 은혜를 입었는지를 깨달을 수 있습니다.

☩ 하나님께 가까이 나아가십시오

　하나님과 대화를 나눈 후 모세의 얼굴에 광채가 났습니다. 이것은 광채로 빛나는 하나님 앞에 나아간 사람이 얻게 될 영광을 보여 줍니다. 하나님과 친밀함을 누리는 사람은 얼굴에 걱정과 수심이 사라집니다(삼상 1:18). 하나님이 주시는 평안이 그의 마음과 생각을 주장하기에 얼굴에서 광채가 납니다. 우리가 하나님께 가까이 나아간다는 것은 하나님의 영광으로 충만해지는 것을 가리킵니다. 그리고 우리가 하나님의 영광으로 충만해질 때 우리는 하나님의 계명에 온전히 순종할 수 있습니다. 시편 기자는 "하나님께 가까이 함이 내게 복"(시 73:28a)이라고 고백합니다. 하나님을 가까이 함으로 우리는 그분의 보호를 받고, 은혜로 충만한 삶을 살게 됩니다. 하나님은 하나님을 가까이 하는 사람을 친밀하게 대해 주시고, 그에게 하나님의 계획을 나타내십니다.

　하나님은 우리 아버지이시고, 우리는 하나님의 자녀입니다. 아버지 하나님과 자녀인 우리가 친밀한 관계를 맺기 위해 하나님의 계명을 지켜야 합니다. 하나님은 십계명을 지키라는 명령을 통해 하나님께 가까이 이끄십니다. 하나님과 더 친밀하고 더 깊은 관계를 맺으며 살도록 우리를 부르십니다. 이 사실을 믿고 하나님의 말씀을 마음에 새겨 온전히 순종한다면 하나님과 더 친밀한 관계를 맺게 될 것입니다.

◇ 나눔

1. 십계명 중 지키기 어렵다고 생각되는 계명 한두 가지를 나누고, 왜 그런지 이유를 설명해 보세요.
2. 하나님과의 친밀한 관계를 맺기 위해 내가 끊어야 하는 죄는 무엇이라고 생각하나요?

기도

하나님 아버지, 하나님과의 친밀한 관계를 맺는 하나님의 언약 백성으로 삼아 주시니 감사드립니다. 하나님과의 친밀한 관계 가운데 계명을 마음에 새기고 하나님의 뜻에 순종하는 자가 되게 하소서. 하나님과의 친밀한 관계를 맺기 위해 끊어야 할 죄를 깨닫게 하시고, 하나님의 백성답게 살아가는 자가 되게 하소서. 예수님의 이름으로 기도드립니다. 아멘.

우리 가족 이번 주 미션

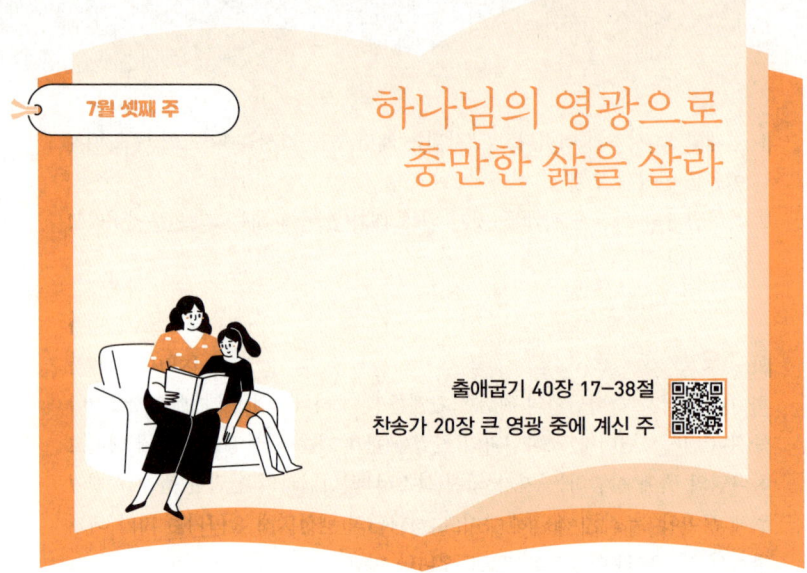

하나님의 영광으로 충만한 삶을 살라

7월 셋째 주

출애굽기 40장 17-38절
찬송가 20장 큰 영광 중에 계신 주

출애굽기 40장 17-38절

17 둘째 해 첫째 달 곧 그 달 초하루에 성막을 세우니라
18 모세가 성막을 세우되 그 받침들을 놓고 그 널판들을 세우고 그 띠를 띠우고 그 기둥들을 세우고
19 또 성막 위에 막을 펴고 그 위에 덮개를 덮으니 여호와께서 모세에게 명령하신 대로 되니라
20 그는 또 증거판을 궤 속에 넣고 채를 궤에 꿰고 속죄소를 궤 위에 두고
21 또 그 궤를 성막에 들여놓고 가리개 휘장을 늘어뜨려 그 증거궤를 가리니 여호와께서 모세에게 명령하신 대로 되니라
22 그는 또 회막 안 곧 성막 북쪽으로 휘장 밖에 상을 놓고
23 또 여호와 앞 그 상 위에 떡을 진설하니 여호와께서 모세에게 명령하신 대로 되니라
24 그는 또 회막 안 곧 성막 남쪽에 등잔대를 놓아 상과 마주하게 하고

25 또 여호와 앞에 등잔대에 불을 켜니 여호와께서 모세에게 명령하신 대로 되니라
26 그가 또 금 향단을 회막 안 휘장 앞에 두고
27 그 위에 향기로운 향을 사르니 여호와께서 모세에게 명령하신 대로 되니라
28 그는 또 성막 문에 휘장을 달고
29 또 회막의 성막 문 앞에 번제단을 두고 번제와 소제를 그 위에 드리니 여호와께서 모세에게 명령하신 대로 되니라
30 그는 또 물두멍을 회막과 제단 사이에 두고 거기 씻을 물을 담으니라
31 모세와 아론과 그 아들들이 거기서 수족을 씻되
32 그들이 회막에 들어갈 때와 제단에 가까이 갈 때에 씻었으니 여호와께서 모세에게 명령하신 대로 되니라
33 그는 또 성막과 제단 주위 뜰에 포장을 치고 뜰 문에 휘장을 다니라 모세가 이같이 역사를 마치니
34 구름이 회막에 덮이고 여호와의 영광이 성막에 충만하매
35 모세가 회막에 들어갈 수 없었으니 이는 구름이 회막 위에 덮이고 여호와의 영광이 성막에 충만함이었으며
36 구름이 성막 위에서 떠오를 때에는 이스라엘 자손이 그 모든 행진하는 길에 앞으로 나아갔고
37 구름이 떠오르지 않을 때에는 떠오르는 날까지 나아가지 아니하였으며
38 낮에는 여호와의 구름이 성막 위에 있고 밤에는 불이 그 구름 가운데에 있음을 이스라엘의 온 족속이 그 모든 행진하는 길에서 그들의 눈으로 보았더라

J. D. 그리어는 『하나님을 하나님 되게』(두란노, 2018)라는 책에서 한 대학 동아리 강의에서 나눴던 '성적 유혹'에 대해 이야기합니다. 그리어는 강연 중에 "나는 전구 스위치처럼 성욕을 켜고 끌 수 있다"라고 말하며, "이성 친구와 단 둘이 있게 되어 분위기가 야릇해질 때 여자 친

구의 해병대 아버지가 집에 들어온다고 생각해 보라. 그러면 전구 스위치처럼 성욕이 확 꺼질 것이다"라고 말합니다. 그러면서 "그 순간 성욕이 사라진 게 아니다. 더 큰 욕구, 바로 살려는 욕구에 묻혀 버린 것이다"라고 말합니다. 그는 "문제는 성욕이 너무 강하다는 게 아니라 하나님의 임재를 의식하는 게 너무 약하다는 것"이라고 말합니다. 하나님의 임재로 충만할 때 우리의 생각과 의지는 말씀 앞에 복종합니다. 우리가 하나님의 영광으로 충만한 삶을 살려면 어떻게 해야 할까요?

하나님이 명령하신 대로 따르십시오

하나님은 모세에게 성막을 만들라고 명령하십니다. 하나님은 성막을 어떻게 만들어야 하고, 무슨 재료를 사용해야 하는지 구체적으로 명령하십니다. 그렇게 해서 성막은 애굽을 나온 다음 해인 2년 1월 1일에 완성됩니다. 이날은 애굽을 나온 지 1년이 되는 날이었습니다. 그리고 이날 성막이 세워진 것은 하나님의 구원을 기억하고 이스라엘 백성을 구원하신 하나님을 예배하기 위해서입니다. 성막을 만드는 데 필요한 재료는 백성들의 헌신으로 준비되었습니다. 성막은 하나님이 만들라고 하신 양식대로 만들어졌습니다. 이 과정에서 일곱 번이나 반복해서 나오는 말씀이 있습니다. 바로 "여호와께서 모세에게 명령하신 대로 되니라"라는 말씀입니다. 이것은 성막이 사람에 의해 세워진 것이 아니라 하나님에 의해 세워졌다는 것을 보여 줍니다.

성막은 하나님을 예배하는 장소입니다. 하나님은 이 성막이 하나님이 명령하신 대로 세워졌던 것처럼 이스라엘 백성이 하나님의 명령에 순종하기를 바라신다는 것을 가르쳐 줍니다. 하나님은 예배의 형식도 사람이 원하는 대로 하도록 내버려두지 않았습니다. 어떻게 예배해야 하는지 명령하셨습니다. 이것을 통해 우리는 성막과 성막 안에서 드리는 예배의 본질이 하나님의 뜻에 순종하는 것임을 알게 됩니다. 제단 앞에 나를 죽이고 하나님의 명령에 철저하게 순종할 때 우리는 있어야 할 곳에 있게 되고, 하나님이 인도하시는 곳으로 갈 수 있습니다. 이것이 우리에게 가장 큰 행복이며 축복입니다.

✝ 하나님의 인도하심을 따르십시오

사람들에게 소원이 무엇이냐고 물어보면 대부분 원하는 것을 소유하고 싶어 하거나 결핍이 채워지기를 바랍니다. 그러나 삶을 살수록 우리가 깨닫는 것은 세상에 존재하는 어떤 것으로도 우리의 소원이 충족되지 않는다는 것입니다. 하나님의 영광으로 채워져야 만족을 누릴 수 있습니다. 하나님이 명령하신 대로 성막이 완성되어 봉헌했습니다. 하나님은 응답으로 성막에 충만하게 임재하셨습니다(34절). 하나님의 영광이 얼마나 충만하게 임했는지 하나님과 가까이 지내던 모세도 들어갈 수 없었습니다. 이렇게 하나님의 영광으로 충만할 때 우리는 무엇을 더 원하거나 요구하지 않는 만족을 느끼게 됩니다. 또한 하나님의 영광으로 충만해질 때 여전히 내 삶은 어렵고 힘들지만 그것을 다르게 해

석할 수 있습니다.

우리 삶의 유의미한 변화는 하나님의 영광이 충만하게 임할 때 일어납니다. 그래서 우리는 성령의 충만을 위해 기도해야 하고, 성령의 충만을 항상 사모해야 합니다. 성령 하나님이 온전히 우리 삶을 주장하시도록 내드려야 합니다. 이렇게 성령이 충만할 때 우리는 순종할 수 있습니다. 하나님의 충만한 영광을 경험한 이스라엘 백성은 여전히 광야에 머물고 있었습니다. 앞에 무엇이 기다리고 있는지, 어떤 적과 만나게 될지, 또 무슨 일이 일어날지 가늠할 수 없었습니다. 그러나 이들은 성막 안에 임재하시는 하나님을 따랐습니다. 하나님이 구름과 불로 인도하실 때 아무 말 없이 순종했습니다(38절). 하나님의 임재를 보고 따라갔습니다. 하나님이 함께하시며 나를 인도하고 계신다는 확신을 가지고 갔습니다. 성령이 충만한 사람은 하나님의 명령에 순종합니다. 하나님의 인도를 의심하지 않고 확신하며 따릅니다.

우리가 하나님이 주시는 은혜를 받기 원한다면 하나님의 충만한 임재를 사모해야 합니다. 우리 삶을 성령께서 온전히 주장하시도록 내드리시기 바랍니다. 그럴 때 우리는 무엇을 더 소유하지 않아도, 결핍이 채워지지 않아도 참된 만족을 누릴 수 있습니다. 하나님이 우리를 선하신 뜻대로 인도하신다는 믿음을 가지고 주님을 따라갈 수 있습니다. 성령으로 충만한 삶을 구하시기 바랍니다. 그래서 평생 성령 하나님과 동행하며 살아가는 성도가 되길 축복합니다.

나눔

1. 부모님의 말에 불순종했던 일 중에 기억에 남는 것은 무엇이 있나요?
2. 성령 충만을 위해 지금 내가 해야 할 일은 무엇이라고 생각하나요?

기도

하나님 아버지, 하나님의 명령을 따를 때 하나님의 영광의 충만함을 볼 수 있음을 깨닫게 하시니 감사합니다. 하나님의 영광이 충만한 삶을 살기 위하여 하나님의 명령에 순종하게 하소서. 성령 충만함으로 하나님의 인도하심을 의심하지 않고 확신 가운데 따르는 자가 되게 하소서. 예수님의 이름으로 기도 드립니다. 아멘.

우리 가족 이번 주 미션

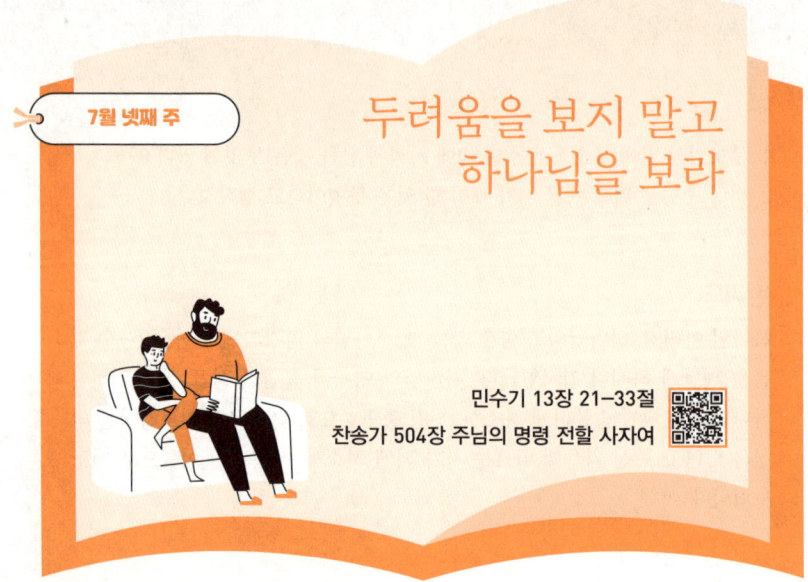

7월 넷째 주

두려움을 보지 말고 하나님을 보라

민수기 13장 21-33절
찬송가 504장 주님의 명령 전할 사자여

민수기 13장 21-33절

21 이에 그들이 올라가서 땅을 정탐하되 신 광야에서부터 하맛 어귀 르홉에 이르렀고

22 또 네겝으로 올라가서 헤브론에 이르렀으니 헤브론은 애굽 소안보다 칠 년 전에 세운 곳이라 그 곳에 아낙 자손 아히만과 세새와 달매가 있었더라

23 또 에스골 골짜기에 이르러 거기서 포도송이가 달린 가지를 베어 둘이 막대기에 꿰어 메고 또 석류와 무화과를 따니라

24 이스라엘 자손이 거기서 포도를 베었으므로 그 곳을 에스골 골짜기라 불렀더라

25 사십 일 동안 땅을 정탐하기를 마치고 돌아와

26 바란 광야 가데스에 이르러 모세와 아론과 이스라엘 자손의 온 회중에게 나아와 그들에게 보고하고 그 땅의 과일을 보이고

27 모세에게 말하여 이르되 당신이 우리를 보낸 땅에 간즉 과연 그 땅에 젖과 꿀이 흐르는데 이것은 그 땅의 과일이니이다

28 그러나 그 땅 거주민은 강하고 성읍은 견고하고 심히 클 뿐 아니라 거기서 아낙 자손을 보았으며
29 아말렉인은 남방 땅에 거주하고 헷인과 여부스인과 아모리인은 산지에 거주하고 가나안인은 해변과 요단 가에 거주하더이다
30 갈렙이 모세 앞에서 백성을 조용하게 하고 이르되 우리가 곧 올라가서 그 땅을 취하자 능히 이기리라 하나
31 그와 함께 올라갔던 사람들은 이르되 우리는 능히 올라가서 그 백성을 치지 못하리라 그들은 우리보다 강하니라 하고
32 이스라엘 자손 앞에서 그 정탐한 땅을 악평하여 이르되 우리가 두루 다니며 정탐한 땅은 그 거주민을 삼키는 땅이요 거기서 본 모든 백성은 신장이 장대한 자들이며
33 거기서 네피림 후손인 아낙 자손의 거인들을 보았나니 우리는 스스로 보기에도 메뚜기 같으니 그들이 보기에도 그와 같았을 것이니라

『결국 해내는 사람들의 원칙』(앨런 피즈·바바라 피즈, 반니, 2017)에 따르면, 미첼은 27세에 오토바이 사고로 화상을 입고, 비행기 추락 사고로 하반신이 마비되었습니다. 하지만 "어떤 일이 일어났느냐가 아니라, 어떻게 대처하느냐가 중요하다"는 태도로 새로운 삶을 살며 시장, 기업가, 환경 운동가로 활약했습니다. 이처럼 무엇을 보느냐에 따라 우리의 생각과 마음이 달라집니다.

✝ 믿음이 없으면 두려움이 보입니다

모세는 가나안 땅을 정탐하기 위해 12명의 정탐꾼을 보냅니다. 그들

은 40일 동안 가나안 땅을 정탐하고 돌아왔습니다. 그들이 본 가나안 땅은 듣던 대로 젖과 꿀이 흐르는 땅이라는 사실은 분명했습니다(27b절). 하지만 거기에는 거인족인 아낙 자손을 비롯해 헷 사람과 여부스 사람, 아모리 사람 등이 모여 살고 있어 가나안에 들어가는 일은 쉬운 일로 보이지 않았습니다. 그들은 자신들이 보고 느낀 것을 그대로 말했습니다. 자신들이 보고 판단한 결과, 가나안은 좋은 땅인 것은 맞지만 정복할 수 없는 땅이었습니다.

10명의 정탐꾼이 이렇게 결론을 내린 것에는 그들 안에 있는 두려움이 큰 영향을 미쳤습니다. 성경은 "사랑 안에 두려움이 없고 온전한 사랑이 두려움을 내쫓나니 두려움에는 형벌이 있음이라 두려워하는 자는 사랑 안에서 온전히 이루지 못하였느니라"(요일 4:18)라고 말합니다. 이스라엘 백성의 불신앙은 하나님에 대한 사랑이 없는 데서 비롯되었습니다. 하나님의 약속을 믿지 못하니 가나안에 살고 있는 원주민들을 보며 두려움을 느낀 것입니다. 그러나 하나님은 우리에게 항상 함께하고 계시다는 사실을 의심하지 말라고 말씀하십니다. 하나님이 약속하신 것은 이루신다는 사실을 믿으라고 말씀하십니다.

🕆 믿음은 하나님을 보게 합니다

10명의 정탐꾼이 가나안 땅에 대해 악평을 하자, 함께 정탐을 갔던 갈렙은 다른 보고를 합니다. 갈렙도 그 땅에 사는 아낙 사람과 헷 사람

등을 보았지만, 하나님이 약속하신 땅으로 들어가기에 그들은 아무 문제가 되지 않는다고 생각했습니다. 그래서 이스라엘 백성을 메뚜기에 비유하는 말을 할 때 아니라고 말하며 능히 이길 수 있다고 확신 있게 말할 수 있었습니다(30b절). 믿음을 가진 사람은 눈에 보이는 현실 너머의 하나님을 봅니다. 그래서 두려워하지 않습니다. 하나님을 신뢰하고, 하나님이 이루실 일을 기대합니다. 우리가 무엇을 보는지도 중요하지만 어떤 눈으로 보느냐가 더 중요합니다. 우리 앞을 가로막는 장애물을 마주할 때 믿음의 눈으로 볼 수 있기를 바랍니다. 갈렙처럼 믿음의 확신을 가지고 선포하며 걸어가시기 바랍니다. 하나님은 능히 이기게 하시는 분이심을 믿고 선포할 때 하나님이 약속을 이루시고, 능히 이기게 하시는 역사가 일어날 것입니다.

믿음이 없는 사람은 불평하고 절망합니다. 그러나 믿음이 있는 사람은 감사와 찬양을 드립니다. 믿음은 불가능의 문을 열고, 강한 적을 무너뜨립니다. 히브리서 기자는 믿음이 없이는 하나님을 기쁘시게 할 수 없다고 말합니다(히 11:6). 현실의 벽이 아무리 높고 문제가 태산처럼 크다 할지라도 우리 하나님이 더 크심을 알기에 믿고 소망하며 담대히 나아갈 수 있습니다. 절망이 아닌 승리를 확신하며, 용감한 믿음의 삶을 살아가길 축복합니다.

나눔

1. 내가 가장 두려워하고 일어날까 봐 걱정하는 일은 무엇인지 나눠 보세요.
2. 그것을 믿음의 눈으로 볼 때 어떻게 달라진다고 생각하나요?

기도

하나님 아버지, 두려움이 아닌 하나님을 바라볼 때 하나님의 능력을 경험케 됨을 알게 하시니 감사합니다. 제 안에 있는 두려움과 걱정을 주님 앞에 내려놓게 하시고, 믿음의 눈을 들어 하나님이 하실 일을 바라보게 하소서. 하나님의 선하신 손길을 의지하여 용감한 믿음의 삶을 살아가게 하소서. 예수님의 이름으로 기도드립니다. 아멘.

우리 가족 이번 주 미션

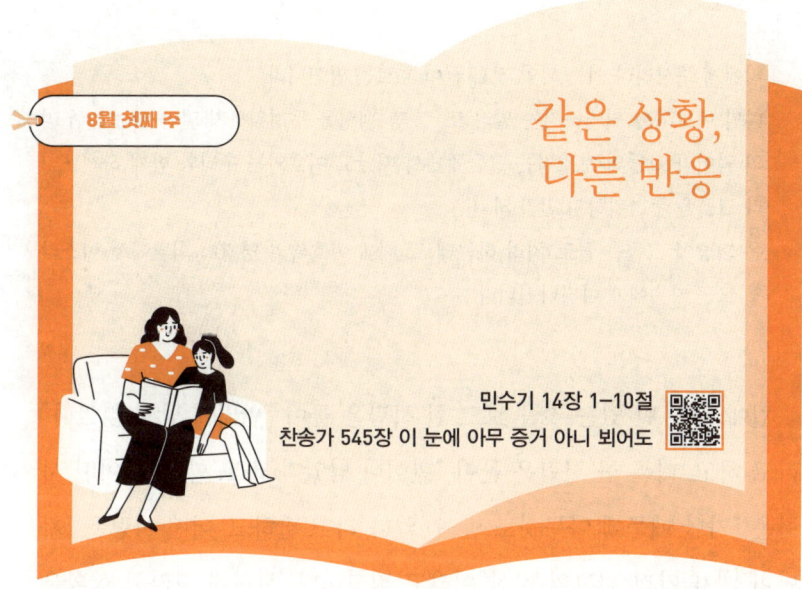

8월 첫째 주

같은 상황, 다른 반응

민수기 14장 1-10절
찬송가 545장 이 눈에 아무 증거 아니 뵈어도

민수기 14장 1-10절

1 온 회중이 소리를 높여 부르짖으며 백성이 밤새도록 통곡하였더라
2 이스라엘 자손이 다 모세와 아론을 원망하며 온 회중이 그들에게 이르되 우리가 애굽 땅에서 죽었거나 이 광야에서 죽었으면 좋았을 것을
3 어찌하여 여호와가 우리를 그 땅으로 인도하여 칼에 쓰러지게 하려 하는가 우리 처자가 사로잡히리니 애굽으로 돌아가는 것이 낫지 아니하랴
4 이에 서로 말하되 우리가 한 지휘관을 세우고 애굽으로 돌아가자 하매
5 모세와 아론이 이스라엘 자손의 온 회중 앞에서 엎드린지라
6 그 땅을 정탐한 자 중 눈의 아들 여호수아와 여분네의 아들 갈렙이 자기들의 옷을 찢고
7 이스라엘 자손의 온 회중에게 말하여 이르되 우리가 두루 다니며 정탐한 땅은 심히 아름다운 땅이라
8 여호와께서 우리를 기뻐하시면 우리를 그 땅으로 인도하여 들이시고 그 땅을 우

리에게 주시리라 이는 과연 젖과 꿀이 흐르는 땅이니라
9 다만 여호와를 거역하지는 말라 또 그 땅 백성을 두려워하지 말라 그들은 우리의 먹이라 그들의 보호자는 그들에게서 떠났고 여호와는 우리와 함께 하시느니라 그들을 두려워하지 말라 하나
10 온 회중이 그들을 돌로 치려 하는데 그 때에 여호와의 영광이 회막에서 이스라엘 모든 자손에게 나타나시니라

컵에 물이 반 있는 것을 보고 한 사람은 물이 "반밖에 남지 않았다"라고 하고, 다른 한 사람은 물이 "반이나 남았다"라고 합니다. 어떤 사람은 "가난 때문에 아무것도 할 수 없다"라고 말하고, 어떤 사람은 "가난이 내가 가진 최고의 자산"이라고 말합니다. 사람에 따라서 상황은 같은데 반응이 다르게 나오는 것을 보게 됩니다. 오늘 본문의 상황도 마찬가지입니다. 가나안 땅에 들어가기에 앞서 이스라엘은 각 지파에서 한 명씩 택하여 12명의 정탐꾼을 가나안 땅에 보냈습니다. 그런데 같은 곳을 보고 왔는데 12명 가운데 10명은 부정적인 보고를 하고 2명은 긍정적인 보고를 합니다. 그리고 정탐꾼들의 말을 들은 온 회중이 밤새도록 통곡합니다. 이렇게 반응이 엇갈리는 이유는 무엇일까요?

📖 사람의 눈으로 바라보면 절망합니다

부정적인 감정은 전염성이 강합니다. 사자도 두려움에 빠지면 강아지의 외침에도 기가 죽습니다. 부정적인 보고를 하는 10명의 정탐꾼의 이야기를 들은 온 회중은 두려워서 밤새도록 통곡합니다. 두려움은 곧

원망의 대상을 찾습니다. "이스라엘 자손이 다 모세와 아론을 원망하여 온 회중이 그들에게 이르되 우리가 애굽 땅에서 죽었거나 이 광야에서 죽었으면 좋았을 것을"(2절). 이스라엘 백성은 자신들의 두려움을 모세와 아론을 향한 원망으로 바꾸었습니다. 그리고 곧이어 하나님을 원망합니다. "어찌하여 여호와가 우리를 그 땅으로 인도하여 칼에 쓰러지게 하려 하는가 우리 처자가 사로잡히리니 애굽으로 돌아가는 것이 낫지 아니하랴"(3절). 그들의 두려움이 모세와 아론을 향한 원망으로 번지고 결국에는 하나님까지 원망하게 되었습니다. 일단 두려움의 심지에 불이 붙으면 모든 것을 태우게 되어 있습니다. 이런 두려움의 뿌리에는 자기 자신에 대한 과대한 신뢰가 있습니다. "그와 함께 올라갔던 사람들은 이르되 우리는 능히 올라가서 그 백성을 치지 못하리라 그들은 우리보다 강하니라 하고"(민 13:31). 자신들이 싸워 이기려 하니 두려움에 싸이는 것입니다. 자신들에 대한 지나친 신뢰가 무너지면 두려움이 급습합니다. 자신의 눈으로 상황을 바라보면 결과는 두려움뿐입니다.

✝ 하나님의 시각으로 상황을 바라봐야 합니다

이스라엘의 불신앙의 모습을 보고 모세와 아론이 엎드립니다. "모세와 아론이 이스라엘 자손의 온 회중 앞에서 엎드린지라"(5절). 이는 사람들에게 살려 달라고 엎드린 것이 아니라 하나님께 엎드린 것입니다. 여호수아와 갈렙은 옷을 찢고 이스라엘에게 외칩니다. "이스라엘 자손의 온 회중에게 말하여 이르되 우리가 두루 다니며 정탐한 땅은 심히 아름다운 땅이라 여호와께서 우리를 기뻐하시면 우리를 그 땅으로 인도하여 들이시고 그 땅을 우리에게 주시리라 이는 과연 젖과 꿀이 흐르는 땅이니라"(7-8절). 같은 상황에서 온 회중은 절망하고 하나님을 원망하는데, 여호수아와 갈렙은 심히 아름다운 땅이라고 합니다. 두려움의 땅이 심히 아름다운 땅으로 보이는 결정적인 이유는 하나님의 시각으로 바라보기 때문입니다. 하나님이 함께하신다는 믿음이 있다면 그 땅은 우리의 땅이 되는 것입니다.

사람은 객관적이지 않습니다. 같은 상황에 처해도 다르게 반응하는 것이 사람입니다. 객관적인 사람이 아닌 믿음의 사람이 되어야 합니다. 하나님의 시각으로 세상을 바라보고 해석하는 성도가 되어야 합니다.

나눔

1. 두려움에 싸여 무엇인가 도전하지 못한 경험이 있다면 가족과 나눠 보세요.
2. 모든 사람이 부정적인 의견을 말했으나 하나님을 향한 믿음으로 도전해 본 일이 있다면 가족과 나눠 보세요.

기도

하나님 아버지, 우리 가족이 여호수아와 갈렙 같은 담대한 믿음의 사람이 되기 원합니다. 어떤 상황에 처하든 믿음의 시각으로 바라보고 해석하는 가정이 되게 하소서. 언제나 하나님 편에 서는 가정이 되게 하소서. 우리 가정을 기뻐하시는 예수님의 이름으로 기도드립니다. 아멘.

우리 가족 이번 주 미션

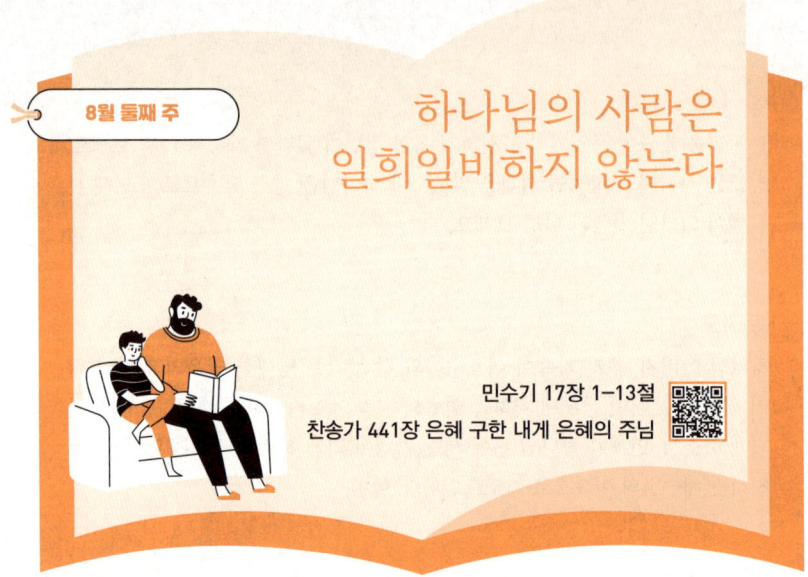

8월 둘째 주

하나님의 사람은 일희일비하지 않는다

민수기 17장 1-13절
찬송가 441장 은혜 구한 내게 은혜의 주님

민수기 17장 1-13절

1 여호와께서 모세에게 말씀하여 이르시되

2 너는 이스라엘 자손에게 말하여 그들 중에서 각 조상의 가문을 따라 지팡이 하나씩을 취하되 곧 그들의 조상의 가문대로 그 모든 지휘관에게서 지팡이 열둘을 취하고 그 사람들의 이름을 각각 그 지팡이에 쓰되

3 레위의 지팡이에는 아론의 이름을 쓰라 이는 그들의 조상의 가문의 각 수령이 지팡이 하나씩 있어야 할 것임이니라

4 그 지팡이를 회막 안에서 내가 너희와 만나는 곳인 증거궤 앞에 두라

5 내가 택한 자의 지팡이에는 싹이 나리니 이것으로 이스라엘 자손이 너희에게 대하여 원망하는 말을 내 앞에서 그치게 하리라

6 모세가 이스라엘 자손에게 말하매 그들의 지휘관들이 각 지파대로 지팡이 하나씩을 그에게 주었으니 그 지팡이가 모두 열둘이라 그 중에 아론의 지팡이가 있었더라

7 모세가 그 지팡이들을 증거의 장막 안 여호와 앞에 두었더라
8 이튿날 모세가 증거의 장막에 들어가 본즉 레위 집을 위하여 낸 아론의 지팡이에 움이 돋고 순이 나고 꽃이 피어서 살구 열매가 열렸더라
9 모세가 그 지팡이 전부를 여호와 앞에서 이스라엘 모든 자손에게로 가져오매 그들이 보고 각각 자기 지팡이를 집어들었더라
10 여호와께서 또 모세에게 이르시되 아론의 지팡이는 증거궤 앞으로 도로 가져다가 거기 간직하여 반역한 자에 대한 표징이 되게 하여 그들로 내게 대한 원망을 그치고 죽지 않게 할지니라
11 모세가 곧 그 같이 하되 여호와께서 자기에게 명령하신 대로 하였더라
12 이스라엘 자손이 모세에게 말하여 이르되 보소서 우리는 죽게 되었나이다 망하게 되었나이다 다 망하게 되었나이다
13 가까이 나아가는 자 곧 여호와의 성막에 가까이 나아가는 자마다 다 죽사오니 우리가 다 망하여야 하리이까

이스라엘 백성은 아론과 그의 자손들만 성막 가까이에서 봉사를 할 수 있다는 것을 받아들이지 못했습니다. 아론과 그의 자손만 특권을 받는다고 생각해 원망과 불평을 쏟아 낸 것입니다. 그러나 하나님이 아론의 자손만 축복하신 것이 아닙니다. 이스라엘 백성은 제사장 직무를 할 수 없었지만 대신 땅을 기업으로 받았음에도 시기와 질투를 한 것입니다. 하나님은 각 사람에게 각기 다른 은사와 사명을 주셨습니다. 그렇기 때문에 우리는 다른 사람과 비교하기보다 내게 주신 은혜를 기억하고 맡기신 사명에 감사해야 합니다. 그것은 내가 노력해서 얻은 산물이 아니라 하나님이 주신 선물이기 때문입니다. 하나님이 주신 선물에 이의를 제기하고 불만을 표출하는 사람들에 대해 하나님은 어떻게 하십니까?

📖 권위는 하나님이 세우십니다

하나님은 하나님이 세우신 권위를 인정하지 않고 불평하는 말에 각 지파에서 대표자 한 명씩 불러내어 12개의 지팡이를 취하게 하십니다. 그리고 각 지팡이에 대표자의 이름을 쓰게 합니다. 레위 지파의 지팡이에는 아론의 이름을 쓰라고 명하십니다. 하나님은 이 지팡이들을 증거궤 앞에 두게 하시며 하나님이 택한 자의 지팡이에서 싹이 날 것이라고 말씀합니다. 다음날 다른 지팡이들은 전혀 변함이 없는데 아론의 지팡이에는 순이 나고 꽃이 피고 살구 열매가 열렸습니다. 이것은 우연히 일어난 일이 아니며 하나님이 일으키신 기적임을 모두에게 알리고 계신 것입니다. 모세는 지팡이를 전부 가져와 이스라엘 모든 자손이 확인하게 합니다.

우리는 이 사건을 통해 권위는 하나님이 세워 주신다는 것을 깨달을 수 있습니다. 아론은 이스라엘 백성이 자신의 권위에 도전하고 원망했을 때 하나님의 때를 기다렸습니다. 아론은 하나님의 방법으로 자신을 세우신 분이 하나님이라는 것을 드러냈습니다. 우리는 세상에서나 교회에서 권위를 갖고 싶어 합니다. 그러나 권위는 갖고 싶다고 해서 가질 수 있는 것이 아닙니다. 권위는 사람이 세우는 것이 아니라 하나님이 세우시는 것이기 때문입니다. 하나님은 그 자리에 필요한 사람을 세워 주십니다.

✟ 교만한 사람이 낙담합니다

이스라엘 백성은 지팡이 표적을 통해 하나님이 아론의 권위를 세우셨다는 것을 확실히 알게 되었습니다. 그들이 아론을 대적한 것은 교만했기 때문입니다. 그런 이스라엘 백성이 한탄을 하기 시작합니다. 하나님은 일찍이 성막에 가까이 나아가는 자마다 다 죽는다고 경고하신 말씀이 생각나 두려움에 빠졌기 때문입니다. 그래서 모세에게 우리가 죽게 되었고 망하게 되었다고 부르짖었습니다. 이것은 성막에 가까이 나아갔던 백성이 율법을 과하게 해석한 것입니다. 하나님은 이 사건을 통해 교만한 백성의 잘못을 깨닫게 하려는 것이었지 그들을 죽이려고 하신 게 아니었습니다(10절). 그런데 이스라엘 백성은 하나님의 본심을 깨닫지 못하고 자신들은 망하게 되었다며 낙담한 것입니다.

교만한 사람은 쉽게 낙담합니다. 자신이 무언가 대단한 존재인 것처럼 교만해져서 다른 사람을 업신여깁니다. 그러다가 자신의 권위가 다른 사람 앞에서 세워지지 않는 것을 보면 낙담합니다. 그러나 하나님 앞에 겸손한 사람은 일희일비하지 않습니다. 낙담하지 않고 상황에 흔들리지 않습니다. 상황이 계속 변할지라도 그 뒤에 역사하시는 하나님을 보고 신뢰합니다. 그래서 고난 앞에 좌절하지 않고 평온합니다. 그것은 하나님이 그의 마음과 생각을 굳게 붙잡아 주시기 때문입니다. 일희일비하는 교만한 사람이 아니라 겸손히 하나님의 은혜를 구하는 복된 성도가 되기 바랍니다.

⊰ 나눔

1. 나는 권위자에 대해 어떤 마음과 생각을 가지고 있나요?
2. 하나님이 겸손한 자에게 은혜를 주신다고 하시는데, 내가 겸손하게 살기 위해 구해야 할 것은 무엇이라고 생각하나요?

기도

하나님 아버지, 권위는 사람이 아닌 하나님이 세우심을 깨닫게 하시니 감사합니다. 하나님이 세우시는 권위에 순종하며 겸손함으로 하나님께 쓰임을 받는 자가 되게 하옵소서. 내 앞에 주어진 상황에 일희일비하는 것이 아니라, 겸손한 마음으로 하나님이 부어 주시는 은혜를 간구하며 살아가게 하소서. 예수님의 이름으로 기도드립니다. 아멘.

우리 가족 이번 주 미션

8월 셋째 주

한계점에서 하나님의 능력과 사랑을 나타내신다

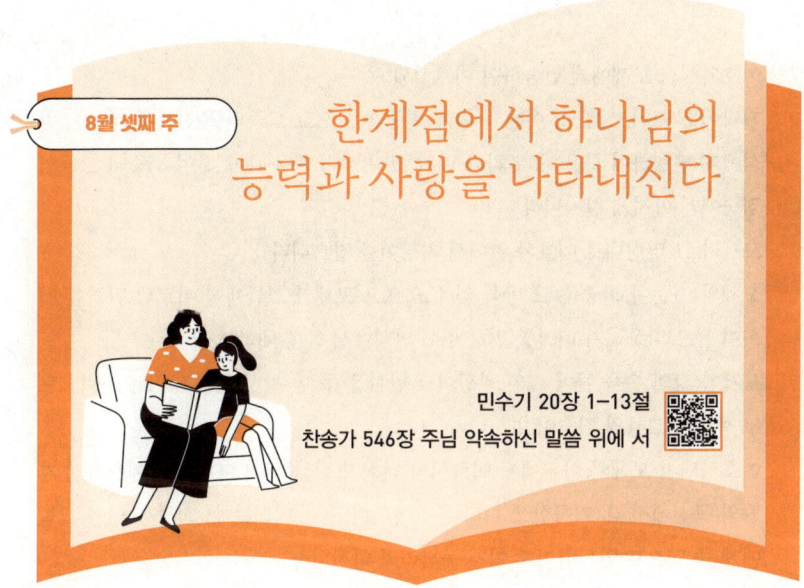

민수기 20장 1–13절
찬송가 546장 주님 약속하신 말씀 위에 서

민수기 20장 1–13절

1 첫째 달에 이스라엘 자손 곧 온 회중이 신 광야에 이르러 백성이 가데스에 머물더니 미리암이 거기서 죽으매 거기에 장사되니라
2 회중이 물이 없으므로 모세와 아론에게로 모여드니라
3 백성이 모세와 다투어 말하여 이르되 우리 형제들이 여호와 앞에서 죽을 때에 우리도 죽었더라면 좋을 뻔하였도다
4 너희가 어찌하여 여호와의 회중을 이 광야로 인도하여 우리와 우리 짐승이 다 여기서 죽게 하느냐
5 너희가 어찌하여 우리를 애굽에서 나오게 하여 이 나쁜 곳으로 인도하였느냐 이 곳에는 파종할 곳이 없고 무화과도 없고 포도도 없고 석류도 없고 마실 물도 없도다
6 모세와 아론이 회중 앞을 떠나 회막 문에 이르러 엎드리매 여호와의 영광이 그들에게 나타나며

7 여호와께서 모세에게 말씀하여 이르시되
8 지팡이를 가지고 네 형 아론과 함께 회중을 모으고 그들의 목전에서 너희는 반석에게 명령하여 물을 내라 하라 네가 그 반석이 물을 내게 하여 회중과 그들의 짐승에게 마시게 할지니라
9 모세가 그 명령대로 여호와 앞에서 지팡이를 잡으니라
10 모세와 아론이 회중을 그 반석 앞에 모으고 모세가 그들에게 이르되 반역한 너희여 들으라 우리가 너희를 위하여 이 반석에서 물을 내랴 하고
11 모세가 그의 손을 들어 그의 지팡이로 반석을 두 번 치니 물이 많이 솟아나오므로 회중과 그들의 짐승이 마시니라
12 여호와께서 모세와 아론에게 이르시되 너희가 나를 믿지 아니하고 이스라엘 자손의 목전에서 내 거룩함을 나타내지 아니한 고로 너희는 이 회중을 내가 그들에게 준 땅으로 인도하여 들이지 못하리라 하시니라
13 이스라엘 자손이 여호와와 다투었으므로 이를 므리바 물이라 하니라 여호와께서 그들 중에서 그 거룩함을 나타내셨더라

이스라엘 백성은 38년 동안 광야를 돌아다니다 다시 가데스에 오게 되자 물이 부족한 문제 앞에 이스라엘 백성은 불만이 폭발하고 말았습니다. 지도자인 모세와 아론을 원망하고 불신하며 비난했습니다(4-5절).

📖 하나님이 나의 한계를 출발점으로 삼으십니다

이스라엘 백성의 불만은 물 부족이었지만 여기서 끝나지 않았습니다. 백성은 모세를 향해 왜 애굽에서 나와 나쁜 곳으로 인도했냐고 불만을 드러냅니다. 이스라엘 백성은 애굽을 나온 지 38년이 지났지만

여전히 미성숙한 신앙인이었습니다. 그래서 조금만 어려움이 생기면 불만을 표출했고, 모세를 원망했습니다.

이스라엘 백성이 불편한 마음을 절제하지 못하고 그대로 표현한 것은 하나님을 원망하는 것이 되었고, 그 원망은 하나님의 귀에도 들렸습니다. 그래서 하나님은 모세에게 지팡이를 가지고 백성이 보는 앞에서 반석에게 명령하여 물을 내라고 말씀하십니다(8절). 모세는 지도자였기 때문에 백성의 불평하는 소리를 들어야 했습니다. 우리가 명확하게 할 수 없는 일을 만날 때 우리는 어떻게 해야 할지 난감해합니다. 아무리 생각해도 방법이 없기 때문입니다. 그러나 하나님은 우리에게 방법이 되어 주십니다. 난감한 상황에 빠진 우리에게 어떻게 해야 할지 구체적으로 말씀해 주십니다. 우리가 할 수 없는 일을 만날 때 해야 할 일은 불평이 아니라 기도입니다. 그래서 인간의 한계는 하나님이 일하시는 출발점이 됩니다. 우리가 할 수 없다고 항복하고 도움을 구할 때 하나님은 우리의 소리를 들으시고 일하기 시작하십니다.

우리의 한계는 하나님이 거룩하심을 드러내기 위한 것입니다

모세는 이스라엘 백성의 불평 앞에서 한계를 만났지만 하나님의 도움으로 백성이 요구하는 물을 줄 수 있었습니다. 그것은 모세의 능력이 아니라 하나님의 능력이었습니다. 그러나 모세는 하나님이 반석에게 명령하여 물을 내라(8a절)는 명령에 온전히 순종하지 못했습니다. 모세는 손에 잡은 지팡이로 이스라엘 백성이 보는 앞에서 반석을 두 번 내려쳤습니다. 하나님은 모세의 그릇된 행동에도 반석에서 물을 내셨습니다. 이것은 하나님이 물을 주신다는 것을 보여 주는 것입니다. 하나님은 모세가 지팡이로 반석을 두 번이나 내리친 것에 대해 하나님의 거룩하심을 나타내지 않았다고 말씀합니다. 그리고 이 일로 인해 모세와 아론이 가나안에 들어가지 못하게 될 것을 말씀합니다(12절).

하나님이 이스라엘 백성에게 보여 주시려고 한 것은 절망적인 상황이라도 하나님의 말씀은 능력이요 기적의 역사를 이룬다는 것이었습니다. 또 한 가지 하나님이 이스라엘 백성에게 보여 주시려고 했던 것은 하나님의 크신 사랑입니다. 비록 백성들은 모세를 원망하고 하나님을 대적했지만, 하나님은 그들을 여전히 사랑하신다는 것을 반석에서 물이 나게 하심으로 보여 주십니다. 우리가 광야 인생길에서 마실 물이 없을 때, 우리가 할 수 없는 일을 만나 한계점에 이르렀을 때, 성숙한 신앙과 인격으로 하나님의 거룩하심을 드러내시기 바랍니다. 인생의 한계점에서 믿음으로 인내하고 믿음으로 하나님을 바라보면, 하나님의 놀라운 능력을 경험하게 될 것입니다. 하나님의 한없는 사랑을 경험하게 될 것입니다. 많은 사람에게 하나님의 거룩하심을 드러내며 하나님을 자랑하는 사람이 되시기 바랍니다.

나눔

1. 한계를 느꼈던 일이 있었나요? 그때 나는 한계를 어떻게 극복했나요?
2. 나는 한계를 만나면 불평하는 사람인가요, 하나님을 의지하며 하나님의 거룩하심을 드러내는 사람인가요?

기도

하나님 아버지, 인생에서 마주하는 한계점이 하나님이 일하시는 출발점이라는 사실을 깨닫게 하시니 감사합니다. 제 인생에 주어진 수많은 한계 가운데 하나님을 의지하게 하시고, 하나님의 놀라운 능력을 경험하는 자가 되게 하소서. 한계에 부딪칠 때, 원망하는 것이 아니라 하나님의 사랑을 의지하는 자가 되어 하나님의 거룩하심을 드러내게 하소서. 예수님의 이름으로 기도드립니다. 아멘.

우리 가족 이번 주 미션

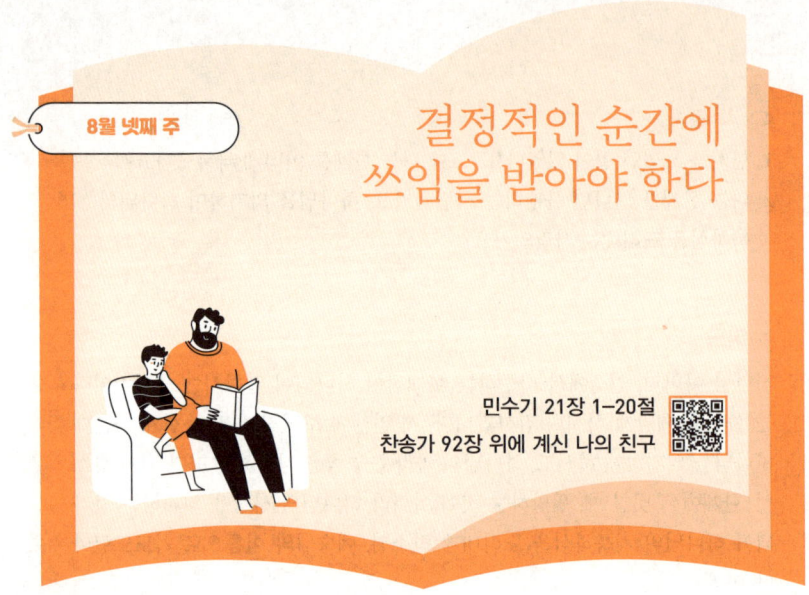

8월 넷째 주

결정적인 순간에 쓰임을 받아야 한다

민수기 21장 1-20절
찬송가 92장 위에 계신 나의 친구

민수기 21장 1-20절

1. 네겝에 거주하는 가나안 사람 곧 아랏의 왕이 이스라엘이 아다림 길로 온다 함을 듣고 이스라엘을 쳐서 그 중 몇 사람을 사로잡은지라
2. 이스라엘이 여호와께 서원하여 이르되 주께서 만일 이 백성을 내 손에 넘기시면 내가 그들의 성읍을 다 멸하리이다
3. 여호와께서 이스라엘의 목소리를 들으시고 가나안 사람을 그들의 손에 넘기시매 그들과 그들의 성읍을 다 멸하니라 그러므로 그 곳 이름을 호르마라 하였더라
4. 백성이 호르 산에서 출발하여 홍해 길을 따라 에돔 땅을 우회하려 하였다가 길로 말미암아 백성의 마음이 상하니라
5. 백성이 하나님과 모세를 향하여 원망하되 어찌하여 우리를 애굽에서 인도해 내어 이 광야에서 죽게 하는가 이 곳에는 먹을 것도 없고 물도 없도다 우리 마음이 이 하찮은 음식을 싫어하노라 하매

6 여호와께서 불뱀들을 백성 중에 보내어 백성을 물게 하시므로 이스라엘 백성 중에 죽은 자가 많은지라

7 백성이 모세에게 이르러 말하되 우리가 여호와와 당신을 향하여 원망함으로 범죄하였사오니 여호와께 기도하여 이 뱀들을 우리에게서 떠나게 하소서 모세가 백성을 위하여 기도하매

8 여호와께서 모세에게 이르시되 불뱀을 만들어 장대 위에 매달아라 물린 자마다 그것을 보면 살리라

9 모세가 놋뱀을 만들어 장대 위에 다니 뱀에게 물린 자가 놋뱀을 쳐다본즉 모두 살더라

10 이스라엘 자손이 그 곳을 떠나 오봇에 진을 쳤고

11 오봇을 떠나 모압 앞쪽 해 돋는 쪽 광야 이예아바림에 진을 쳤고

12 거기를 떠나 세렛 골짜기에 진을 쳤고

13 거기를 떠나 아모리인의 영토에서 흘러 나와서 광야에 이른 아르논 강 건너편에 진을 쳤으니 아르논은 모압과 아모리 사이에서 모압의 경계가 된 곳이라

14 이러므로 여호와의 전쟁기에 일렀으되 수바의 와헙과 아르논 골짜기와

15 모든 골짜기의 비탈은 아르 고을을 향하여 기울어지고 모압의 경계에 닿았도다 하였더라

16 거기서 브엘에 이르니 브엘은 여호와께서 모세에게 명령하시기를 백성을 모으라 내가 그들에게 물을 주리라 하시던 우물이라

17 그 때에 이스라엘이 노래하여 이르되 우물물아 솟아나라 너희는 그것을 노래하라

18 이 우물은 지휘관들이 팠고 백성의 귀인들이 규와 지팡이로 판 것이로다 하였더라 그들은 광야에서 맛다나에 이르렀고

19 맛다나에서 나할리엘에 이르렀고 나할리엘에서 바못에 이르렀고

20 바못에서 모압 들에 있는 골짜기에 이르러 광야가 내려다 보이는 비스가 산 꼭대기에 이르렀더라

179

하나님께 쓰이는 사람은 스펙이 높거나 뛰어난 능력을 가진 사람이 아닙니다. 하나님의 뜻에 순종하는 마음을 가진 사람입니다. 하나님은 이렇게 준비된 사람을 결정적인 순간에 사용하십니다. 모세는 결정적인 순간에 쓰임을 받았습니다. 모세는 하나님께 어떻게 쓰임을 받았습니까?

📖 모세는 백성을 위해 기도하는 데 쓰임을 받았습니다

애굽을 나와 광야 생활을 하는 이스라엘 백성은 자신들의 삶에 어려움이 찾아오고 고난이 찾아오면 그것이 모세 때문이라고 생각했습니다(5절). 이스라엘 백성은 호르산을 출발해 홍해 길을 따라 에돔 땅을 우회하게 되었습니다. 이 길은 매우 거칠고 힘든 길이었습니다. 그들은 누구보다 이와 같은 사실을 잘 알고 있었습니다. 그래서 원망하기 시작했습니다. 하나님은 이스라엘 백성이 원망하는 소리에 대해 불뱀들을 보내 심판하셨습니다. 불뱀에 물려 많은 사람이 죽었고, 그 모습을 본 사람들은 회개하며 살려 달라고 간청합니다. 이때 모세는 백성을 위해 기도합니다. 성경에는 "모세가 백성을 위하여 기도하매"(7b절)라고 아주 짧게 기록되었습니다. 무슨 일만 생기면 습관처럼 원망하는 백성과 원망에 대한 죗값을 받고 있는 것을 보며 지금 이 문제가 해결된다고 해도 평온을 찾으면 다시 모세를 향해 원망할 것이라는 것을 모세는 알고 있었습니다. 그러나 모세는 이 모든 이야기를 다 묻어 두고 기도합니다. 모세가 기도하자 하나님이 모세의 기도에 응답하십니다.

우리 주변에 어려움을 겪는 사람이 많이 있습니다. 그들을 볼 때 우리가 해야 할 일은 모세가 백성을 위해 한 것처럼 기도하는 것입니다. 모세는 백성을 향해 하고 싶은 말이 많았지만 입을 막았습니다. 그리고 그 입을 하나님을 향해 열었습니다. 아픔과 눈물 가운데 있는 사람들을 향해 우리의 입을 열고 싶은 유혹을 떨쳐 내고 하나님께 기도해야 합니다. 우리 하나님은 다른 사람을 위한 도고와 숭보의 기도를 기뻐하십니다.

✝ 모세는 백성의 생명을 구원하는 데 쓰임을 받았습니다

모세가 죄를 범한 백성을 위해 기도하자 하나님이 해결책을 주셨습니다. 불뱀을 만들어 장대 위에 매달아 뱀에 물린 사람들이 그것을 보면 살게 된다고 말씀하셨습니다. 모세는 하나님이 불뱀을 만들어 장대에 매달라는 명령에 즉시 순종합니다. 모세가 놋뱀을 만들어 장대 위에 달자 뱀에 물린 사람들이 그것을 쳐다보고 살게 되었습니다. 모세는 백성을 위해 움직였습니다. 모세는 하나님의 명령을 따라 움직였습니다. 그 움직임은 죽음을 앞둔 이스라엘 백성을 살리는 생명의 움직임이었습니다. 뱀을 장대 위에 매다는 것은 예수 그리스도가 십자가에 매달리신 사건의 예표가 됩니다. 뱀에 물린 모든 사람이 장대 위에 매달린 뱀을 보자 산 것처럼, 죄와 허물로 죽은 사람들이 십자가에 달리신 예수 그리스도를 바라볼 때 살아납니다. 인생의 어려움 가운데 모든 사람이 바라봐야 할 것은 십자가에 달리신 예수 그리스도입니다.

우리가 모세처럼 결정적인 순간에 쓰이기 원한다면 주변의 영혼들에게 나무에 달리신 예수 그리스도를 소개해 주어야 합니다. 누구든지 예수 그리스도를 믿으면 구원을 받는다는 사실을 전해 주어야 합니다. 그리고 삼위일체 하나님이신 예수님께서는 능치 못하실 일이 없다는 것을 말해 주어야 합니다. 어떤 상황 가운데 있더라도 예수님만 바라보면 문제를 뛰어넘을 수 있다는 것을 말해 주시기 바랍니다. 죽음 가운데서 장대에 매달린 놋뱀을 쳐다보는 것만으로 살아난 것처럼, 우리가 예수 그리스도를 믿는다고 고백하는 것만으로 구원을 받고 하나님의 자녀가 됩니다. 우리가 살면서 한 영혼을 예수 그리스도께 인도한다면 우리는 그 사람의 인생에, 하나님의 나라에 결정적인 순간에 쓰임을 받는 삶을 사는 것이라 믿습니다. 하나님은 우리가 한 번도 예수 그리스도의 이름을 들어 보지 못한 사람에게 예수 그리스도를 전하기 바라십니다. 누군가 나에게 복음을 전해 주었으면 좋겠다고 생각하는 사람을 찾아가 그의 손을 붙잡고 교회로 인도해 주는 사람이 되었으면 좋겠습니다.

그러기 위해 하나님의 뜻에 순종할 준비가 되어 있어야 합니다. 하나님이 말씀하실 때 고민하고 머뭇거리지 않도록 깨어 기도해야 합니다. 그래서 하나님이 우리를 보내실 때 그곳에서 하나님의 도구로, 복음의 증인으로 살아가는 복된 성도가 되길 축복합니다.

🐟 나눔

1. 내가 복음을 전하기 위해 기도하고 있는 대상자는 누구인지 나눠 보세요.
2. 하나님께 쓰임을 받기 위해 내가 순종해야 할 일은 무엇이라고 생각하나요?

🕍 기도

하나님 아버지, 하나님께 쓰이는 도구가 되기 위해 영혼을 구원하고자 하는 마음을 품는 하나님의 자녀가 되게 하소서. 주변의 이웃을 위해 기도하는 입술을 허락하시고, 예수 그리스도를 모르는 자들에게 십자가 복음을 전하는 입술을 허락하소서. 하나님의 뜻에 순종하여 생명을 살리는 복음의 증인으로 살아가기 원합니다. 예수님의 이름으로 기도드립니다. 아멘.

🪔 우리 가족 이번 주 미션

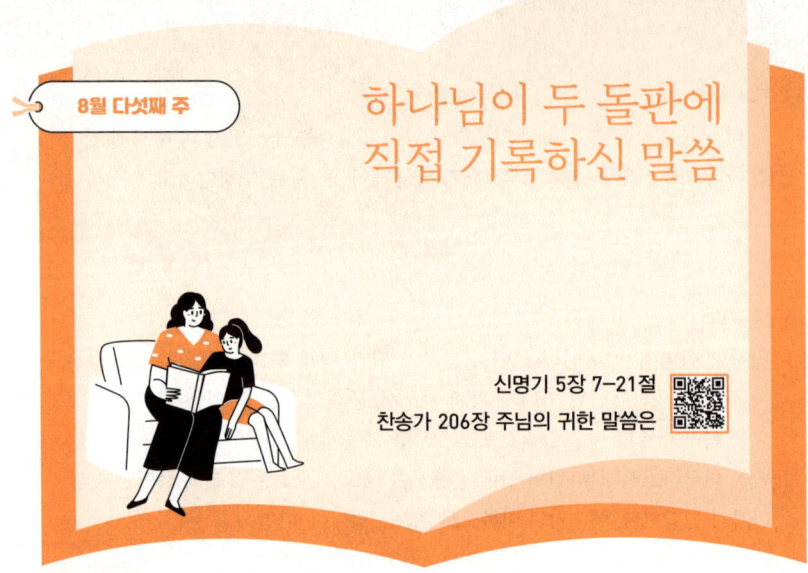

8월 다섯째 주

하나님이 두 돌판에 직접 기록하신 말씀

신명기 5장 7-21절
찬송가 206장 주님의 귀한 말씀은

신명기 5장 7-21절

7 나 외에는 다른 신들을 네게 두지 말지니라
8 너는 자기를 위하여 새긴 우상을 만들지 말고 위로 하늘에 있는 것이나 아래로 땅에 있는 것이나 땅밑 물 속에 있는 것의 어떤 형상도 만들지 말며
9 그것들에게 절하지 말며 그것들을 섬기지 말라 나 네 하나님 여호와는 질투하는 하나님인즉 나를 미워하는 자의 죄를 갚되 아버지로부터 아들에게로 삼사 대까지 이르게 하거니와
10 나를 사랑하고 내 계명을 지키는 자에게는 천 대까지 은혜를 베푸느니라
11 너는 네 하나님 여호와의 이름을 망령되이 일컫지 말라 나 여호와는 내 이름을 망령되이 일컫는 자를 죄 없는 줄로 인정하지 아니하리라
12 네 하나님 여호와가 네게 명령한 대로 안식일을 지켜 거룩하게 하라
13 엿새 동안은 힘써 네 모든 일을 행할 것이나
14 일곱째 날은 네 하나님 여호와의 안식일인즉 너나 네 아들이나 네 딸이나 네 남

종이나 네 여종이나 네 소나 네 나귀나 네 모든 가축이나 네 문 안에 유하는 객이라도 아무 일도 하지 못하게 하고 네 남종이나 네 여종에게 너 같이 안식하게 할지니라

15 너는 기억하라 네가 애굽 땅에서 종이 되었더니 네 하나님 여호와가 강한 손과 편 팔로 거기서 너를 인도하여 내었나니 그러므로 네 하나님 여호와가 네게 명령하여 안식일을 지키라 하느니라

16 너는 네 하나님 여호와께서 명령한 대로 네 부모를 공경하라 그리하면 네 하나님 여호와가 네게 준 땅에서 네 생명이 길고 복을 누리리라

17 살인하지 말지니라

18 간음하지 말지니라

19 도둑질 하지 말지니라

20 네 이웃에 대하여 거짓 증거하지 말지니라

21 네 이웃의 아내를 탐내지 말지니라 네 이웃의 집이나 그의 밭이나 그의 남종이나 그의 여종이나 그의 소나 그의 나귀나 네 이웃의 모든 소유를 탐내지 말지니라

~~~~~~

나라마다 법이 다르고 지켜야 할 의무가 달라집니다. 한국에 살면 한국의 법을 따라야 하고, 미국에 가면 미국의 법을 따라야 합니다. 하나님 나라 역시 마찬가지입니다. 하나님 나라의 백성은 하나님의 법을 따라야 합니다. 이스라엘은 430년간 애굽에서 종으로 살면서 애굽의 노예 법을 따라 살았습니다. 그 법만 잘 따르면 애굽에서 편안하게 살 수 있었습니다. 하지만 이제는 애굽이 아닌 하나님 나라의 백성이 되었습니다. "나는 너를 애굽 땅, 종 되었던 집에서 인도하여 낸 네 하나님 여호와라"(신 5:6). 이제는 애굽의 법이 아닌 하나님의 법을 따라야 합니

다. 하나님은 그 법을 직접 두 돌판에 기록해서 모세에게 건네 주셨습니다. 하나님 나라의 백성이 지켜야 할 법은 무엇입니까?

✝ 하나님을 사랑하십시오

하나님 나라의 백성이 지켜야 할 첫 번째 계명은 '하나님 사랑'입니다. "나 외에는 다른 신들을 네게 두지 말지니라"(7절). 첫 번째 계명 자체가 세상의 법과는 다릅니다. 하나님만을 온전히 사랑해야 합니다. 이스라엘의 출애굽 전에 열 가지 재앙이 애굽에 쏟아졌습니다. 열 가지 재앙은 우연히 일어난 것이 아니라 하나님께서 애굽 사람들이 믿고 있었던 신들을 벌하신 것이었습니다. 애굽 사람들은 피, 개구리, 이, 파리, 악질, 독종, 우박, 메뚜기, 흑암 같은 미신들을 믿고 있었습니다. 하나님은 이 열 가지 재앙을 통해서 그것들은 신이 아니라 인간이 만들어 낸 우상에 지나지 않음을 보여 주셨습니다. 하나님만이 유일하신 하나님입니다. 절대로 자기를 위해 우상을 만들고 그것을 섬기면 안 됩니다.

우상을 만들고 섬기는 것은 인생을 가장 비참하게 사는 것입니다. 하나님의 이름을 사랑하여 하나님의 이름을 망령되게 부르지 않아야 합니다. 안식일을 지켜 구별되게 보내야 합니다. 결국 1계명부터 4계명까지는 인생의 수직을 세우는 율법입니다. 모든 일에는 순서가 있습니다. 인생에서 가장 중요한 것은 하나님과 올바른 관계를 맺어 인생의 수직을 바로 세우는 것입니다.

✝ 이웃을 사랑하십시오

하나님 나라의 백성이 지켜야 할 두 번째 계명은 '이웃 사랑'입니다. 가장 먼저 사랑해야 할 대상은 부모님입니다. "너는 네 하나님 여호와께서 명령한 대로 네 부모를 공경하라 그리하면 네 하나님 여호와가 네게 준 땅에서 네 생명이 길고 복을 누리리라"(16절). 기독교는 어느 종교보다 '이웃 사랑'을 강조합니다. 하나님을 사랑한다고 하면서 이웃을 사랑하지 않는 것은 위선입니다. 하나님 사랑은 반드시 이웃 사랑으로 드러납니다. 살인하지 말고, 간음하지 말고, 도둑질하지 말고, 이웃에 대해서 거짓 증거를 하지 말고, 이웃의 아내를 탐하지 말아야 합니다. 즉, 자신을 사랑하듯 이웃을 사랑해야 합니다. 하나님은 하나님의 백성을 통해서 이 땅이 아름답고 선하게 변화되길 기대하십니다. 하나님 나라의 백성은 이웃을 사랑하기 위해 이 땅의 빛과 소금이 되어야 합니다. 자신을 태워 이 땅의 어두운 곳을 밝히고, 자신을 녹여 이 땅의 부패를 막고 살맛나는 세상을 만들어야 합니다.

율법의 완성이 되신 예수님이 율법을 두 가지로 정리하셨습니다. "예수께서 이르시되 네 마음을 다하고 목숨을 다하고 뜻을 다하여 주 너의 하나님을 사랑하라 하셨으니 이것이 크고 첫째 되는 계명이요 둘째도 그와 같으니 네 이웃을 네 자신 같이 사랑하라 하셨으니 이 두 계명이 온 율법과 선지자의 강령이니라"(마 22:37-40). 하나님 나라의 백성답게 하나님의 법을 준수하는 가정이 되길 축복합니다.

⊂❍ 나눔

1. 하나님을 향한 사랑을 방해하는 것이 있다면 그것이 우상입니다. 내 안에 깨뜨려야 할 우상은 없는지 가족과 나눠 보세요.
2. 내 이웃을 더욱 사랑하기 위한 실천 방안을 가족과 나눠 보세요.

🛐 기도

하나님 아버지, 세상에 갇혀 살았던 저희 가정을 구원하시고 하나님 나라의 백성으로 삼아 주심에 감사드립니다. 하나님 나라의 백성으로서 하나님의 법을 신실하게 지키는 가정이 되기 원합니다. 우리 가정의 수직과 수평이 하나님의 법으로 세워지게 하소서. 우리 가정의 주인이 되신 사랑하는 예수님의 이름으로 기도드립니다. 아멘.

우리 가족 이번 주 미션

9월 첫째 주

적극적으로 하나님을 사랑하라

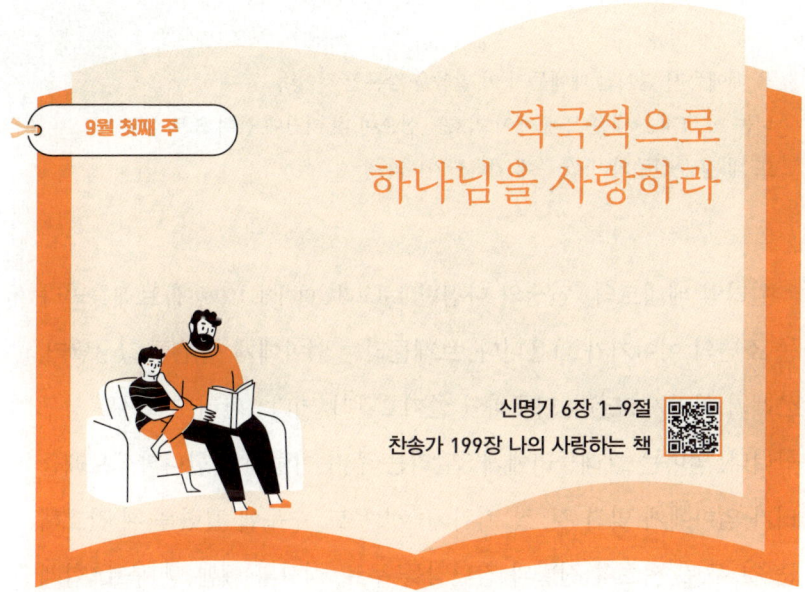

신명기 6장 1-9절
찬송가 199장 나의 사랑하는 책

신명기 6장 1-9절

1 이는 곧 너희의 하나님 여호와께서 너희에게 가르치라고 명하신 명령과 규례와 법도라 너희가 건너가서 차지할 땅에서 행할 것이니

2 곧 너와 네 아들과 네 손자들이 평생에 네 하나님 여호와를 경외하며 내가 너희에게 명한 그 모든 규례와 명령을 지키게 하기 위한 것이며 또 네 날을 장구하게 하기 위한 것이라

3 이스라엘아 듣고 삼가 그것을 행하라 그리하면 네가 복을 받고 네 조상들의 하나님 여호와께서 네게 허락하심 같이 젖과 꿀이 흐르는 땅에서 네가 크게 번성하리라

4 이스라엘아 들으라 우리 하나님 여호와는 오직 유일한 여호와이시니

5 너는 마음을 다하고 뜻을 다하고 힘을 다하여 네 하나님 여호와를 사랑하라

6 오늘 내가 네게 명하는 이 말씀을 너는 마음에 새기고

7 네 자녀에게 부지런히 가르치며 집에 앉았을 때에든지 길을 갈 때에든지 누워 있

을 때에든지 일어날 때에든지 이 말씀을 강론할 것이며
8 너는 또 그것을 네 손목에 매어 기호를 삼으며 네 미간에 붙여 표로 삼고
9 또 네 집 문설주와 바깥 문에 기록할지니라

윌리엄 베네트의 『인생의 나침반 1』(고려원미디어, 1998)에 브래들리라는 소년의 이야기가 나옵니다. 브래들리는 엄마에게 심부름 값 3달러, 쓰레기 버리기 2달러, 마룻바닥 쓸기 2달러, 기타 1달러, 8달러를 청구합니다. 엄마는 브래들리에게 8달러는 주며 이렇게 답합니다. "브래들리가 엄마에게 빚진 것, 잘 키워 준 것 무료, 수두에 걸렸을 때 간호해 준 것 무료, 셔츠와 신발과 장난감들 무료, 식사와 예쁜 빵 무료, 합계 무료." 부모의 사랑은 값을 매길 수 없기에 무료입니다. 우리에 대한 하나님의 사랑도 무료입니다. 하나님은 우리에게 어떻게 사랑하라고 말씀하셨나요?

모든 것을 다해 하나님을 사랑하십시오

하나님은 우리에게 규례와 명령을 주시며 지키라고 말씀합니다. 그것은 우리의 날을 장구하게 하기 위해 지키라고 말씀하신 것입니다(2절). 하나님의 말씀을 듣고 삼가 행할 때 젖과 꿀이 흐르는 땅에 들어가 번성케 하시는 복을 받을 수 있습니다(3절). 사람들은 하나님이 주시는 복을 받고 싶어 합니다. 그러나 복을 주시는 하나님의 방법은 따르지 않습니다. 하나님이 복을 주시는 방법은 하나님을 사랑하는 것입니다.

하나님은 우리가 어떻게 하나님을 사랑해야 하는지를 가르쳐 주셨습니다. 4절과 5절을 보면, "이스라엘아 들으라 우리 하나님 여호와는 오직 유일한 여호와이시니 너는 마음을 다하고 뜻을 다하고 힘을 다하여 네 하나님 여호와를 사랑하라"고 말씀합니다. 하나님을 사랑하는 데 있어 하나님이 바라시는 기준이 있다는 것을 알 수 있습니다. 하나님은 우리가 하나님을 사랑하는 데 있어 생각과 감성과 의지 모두로 사랑하라고 말씀합니다. 하나님에 대해 알기를 힘쓰며, 감사와 기쁨, 은혜에 감격하여 사랑해야 합니다. 우리가 받은 크신 사랑을 깨닫고 우리의 모든 것을 다해 하나님을 사랑하시기 바랍니다.

✝ 자녀에게 하나님의 사랑을 가르치십시오

하나님을 사랑하는 것은 우리 세대에서 끝나서는 안 됩니다. 하나님의 사랑은 우리 세대에서 끝나지 않고 다음세대로 계속 흘러가기 때문입니다. 반드시 자녀에게 하나님의 사랑을 가르쳐야 합니다. 하나님의 말씀에 순종해야 한다는 사실을 가르쳐야 합니다. 그래서 자녀가 하나님의 말씀을 듣고 순종하는 삶을 살도록 돕는 것이 부모의 역할이라고 생각합니다. 하나님은 이것이 너무 중요한 일이어서 이스라엘 백성이 가나안에 들어가기 전부터 말씀하셨습니다. 나중에 자녀가 좀 크면 가르쳐야겠다고 생각하는 사람들이 의외로 많은 것 같습니다. 지금은 대학을 가야 하고, 취업을 해야 하는 인생의 중요한 일을 앞두고 있으니 나중에 합격하고 나면 해야지 하며 생각하면 늦습니다. 인생에서 가장 중요한 일은 대학 입학도 취업도 아니라, 하나님을 아는 일이며 하나님의 명령을 따르는 것입니다. 하나님이 우리 자녀의 주인이시고, 인생을 이끄시는 분임을 가르치시기 바랍니다. 내 노력과 수고로 열매를 따먹는 게 아니라 하나님이 열매를 주셔야 먹을 수 있다는 사실을 가르쳐 주어야 합니다. 그럴 때 자녀들이 하나님을 더욱 사랑하게 되고, 하나님의 명령에 순종하며 살 수 있습니다.

하나님의 말씀은 너무 중요합니다. 그래서 그 말씀을 손목에 매어 기호를 삼고, 미간에 붙여 표로 삼아야 합니다. 또 집을 드나드는 문설주와 바깥문에 기록해 항상 어디서나 볼 수 있게 해야 합니다. 그 말씀이 자녀의 영혼을 살립니다.

🐟 나눔

1. 하나님을 사랑하기 위해 마음과 뜻과 힘을 다해야 합니다. 이 세 가지 중에 잘하고 있는 것과 부족한 것은 무엇이라고 생각하나요?
2. 자녀에게 하나님의 말씀을 가르치기 위한 계획을 세워 보세요.

🕍 기도

하나님 아버지, 하나님의 아들을 내주시기까지 저를 사랑하신 은혜를 깨닫게 하시니 감사합니다. 하나님의 사랑을 먼저 입은 자로서 하나님을 마음과 뜻과 힘을 다해 사랑하게 나를 사랑하신 하나님의 사랑을 자녀에게 가르치게 하시고, 제게 맡겨 주신 자녀를 하나님의 명령에 순종하는 자녀로 양육하게 하소서. 예수님의 이름으로 기도드립니다. 아멘.

💡 우리 가족 이번 주 미션

하나님이 큰 일을 행하신다

9월 둘째 주

신명기 11장 1-17절
찬송가 445장 태산을 넘어 험곡에 가도

신명기 11장 1-17절

1 그런즉 네 하나님 여호와를 사랑하여 그가 주신 책무와 법도와 규례와 명령을 항상 지키라

2 너희의 자녀는 알지도 못하고 보지도 못하였으나 너희가 오늘날 기억할 것은 너희의 하나님 여호와의 교훈과 그의 위엄과 그의 강한 손과 펴신 팔과

3 애굽에서 그 왕 바로와 그 전국에 행하신 이적과 기사와

4 또 여호와께서 애굽 군대와 그 말과 그 병거에 행하신 일 곧 그들이 너희를 뒤쫓을 때에 홍해 물로 그들을 덮어 멸하사 오늘까지 이른 것과

5 또 너희가 이 곳에 이르기까지 광야에서 너희에게 행하신 일과

6 르우벤 자손 엘리압의 아들 다단과 아비람에게 하신 일 곧 땅이 입을 벌려서 그들과 그들의 가족과 그들의 장막과 그들을 따르는 온 이스라엘의 한가운데에서 모든 것을 삼키게 하신 일이라

7 너희가 여호와께서 행하신 이 모든 큰 일을 너희의 눈으로 보았느니라

8 그러므로 너희는 내가 오늘 너희에게 명하는 모든 명령을 지키라 그리하면 너희가 강성할 것이요 너희가 건너가 차지할 땅에 들어가서 그것을 차지할 것이며

9 또 여호와께서 너희의 조상들에게 맹세하여 그들과 그들의 후손에게 주리라고 하신 땅 곧 젖과 꿀이 흐르는 땅에서 너희의 날이 장구하리라

10 네가 들어가 차지하려 하는 땅은 네가 나온 애굽 땅과 같지 아니하니 거기에서는 너희가 파종한 후에 발로 물 대기를 채소밭에 댐과 같이 하였거니와

11 너희가 건너가서 차지할 땅은 산과 골짜기가 있어서 하늘에서 내리는 비를 흡수하는 땅이요

12 네 하나님 여호와께서 돌보아 주시는 땅이라 연초부터 연말까지 네 하나님 여호와의 눈이 항상 그 위에 있느니라

13 내가 오늘 너희에게 명하는 내 명령을 너희가 만일 청종하고 너희의 하나님 여호와를 사랑하여 마음을 다하고 뜻을 다하여 섬기면

14 여호와께서 너희의 땅에 이른 비, 늦은 비를 적당한 때에 내리시리니 너희가 곡식과 포도주와 기름을 얻을 것이요

15 또 가축을 위하여 들에 풀이 나게 하시리니 네가 먹고 배부를 것이라

16 너희는 스스로 삼가라 두렵건대 마음에 미혹하여 돌이켜 다른 신들을 섬기며 그것에게 절하므로

17 여호와께서 너희에게 진노하사 하늘을 닫아 비를 내리지 아니하여 땅이 소산을 내지 않게 하시므로 너희가 여호와께서 주신 아름다운 땅에서 속히 멸망할까 하노라

~~~~~~~~~~~~~~~~~~~~~~~~~~~~~~

우연히 부모님의 젊은 시절 사진을 보고 지금과는 너무 다른 모습에 놀란 적이 있으십니까? 또 부모님이 어떻게 만나서 결혼했는지 뒷얘기를 들었던 적이 있으십니까? 누군가의 역사를 안다는 것은 아주 재미있고 흥미롭습니다. 성경을 읽으면서 하나님이 이스라엘 백성에게 어

떤 일을 행하셨고 그 일을 통해 무슨 일이 있었는지를 살펴보는 것도 굉장히 흥미롭고 은혜가 됩니다. 특히 하나님이 이스라엘의 역사 가운데 깊이 관여하시고 그들을 인도하시는 과정을 보면 하나님이 정말 위대하고 크신 분이라고 생각됩니다.

하나님이 하신 일을 기억해야 합니다

오늘 본문에서 모세는 이스라엘 백성에게 세 가지를 당부합니다. 첫째는 하나님을 사랑하여 경외하라고 말합니다(1a절). 하나님을 사랑하게 되면 하나님이 주신 율법이 행동을 제약하고, 삶을 속박하기 위해 주신 것이 아니라 은혜와 축복을 주시기 위한 것이라는 사실을 깨닫게 됩니다. 둘째는 하나님을 기억하라고 말합니다(2-3절). 바로 하나님이 이스라엘을 위해 하신 일을 기억하라고 말합니다. 하나님은 430년을 애굽의 노예로 살던 이스라엘 백성을 구원하셨습니다. 40년의 광야 생활 동안 옷이 해지지 않게 하셨고, 발이 부르트지 않게 하셨습니다(신 8:4). 또한 이스라엘 백성을 가로막는 수많은 대적들을 물리쳐 주셨습니다. 낮에는 구름기둥으로, 밤에는 불기둥으로 보호하며 인도하셨습니다. 모세를 반역하며 백성들을 혼란에 빠뜨린 다단과 아비람을 심판하셨습니다(6절). 셋째로 하나님께서 행하신 이 모든 큰일을 보았다고 말합니다(7절). 하나님이 큰일을 행하신 것은 이스라엘 백성을 향한 사랑 때문입니다. 광야 생활 중에 태어난 2세대는 보지 못했던 일을 행하심으로 하나님의 사랑이 얼마나 큰지를 보여 주셨습니다(2a절).

우리는 우리가 보고 경험한 것을 나누어야 합니다. 하나님이 우리 인생에 행하신 큰일을 잊지 않고 기억해야 합니다. 그리고 그것을 아직 보지 못하고 경험하지 못한 세대에게 전해야 합니다. 우리가 하나님에 대해 가르치고 간증할 때 그것을 듣는 사람들도 하나님을 기대하고 간증하는 삶을 살게 될 것입니다. 모든 사람에게 우리를 구원하기 위해 아들을 주신 하나님의 사랑과 그 큰 일을 전하는 복된 성도가 되시기 바랍니다.

하나님의 명령을 지킬 때 큰일을 볼 수 있습니다

모세는 이스라엘 백성에게 가나안에 들어가 땅을 차지할 수 있는 방법을 가르쳐 줍니다. 역사는 국가나 민족이 강성하기 위해서는 힘을 키워야 한다고 말합니다. 그러나 성경은 우리가 키워야 할 힘은 신앙력이라고 말합니다. 신앙력은 하나님의 말씀을 지키는 힘입니다. 우리가 살아 가는 세상은 결코 만만하지 않습니다. 수없이 몰아닥치는 어려운 상황이 우리의 믿음을 뒤흔듭니다. 쉽지 않은 인생을 살며 하나님을 놓치고, 하나님이 계시지 않는 것처럼 느껴질 때가 너무나 많습니다. 그런 상황에서 큰 세상과 맞서게 되면 뒤로 물러날 수밖에 없습니다. 세상은 우리에게 골리앗과 같이 크고 강한 존재로 보이기 때문입니다. 그러나 신앙력을 키운 사람은 물러서지 않습니다. 다윗과 같이 하나님의 이름을 믿고 나아갑니다. 우리는 가나안을 정복할 때 큰 성 여리고가 어떻게 무너졌는지 압니다. 여리고는 하나님이 하라고 하신 대로 순종할 때 무너졌습니다. 칼이나 창이 아니라 하나님에 대한 믿음이 여리고를 무너지게 한 것입니다. 세상을 살아가는 우리에게 필요한 것은 신앙력입니다. 하나님에 대한 믿음이 필요합니다.

하나님만이 이스라엘 백성을 돌보시고, 그들을 위해 큰일을 행하셨습니다. 광야에서도 이스라엘을 백성을 돌보시고 인도하신 분은 하나님입니다. 그들의 필요를 아시고 하루도 빠지지 않고 채워 주셨습니다. 원망하고 불평하는 이스라엘 백성을 사랑으로 품어 주신 분도 하나님입니다.

우리는 이미 우리를 구원하신 하나님의 큰일을 경험했습니다. 우리는 소망 없는 인생이며, 우리의 힘으로는 도저히 구원을 받을 수 없는 인생입니다. 하나님은 우리의 힘과 노력으로는 얻을 수 없는 구원을 선물로 주셨습니다. 하나뿐인 아들을 주심으로 우리를 죄의 노예에서 구원해 주시고 분주한 세상에서 억눌리고 살던 삶에서 참 자유를 주셨습니다. 하나님이 큰 구원의 역사를 이루어 주지 않으셨다면 우리는 여전히 소망 없는 삶을 살고 있었을 것입니다. 하지만 하나님이 우리를 구원해 주셔서 우리는 소망을 가진 인생, 천국을 바라보는 천국 시민이 되었습니다. 그리고 오늘도 우리 삶에 놓인 수많은 어려움 가운데 하나님이 동행하시며, 우리를 젖과 꿀이 흐르는 곳으로 인도해 주고 계십니다. 하나님이 우리 인생을 돌보아 주십니다.

나눔

1. 하나님이 나에게 베풀어 주신 은혜는 무엇이 있었는지 나누어 보세요.
2. 오늘 내가 따라야 할 하나님의 명령은 무엇인가요?

기도

하나님 아버지, 말씀을 통해 큰일을 행하신 하나님을 알게 하시니 감사합니다. 그 하나님이 제 삶에도 역사하시어 구원의 큰일을 이루시고 제 삶을 돌보아 주시니 감사합니다. 하나님께서 베풀어 주신 은혜를 간증하는 자로 세워 주소서. 이 세상을 살아가는 동안 하나님의 명령을 지키며 하나님께서 하시는 큰 일을 경험하는 자가 되게 하소서. 예수님의 이름으로 기도드립니다. 아멘.

우리 가족 이번 주 미션

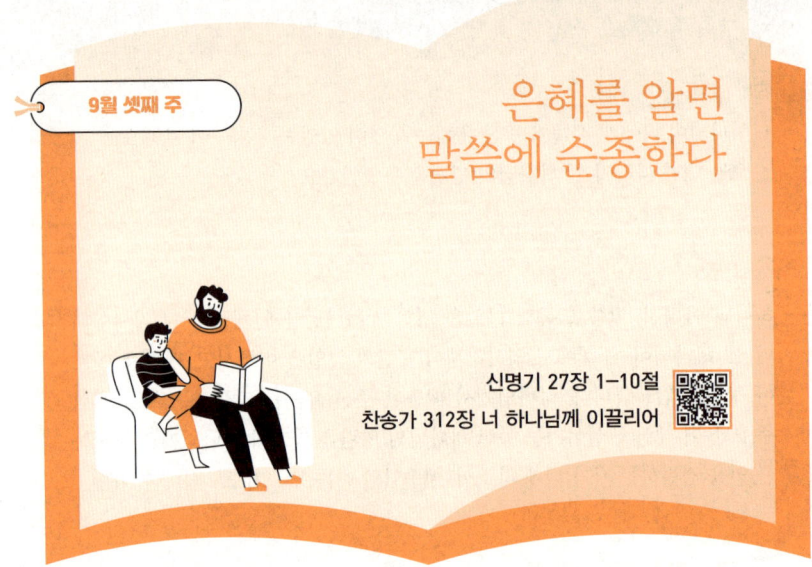

9월 셋째 주

은혜를 알면 말씀에 순종한다

신명기 27장 1-10절
찬송가 312장 너 하나님께 이끌리어

신명기 27장 1-10절

1. 모세와 이스라엘 장로들이 백성에게 명령하여 이르되 내가 오늘 너희에게 명령하는 이 명령을 너희는 다 지킬지니라
2. 너희가 요단을 건너 네 하나님 여호와께서 네게 주시는 땅에 들어가는 날에 큰 돌들을 세우고 석회를 바르라
3. 요단을 건넌 후에 이 율법의 모든 말씀을 그 위에 기록하라 그리하면 네 하나님 여호와께서 네게 주시는 땅 곧 젖과 꿀이 흐르는 땅에 네가 들어가기를 네 조상들의 하나님 여호와께서 네게 말씀하신 대로 하리라
4. 너희가 요단을 건너거든 내가 오늘 너희에게 명령하는 이 돌들을 에발 산에 세우고 그 위에 석회를 바를 것이며
5. 또 거기서 네 하나님 여호와를 위하여 제단 곧 돌단을 쌓되 그것에 쇠 연장을 대지 말지니라
6. 너는 다듬지 않은 돌로 네 하나님 여호와의 제단을 쌓고 그 위에 네 하나님 여호

와께 번제를 드릴 것이며
7 또 화목제를 드리고 거기에서 먹으며 네 하나님 여호와 앞에서 즐거워하라
8 너는 이 율법의 모든 말씀을 그 돌들 위에 분명하고 정확하게 기록할지니라
9 모세와 레위 제사장들이 온 이스라엘에게 말하여 이르되 이스라엘아 잠잠하여 들으라 오늘 네가 네 하나님 여호와의 백성이 되었으니
10 그런즉 네 하나님 여호와의 말씀을 청종하여 내가 오늘 네게 명령하는 그 명령과 규례를 행할지니라

신명기의 주된 내용은 모세의 고별 설교입니다. 모세는 죽음을 앞두고 이스라엘 백성에게 세 가지 유언을 합니다. 특히 신명기 27장은 모세의 마지막 세 번째 설교입니다. 모세는 이 설교에서 무엇을 말하고 있습니까?

우리 마음에 하나님의 말씀을 새기십시오

모세는 젖과 꿀이 흐르는 땅에 들어갈 백성들에게 들어가는 방법과 들어가서 어떻게 살아야 하는지에 대해 말합니다. 모세는 모든 삶에서 하나님의 뜻이 이루어지기 바라는 마음으로 이야기하고 있는 것입니다. 하나님은 모세를 통해 요단을 건너자마자 한 가지 일을 할 것을 지시합니다. 그 일은 큰 돌들을 세우고 석회를 바르는 것입니다. 석회를 바르는 것은 두 가지 목적 때문입니다. 첫째는 오래 보존하기 위해서입니다. 둘째는 그 위에 쓴 글자가 선명하고 뚜렷하게 보이게 하기 위해서입니다. 이것은 하나님이 당부하신 말씀을 더욱 잘 보존하고 깊이 새

기도록 지시하신 것입니다.

언제 하나님의 율법을 돌에 새기고 기록하라고 말씀합니까? "건넌 후에"(3a절) 입니다. 요단을 건너 약속의 땅에 들어가는 것은 이스라엘 백성의 꿈이었습니다. 그러나 하나님은 그 너머를 보십니다. 하나님의 백성은 하나님의 말씀을 심령에 새겨야 합니다. 하나님의 백성은 하나님의 말씀을 청종해야 합니다. 하나님이 주신 명령과 규례를 지켜야 합니다(9-10절). 요단강을 넘어 약속의 땅에 들어가는 것보다 더 중요한 것이 있습니다. 젖과 꿀이 흐르는 하나님의 은혜가 있기 위해서는 하나님의 말씀이 필요하고, 또한 사모해야 합니다. 하나님의 말씀이 우리를 새롭게 하고 우리 마음을 변화시키기 때문입니다. 말씀을 읽고 듣고 묵상하고 필사하며 암송할 때 그 말씀이 우리의 귀를 스쳐 지나가지 않고 심령에 새겨집니다. 심령에 새겨진 말씀은 우리의 삶에 구석구석에서 역사하며 우리의 삶을 변화시켜 주십니다.

하나님의 말씀을 이루기 위해 분별력이 필요합니다

우리 삶이 하나님의 말씀대로 이루어지려면 분별력이 있어야 합니다. 하나님은 돌단을 쌓을 때 쇠 연장을 대지 말라고 말씀합니다. 다듬지 않은 돌로 제단을 쌓고 번제를 드릴 것을 명령하십니다(5-6절). 이렇게 명령하신 것은 돌을 철기로 매끄럽게 다듬는 것은 가나안의 종교 관행이었기 때문입니다. 돌을 다듬기 위해서는 가나안의 문화를 배워야 했을 것입니다. 하나님이 그것을 막으신 것입니다. 믿는 사람에게는 분별력이 있어야 합니다. 선진 문화가 선과 악, 진리와 비진리를 가르는 기준이 아닙니다. 대세라고 해서 진리가 아니며, 분별하지 않고 대세를 따르는 것은 우리를 하나님에게서 멀어지게 할 수 있습니다. 우리가 밟고 있는 그 자리가 하나님의 말씀대로 이루어지는 장소가 되기 위해서는 분별력이 있어야 합니다. 이 분별력은 하나님의 말씀이 기준이 되어 무엇이 선이고, 무엇이 악인지를 아는 것입니다.

15절 이후에는 무엇을 하지 않으면 저주를 받을 것이라는 말씀이 나옵니다. 하나님이 저주에 대해 말씀하신 것은 우리가 저주받지 않는 인생을 살아야 한다는 것을 가르쳐 주기 위한 것입니다. 하나님은 우리를 생명으로 인도하시는 분이시고, 긍휼히 여기시어 은혜를 베풀어 주시는 분입니다.

하나님은 우리가 하나님과 인격적인 관계를 맺고 그 안에서 친밀함을 누리며 살게 하십니다. 우리에게 가장 큰 은혜는 구원을 얻은 것이며, 그 구원을 통해 하나님을 아버지로 모시게 된 것이라 믿습니다. 이제 우리는 하나님 아버지를 기쁘시게 하는 삶을 살아야 합니다. 그러기 위해 하나님의 말씀을 심령에 새기고, 순종으로 응답하며 살아가시기 바랍니다. 말씀에 순종하며 살아가는 복된 성도가 되어 하나님의 풍성한 은혜가 가득한 삶을 살아가길 축복합니다.

나눔

1. 내가 항상 마음에 새기며 살고 있는 하나님의 말씀은 무엇입니까?
2. 나는 하나님의 말씀을 이루기 위해 어떤 노력을 하고 있는지 나눠 주세요.

기도

하나님 아버지, 하나님의 은혜를 아는 자가 말씀에 순종할 수 있음을 깨닫게 하시니 감사합니다. 하나님의 말씀을 심령에 새기는 자가 되어 말씀의 능력으로 변화를 경험하는 자가 되게 하소서. 세상을 살아가는 바른 분별력을 허락하시고 하나님의 말씀을 이루기 위해 힘쓰는 자가 되게 하소서. 예수님의 이름으로 기도드립니다. 아멘.

우리 가족 이번 주 미션

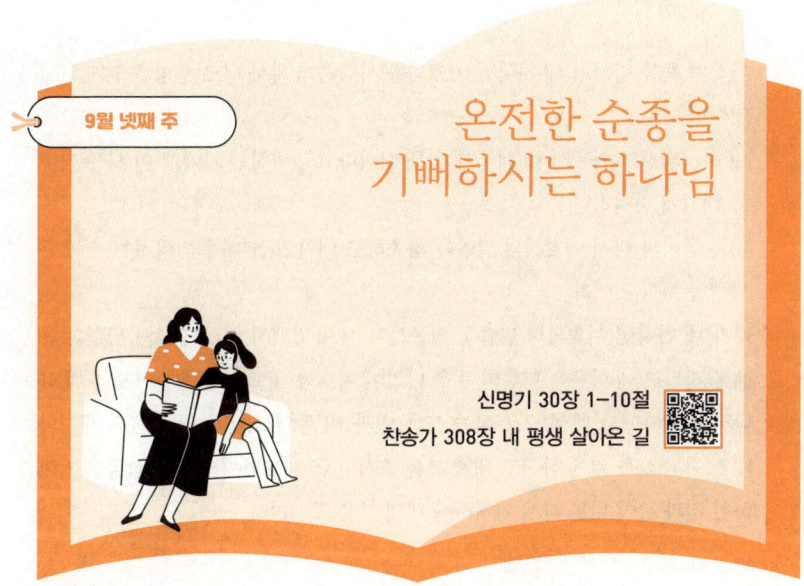

온전한 순종을 기뻐하시는 하나님

9월 넷째 주

신명기 30장 1-10절
찬송가 308장 내 평생 살아온 길

신명기 30장 1-10절

1. 내가 네게 진술한 모든 복과 저주가 네게 임하므로 네가 네 하나님 여호와로부터 쫓겨난 모든 나라 가운데서 이 일이 마음에서 기억이 나거든
2. 너와 네 자손이 네 하나님 여호와께로 돌아와 내가 오늘 네게 명령한 것을 온전히 따라 마음을 다하고 뜻을 다하여 여호와의 말씀을 청종하면
3. 네 하나님 여호와께서 마음을 돌이키시고 너를 긍휼히 여기사 포로에서 돌아오게 하시되 네 하나님 여호와께서 흩으신 그 모든 백성 중에서 너를 모으시리니
4. 네 쫓겨간 자들이 하늘 가에 있을지라도 네 하나님 여호와께서 거기서 너를 모으실 것이며 거기서부터 너를 이끄실 것이라
5. 네 하나님 여호와께서 너를 네 조상들이 차지한 땅으로 돌아오게 하사 네게 다시 그것을 차지하게 하실 것이며 여호와께서 또 네게 선을 행하사 너를 네 조상들보다 더 번성하게 하실 것이며
6. 네 하나님 여호와께서 네 마음과 네 자손의 마음에 할례를 베푸사 너로 마음을

다하며 뜻을 다하여 네 하나님 여호와를 사랑하게 하사 너로 생명을 얻게 하실 것이며

7 네 하나님 여호와께서 네 적군과 너를 미워하고 핍박하던 자에게 이 모든 저주를 내리게 하시리니

8 너는 돌아와 다시 여호와의 말씀을 청종하고 내가 오늘 네게 명령하는 그 모든 명령을 행할 것이라

9-10 네가 네 하나님 여호와의 말씀을 청종하여 이 율법책에 기록된 그의 명령과 규례를 지키고 네 마음을 다하며 뜻을 다하여 여호와 네 하나님께 돌아오면 네 하나님 여호와께서 네 손으로 하는 모든 일과 네 몸의 소생과 네 가축의 새끼와 네 토지 소산을 많게 하시고 네게 복을 주시되 곧 여호와께서 네 조상들을 기뻐하신 것과 같이 너를 다시 기뻐하사 네게 복을 주시리라

'턴어라운드(turnaround)'는 '방향을 전환하다' 또는 '되돌아가다'는 뜻으로, 침체된 상태를 변화시키는 개혁을 의미합니다. 선수들도 슬럼프를 극복하기 위해 턴어라운드가 필요하듯, 영적 침체가 찾아올 때도 하나님께로 방향을 돌리면 회복이 일어납니다. 이스라엘 백성이 턴어라운드해야 할 부분은 무엇입니까?

온전한 순종을 위한 첫걸음이 필요합니다

모세가 사랑하는 마음을 담아 전하는 설교의 핵심은 순종입니다. 순종하면 복을 받고, 그 복이 풍성해지며 하나님이 기뻐하신다는 것입니다. 모세는 하나님께 돌아오면 하나님은 회복시키시고 축복하실 것이라고 말합니다. 모세는 백성들에게 온전한 순종을 위해 하나님께로 다

시 돌아올 것을 말합니다. 턴어라운드, 즉 방향을 바꾸어 나아가라는 것입니다. 이것이 온전한 순종의 첫걸음입니다. 그래서 모세는 "이 일이 마음에서 기억이 나거든"(1절)이라고 말하고 있습니다. '기억이 난다'는 히브리어로 '슈브'입니다. 본래 뜻은 '원래의 장소로 돌아가다, '원 상태로 회복되다'입니다. 이것을 우리의 마음에 적용하여 '뉘우치다', '돌이키다'라는 의미로 사용됩니다. 우리가 잘못을 뉘우치고 돌이키는 것은 결국 하나님의 말씀을 기억할 때 가능하다는 것을 알 수 있습니다. 하나님의 말씀이 우리의 마음과 생각을 전환시키는 것입니다.

✝ 하나님께 돌아가면 다시 모으시고 은혜를 베풀어 주십니다

방향을 돌이키는 것이 첫걸음이었다면, 그다음은 적극적인 순종의 자리로 나아가야 합니다. 주님이 명령하신 말씀을 마음을 다하고 뜻을 다하여 청종하는 것이 적극적인 순종의 자리로 나아가는 것입니다. 그렇게 할 때 하나님이 자비와 긍휼을 베풀어 주십니다. 우리가 돌이켜 하나님께 나아가면 하나님은 깨진 언약 관계에도 불구하고 다시 약속의 내용을 성취해 주십니다. 더욱 놀라운 것은 이것은 이스라엘 백성들이 포로가 된 후에 불쌍히 여겨 베풀어 주신 은혜가 아니었다는 사실입니다. 하나님은 이스라엘 백성이 불순종하여 떠날 줄 아시고 이미 용서의 은혜마저 약속하셨습니다. 보장된 용서입니다. 잘못된 길로 갔을지라도 돌이켜 회개하고 다시 돌아와 하나님의 말씀에 순종하면 긍휼의 은혜를 베푸시기로 작정하신 것입니다. 우리도 하나님의 긍휼하심의 은혜를 받고 있습니다. 죄악의 포로가 된 우리를 긍휼히 여기시고 크신 은혜와 사랑을 베풀어 주십니다.

우리 하나님께서 죄로 인해 포로가 된 백성들을 다시 모을 것입니다(3절). 다시 그들을 이끌어 주실 것입니다(4절). 하나님은 이스라엘 백성에게 다시 그 땅을 차지하게 하실 것이라고 하셨습니다(5a절). 또한 조상들보다 더 번성케 하실 것이라는 약속도 주셨는데(5b절), 이 약속은 육체적 이스라엘의 후손뿐 아니라 이방의 모든 영적 이스라엘 자손들로 넘치게 하시겠다는 약속을 가리킵니다. 이것이 바로 하나님의 원대하고 놀라운 구원의 역사입니다.

하나님의 은혜와 사랑으로 택함을 받은 주의 사녀들이 보장된 축복을 받기 위해서 필요한 것은 하나님의 자녀답게 하나님의 말씀에 온전히 순종하는 것입니다. 우리가 이렇게 턴어라운드할 때 하나님은 우리에 대한 사랑을 다시 확인시켜 주시고, 우리의 삶에 풍성한 은혜를 부어 주실 것입니다. 하나님은 하나님의 말씀에 순종하는 자를 기뻐하십니다. 순종하는 자에게 복을 주시기를 바라시고 그와 동행해 주십니다. 이러한 축복이 넘치기 바랍니다.

나눔

1. 내가 하나님의 말씀에 어느 정도 순종하는지 점수로 매긴다면 몇 점에 해당된다고 생각하나요? 그 이유는 무엇인가요?
2. 하나님 앞에 턴어라운드해야 할 것은 무엇인가요?

기도

하나님 아버지, 자비와 긍휼로 하나님의 백성을 사랑하시고 순종의 길로 인도하심에 감사드립니다. 하나님의 언약을 기억하며 하나님 앞에 잘못을 뉘우치고 회개하는 자리에 서게 하시고, 회복시키시는 하나님의 은혜에 감사하는 자가 되게 하소서. 하나님의 말씀에 순종하게 하시고, 하나님이 약속하신 복을 받는 자가 되게 하소서. 예수님의 이름으로 기도드립니다. 아멘.

우리 가족 이번 주 미션

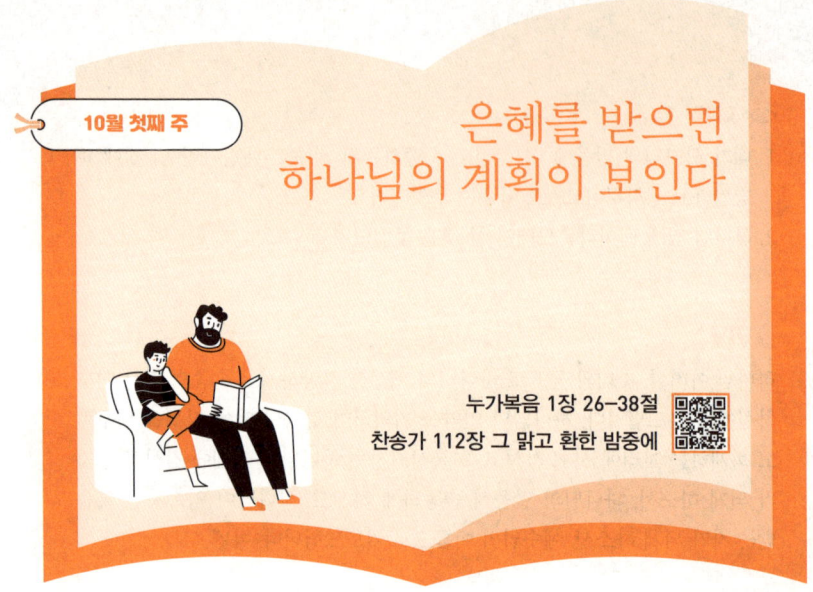

10월 첫째 주

은혜를 받으면 하나님의 계획이 보인다

누가복음 1장 26-38절
찬송가 112장 그 맑고 환한 밤중에

누가복음 1장 26-38절

26 여섯째 달에 천사 가브리엘이 하나님의 보내심을 받아 갈릴리 나사렛이란 동네에 가서
27 다윗의 자손 요셉이라 하는 사람과 약혼한 처녀에게 이르니 그 처녀의 이름은 마리아라
28 그에게 들어가 이르되 은혜를 받은 자여 평안할지어다 주께서 너와 함께 하시도다 하니
29 처녀가 그 말을 듣고 놀라 이런 인사가 어찌함인가 생각하매
30 천사가 이르되 마리아여 무서워하지 말라 네가 하나님께 은혜를 입었느니라
31 보라 네가 잉태하여 아들을 낳으리니 그 이름을 예수라 하라
32 그가 큰 자가 되고 지극히 높으신 이의 아들이라 일컬어질 것이요 주 하나님께서 그 조상 다윗의 왕위를 그에게 주시리니
33 영원히 야곱의 집을 왕으로 다스리실 것이며 그 나라가 무궁하리라

34 마리아가 천사에게 말하되 나는 남자를 알지 못하니 어찌 이 일이 있으리이까
35 천사가 대답하여 이르되 성령이 네게 임하시고 지극히 높으신 이의 능력이 너를 덮으시리니 이러므로 나실 바 거룩한 이는 하나님의 아들이라 일컬어지리라
36 보라 네 친족 엘리사벳도 늙어서 아들을 배었느니라 본래 임신하지 못한다고 알려진 이가 이미 여섯 달이 되었나니
37 대저 하나님의 모든 말씀은 능하지 못하심이 없느니라
38 마리아가 이르되 주의 여종이오니 말씀대로 내게 이루어지이다 하매 천사가 떠나가니라

'Favor'는 우리말로는 정확히 번역이 안 되는 단어인데, 사전에서는 사랑, 배려, 은혜, 희생, 총애, 부탁과 같은 뜻으로 나옵니다. 『페이버』(청림출판, 2017)에서 페이버(favor)는 자기의 심장까지도 내주는 희생적인 사랑으로 표현됩니다. 하나님이 우리에게 베푸시는 페이버는 자신의 심장과 같은 아들을 주시는 것으로 나타났습니다. 하나님의 페이버는 어떤 과정을 통해 이루어졌습니까?

하나님은 택한 자녀에게 계획을 말씀하십니다

하나님은 우리를 구원하시는 위대한 일을 행하십니다. 하나님은 구원 계획을 세우시고, 하나님의 아들이 이 땅에 사람의 몸을 입고 오실 것을 준비하셨습니다. 때가 차자 가브리엘 천사를 보내 마리아에게 메시지를 전달하십니다. 마리아는 하나님의 메시지를 듣고 놀랐습니다. 두려웠지만 경외감을 갖고 들었습니다. 상상해 보십시오. 집에 아무도

없고 문은 닫혀 있는데 누군가 집에 있습니다. 천사가 그렇게 마리아를 찾아왔습니다. 그리고 "주께서 너와 함께 하시도다"(28b절), "마리아여 무서워하지 말라 네가 하나님께 은혜를 입었느니라"(30절)는 말씀을 들었을 때 마리아는 지금까지 느껴 보지 못한 평안과 안도감을 느꼈을 것입니다. 그리고 마리아는 이것이 하나님의 말씀이 분명하다는 것을 깨닫게 되었을 것입니다. 우리는 우리에게 임하는 하나님의 메시지를 어떻게 받고 있습니까? 하나님은 우리가 듣고자 할 때만 말씀하시지 않고 매 순간 우리의 양심에 하나님의 메시지를 부어 주십니다. 우리가 기도하는 것에 대한 응답을 간구하는 것만큼 매 순간 말씀하시는 하나님의 소리에 귀를 기울이고 신앙을 삶으로 실천하길 소망합니다.

가브리엘 천사는 미리아에게 "보라 네가 잉태하여 아들을 낳으리니 그 이름을 예수라 하라"(31절)라는 말씀을 전합니다. 예수님은 위대한 사람이 될 것이며, 하나님의 아들이라 불릴 것입니다. 다윗의 왕위를 물려받아 영원한 나라에 영원한 왕이 될 것입니다(32-33절). 이렇게 선언으로 시작된 예수 그리스도의 탄생은 하나님과 마리아의 대화로부터 인간 역사에 시작되었습니다. 하나님은 택한 백성에게 계획을 말씀하시며 역사를 시작하십니다.

✝ 믿는 자에게는 하나님의 계획을 보여 주십니다

하나님의 메시지를 받은 마리아는 "나는 남자를 알지 못하니 어찌

이 일이 있으리이까"라고 묻고 이어서 성령으로 잉태된다고 듣습니다 (35절). 마리아는 지극히 높으신 이의 능력이 덮어 주실 것을 믿었고, 하나님을 완전히 신뢰했습니다. 하나님은 믿는 자에게 하나님이 어떤 분이신지를 보여 주십니다. 하나님께는 불가능한 일이 없다는 것을 경험시켜 주십니다(37절). 마리아의 믿음의 고백이야말로 하나님의 크신 구원 역사를 이루는 데 적합한 대답이었습니다. 마리아는 말씀대로 "내게 이루어지이다"(38절)라고 고백했습니다. 믿음을 신앙으로 고백한 것입니다. 그의 고백은 모든 상황을 주관하시며 이끌어 가시는 하나님을 신뢰하는 고백이었습니다.

하나님은 그분의 계획 아래, 하나님의 은혜를 받은 여인에게, 하나님의 아들이 잉태되는 것을 보여 주셨습니다. 하나님은 한 여인에게 페이버를 주시며 인격적으로 다가오셨습니다. 주께서 함께하심을 말씀해 주시면서 평안과 은혜를 주셨습니다. 하나님의 은혜에 마리아는 말씀대로 믿는 믿음을 보였습니다. 하나님의 계획에 쓰임을 받는 천국 백성이 되었습니다. 하나님의 능력이 덮여야 주의 크신 계획을 알게 됩니다. 그러기 위해서는 말씀에 순종해야 합니다. 하나님의 말씀대로 순종하고 주의 능력을 입어 어떠한 상황에서도 승리하는 복된 성도가 되길 축복합니다.

⌇ 나눔

1. 요즘 하나님이 나에게 주시는 메시지는 무엇입니까? 성경을 읽고 묵상할 때, 기도하는 중에 주시는 마음은 무엇인지 나눠 보세요.
2. 나와 가정을 향한 하나님의 계획은 무엇이라고 생각하나요? 하나님이 이루실 선한 계획을 믿고 기도하세요.

⌇ 기도

하나님 아버지, 하나님은 택한 자녀에게 하나님의 계획을 말씀하시며, 믿는 자에게 하나님의 계획을 보여 주십니다. 매 순간 하나님께서 저희 가정에 주시는 메시지를 듣는 귀를 허락하시고, 하나님의 메시지를 듣고 하나님의 역사를 이루는 가정이 되게 하소서. 우리 가정을 향한 하나님의 계획을 믿음의 눈으로 바라보게 하시고, 하나님의 계획에 쓰임을 받는 귀한 가정이 되게 하소서. 예수님의 이름으로 기도드립니다. 아멘.

⌇ 우리 가족 이번 주 미션

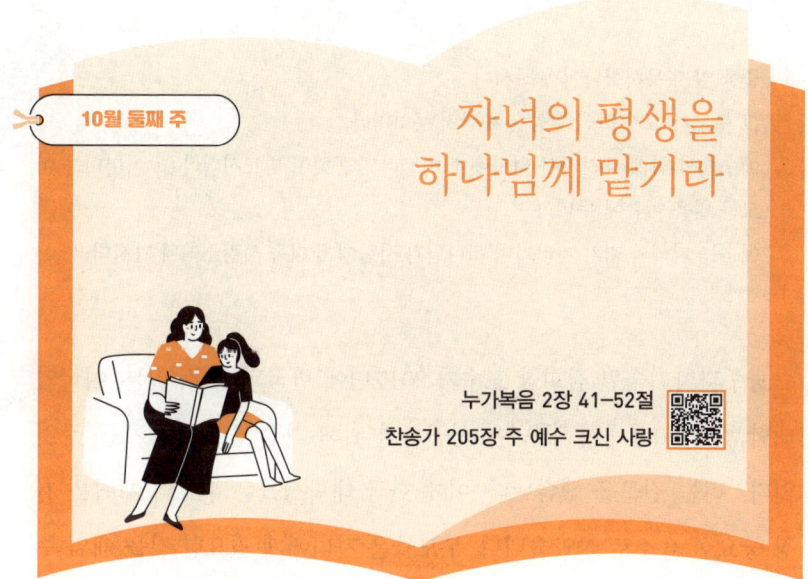

10월 둘째 주

자녀의 평생을 하나님께 맡기라

누가복음 2장 41–52절
찬송가 205장 주 예수 크신 사랑

누가복음 2장 41–52절

41 그의 부모가 해마다 유월절이 되면 예루살렘으로 가더니
42 예수께서 열두 살 되었을 때에 그들이 이 절기의 관례를 따라 올라갔다가
43 그 날들을 마치고 돌아갈 때에 아이 예수는 예루살렘에 머무셨더라 그 부모는 이를 알지 못하고
44 동행 중에 있는 줄로 생각하고 하룻길을 간 후 친족과 아는 자 중에서 찾되
45 만나지 못하매 찾으면서 예루살렘에 돌아갔더니
46 사흘 후에 성전에서 만난즉 그가 선생들 중에 앉으사 그들에게 듣기도 하시며 묻기도 하시니
47 듣는 자가 다 그 지혜와 대답을 놀랍게 여기더라
48 그의 부모가 보고 놀라며 그의 어머니는 이르되 아이야 어찌하여 우리에게 이렇게 하였느냐 보라 네 아버지와 내가 근심하여 너를 찾았노라
49 예수께서 이르시되 어찌하여 나를 찾으셨나이까 내가 내 아버지 집에 있어야 될

줄을 알지 못하셨나이까 하시니
50 그 부모가 그가 하신 말씀을 깨닫지 못하더라
51 예수께서 함께 내려가사 나사렛에 이르러 순종하여 받드시더라 그 어머니는 이 모든 말을 마음에 두니라
52 예수는 지혜와 키가 자라가며 하나님과 사람에게 더욱 사랑스러워 가시더라

광주과학기술원 김희삼 교수가 2017년에 한국과 중국, 일본, 미국의 대학생 4,000명에게 "청년이 성공하기 위해 가장 중요한 요소는 무엇인가?"라는 질문을 했습니다. 이에 한국 대학생들은 부모의 재력을 가장 중요한 요소로 꼽았습니다. 부모들은 자녀에게 필요한 것을 채워 주며 잘 키우려 하지만, 그것만으로 충분한지는 의문입니다. 성경은 자녀를 잘 키우는 방법에 대해 분명한 답을 제시하며, 누가는 예수님의 어린 시절을 통해 양육의 본보기를 보여줍니다. 이를 통해 자녀를 잘 키우는 것이 무엇인지 살펴보겠습니다.

📖 자녀의 인생에서 가장 중요한 건 하나님과의 관계입니다

유대인들은 초막절, 오순절, 유월절이라는 3대 절기를 지켰습니다. 요셉과 마리아도 신앙이 깊어 유월절을 지키기 위해 예루살렘에 올라갔고, 열두 살 예수님도 함께했습니다. 유월절을 지키고 돌아가는 길에 예수님은 예루살렘에 남았지만, 순례 인파가 많아 요셉과 마리아는 이를 알지 못했습니다(43절). 하루가 지나 예수님이 없는 것을 깨닫고 애

타게 돌아가 보니, 예수님은 성전에서 율법사들과 토론 중이었습니다(46절). 율법사들은 예수님의 지혜에 놀랐습니다(47절). 예수님이 "내 아버지 집에 있어야 될 줄을 알지 못하셨나이까"(49절)라고 말했을 때, 요셉과 마리아는 이를 이해하지 못했습니다. 누가는 이를 기록하며 열두 살 예수가 하나님의 지혜를 가진 메시아임을 알렸습니다.

여기서 우리는 부모로서 자녀의 인생에서 가장 중요한 것이 하나님과의 관계라는 것을 보게 됩니다. 예수님은 하나님과 관계를 맺고 있었습니다. 건국대학교 부총장을 역임한 류태영 박사는 "유대인의 자녀 교육은 점수 잘 맞고 반에서 일등하고 반장하는 것이 아니라 기도에 있다. 믿음으로 기도하면 불가능이 없다는 자신감을 갖고 도전하면 반드시 길이 열린다"면서 "믿음으로 자녀를 인도하라. 하나님을 우리 집안에 가정교사로 모시라"고 말합니다. 지금 우리 시대는 부모의 신앙이 자녀에게 전수되지 않는 시대입니다. 자녀에게 정말 중요한 것이 하나님과의 관계라는 것을 가르치지 않기에 자녀들이 하나님을 경홀히 여기는 것입니다. 우리도 자녀들이 다른 무엇보다 하나님과의 관계를 최우선 관심사로 여길 수 있도록 가르쳐야 합니다. 하나님을 경홀히 여기는 사람이 아니라 하나님을 경외하는 사람이 되도록 이끌어야 합니다.

✝ 자녀의 평생을 하나님께 맡기라

누가는 예수님의 지혜와 키가 자라 가며 하나님과 사람에게 더욱 사랑스러워 가셨다고 말합니다(52절). 예수님도 우리와 똑같은 성장 과정을 거쳤다는 것을 보여 줍니다. 더 나아가 예수님의 모든 성장 과정 속에 성부 하나님이 함께하셨다는 것을 가르쳐 줍니다. 사무엘의 어머니 한나는 어렵게 얻은 아들을 서원한 대로 하나님께 드립니다(삼상 1:28). 한나는 어린 사무엘을 엘리에게 데려다 주며 걱정되지 않았을까요? 한나는 걱정하거나 불안해 하지 않았습니다. 한나가 사무엘을 맡긴 대상은 하나님이기 때문입니다. 사무엘을 하나님께 온전히 드렸습니다. 그래서 걱정하지 않았습니다.

부모의 주인이 하나님이시듯, 자녀의 주인도 하나님이십니다. 우리는 잠시 그들을 맡아서 양육하는 대리자일 뿐입니다. 하나님이 책임져 주신다는 믿음을 가지면 자녀들이 놓인 상황에 상관없이 하나님이 그들을 눈동자와 같이 지켜 주시고 양육해 주실 것을 믿게 됩니다. 자녀의 인생을 하나님께 온전히 맡기시기 바랍니다. 하나님의 자녀로 설 수 있도록 기도하되 그의 인생의 주인이 하나님이심을 선언하고, 하나님을 신뢰하는 믿음을 가지시기 바랍니다.

🐟 나눔

1. 자녀의 신앙 교육을 위하여 하고 있는 일은 무엇인가요?
2. 자녀를 하나님께 온전히 맡기지 못하도록 방해하는 것은 무엇인지 솔직히 나누고, 그것을 위해 기도합시다.

🕍 기도

하나님 아버지, 하나님이 저희 가정에 주신 자녀를 잘 양육하기 위한 지혜를 주소서. 하나님과의 관계가 자녀의 인생에서 가장 중요함을 알고 하나님을 경외하며 하나님과의 관계를 최우선으로 하는 자녀로 양육하게 하소서. 하나님이 자녀의 인생을 책임지시며 하나님이 자녀를 지키심을 믿고 자녀의 주인이신 하나님께 자녀의 인생을 맡겨 드리는 가정이 되게 하소서. 예수님의 이름으로 기도드립니다. 아멘.

⏳ 우리 가족 이번 주 미션

10월 셋째 주

제자를 부르시는 예수님

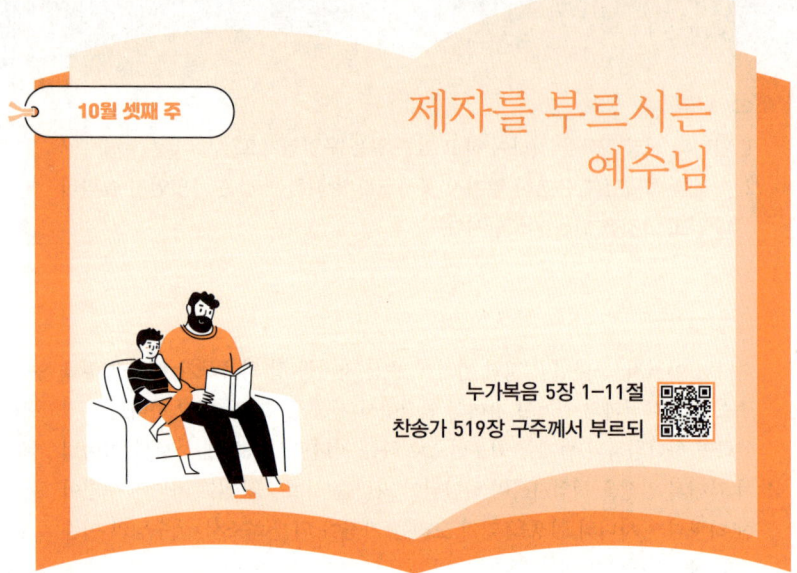

누가복음 5장 1-11절
찬송가 519장 구주께서 부르되

누가복음 5장 1-11절

1 무리가 몰려와서 하나님의 말씀을 들을새 예수는 게네사렛 호숫가에 서서
2 호숫가에 배 두 척이 있는 것을 보시니 어부들은 배에서 나와서 그물을 씻는지라
3 예수께서 한 배에 오르시니 그 배는 시몬의 배라 육지에서 조금 떼기를 청하시고 앉으사 배에서 무리를 가르치시더니
4 말씀을 마치시고 시몬에게 이르시되 깊은 데로 가서 그물을 내려 고기를 잡으라
5 시몬이 대답하여 이르되 선생님 우리들이 밤이 새도록 수고하였으되 잡은 것이 없지마는 말씀에 의지하여 내가 그물을 내리리이다 하고
6 그렇게 하니 고기를 잡은 것이 심히 많아 그물이 찢어지는지라
7 이에 다른 배에 있는 동무들에게 손짓하여 와서 도와 달라 하니 그들이 와서 두 배에 채우매 잠기게 되었더라
8 시몬 베드로가 이를 보고 예수의 무릎 아래에 엎드려 이르되 주여 나를 떠나소

서 나는 죄인이로소이다 하니
9 이는 자기 및 자기와 함께 있는 모든 사람이 고기 잡힌 것으로 말미암아 놀라고
10 세베대의 아들로서 시몬의 동업자인 야고보와 요한도 놀랐음이라 예수께서 시몬에게 이르시되 무서워하지 말라 이제 후로는 네가 사람을 취하리라 하시니
11 그들이 배들을 육지에 대고 모든 것을 버려 두고 예수를 따르니라

많은 무리가 예수님을 찾아왔습니다. 때로는 예수님의 말씀을 듣기 위해서, 때로는 자신의 문제를 해결받기 위해서, 때로는 신학적인 문제에 대한 예수님의 답변을 듣기 위해서 예수님을 찾아왔습니다. 하지만 그들은 예수님을 끝까지 따르기에는 무리였습니다. 오늘 본문은 예수님이 첫 번째 제자들을 부르시는 장면입니다. 무리가 예수님을 찾는 중에 예수님은 도리어 제자들을 찾으십니다. 예수님은 어떤 제자를 부르십니까?

말씀에 의지하여 그물을 던집니다

예수님이 첫 제자들을 부르시는 장면입니다. 예수님은 게네사렛 호숫가에 있는 베드로에게 배를 육지에서 조금 떼기를 청합니다. 베드로는 밤새 물고기를 잡으려 애를 썼지만 한 마리도 잡지 못하고 그물을 정리하고 있었습니다. 그런 상황에서 배를 띄워 달라고 했으니 예수님의 요구를 들어주고 싶지 않았을 것입니다. 하지만 베드로는 예수님의 말씀에 순종합니다. 예수님은 배에 앉아서 무리를 가르치셨습니다. 그

리고 말씀을 다 마치신 뒤 베드로에게 깊은 데로 가서 그물을 내려 고기를 잡으라고 하셨습니다. 전문 어부인 베드로가 봤을 때 예수님의 요구는 비이성적이며 비합리적인 요구입니다. 그런데도 베드로는 말씀에 의지하여 그물을 내립니다. 제자의 첫 번째 조건은 말씀에 의지하여 그물을 내리는 순종입니다. 나의 지식과 경험으로 이해되지 않아도 하나님의 말씀에 의지하여 순종하는 사람이 제자입니다.

✝ 예수님의 크심과 나의 낮음을 압니다

말씀에 의지하여 그물을 내리자 이전에 한 번도 경험해 보지 못한 일이 벌어집니다. 물고기가 잡힐 수 없는 시간에, 물고기가 없는 장소에서 두 배를 가득 채우도록 물고기를 잡은 것입니다. 이때 베드로는 많은 물고기로 인해 기뻐하는 대신 이렇게 비현실적인 일을 이루시는 예수님이 두려웠습니다. 뿐만 아니라 예수님의 신적 권위 앞에 자신의 죄를 깨닫게 되었습니다. 그래서 베드로는 예수님께 자신을 떠나 달라고 요청했습니다. 예수님은 바로 이런 사람을 찾으십니다. 예수님의 크심과 자신의 낮음을 인식하는 사람을 제자로 부르십니다. 예수님은 베드로에게 새로운 사명을 주십니다. "이제 후로는 네가 사람을 취하리라"(10절). 이것이 제자의 사명입니다. 물고기를 잡는 삶에서 사람을 취하는 인생을 사는 것입니다. 사람들을 예수님께로 인도하는 삶을 사는 것입니다.

베드로, 안드레, 요한과 야고보는 예수님의 부르심에 배와 그물, 물고기를 버려두고 즉시 예수님을 따랐습니다. 인생의 전환점을 맞이한 것입니다. 그러자 이전에는 한 번도 생각지 못한 일들이 벌어졌습니다. 예수님의 영광스러운 일에 동참하게 되었습니다. 예수님은 지금도 제자들을 부르십니다. 말씀에 의지하여 그물을 던지기 바랍니다. 사람들을 예수님께 인도하는 제자가 되기 바랍니다.

나눔

1. 말씀에 의지하여 깊은 곳에 그물을 내린 순종의 경험이 있다면 가족과 나눠 보세요.
2. 예수님을 따르기 위해서 포기한 배와 그물이 있다면 가족과 나눠 보세요.

기도

하나님 아버지, 우리 가정의 주님이신 예수님, 많은 무리 가운데 우리 가정을 제자로 부르셔서 감사합니다. 주님이 부르신다면 이성적으로 납득되지 않아도, 한 번도 경험해 보지 못한 일이라 할지라도 순종하는 가정이 되게 하소서. 많은 사람을 주님께로 인도하는 가정이 되게 하소서. 우리의 스승이신 예수님의 이름으로 기도드립니다. 아멘.

우리 가족 이번 주 미션

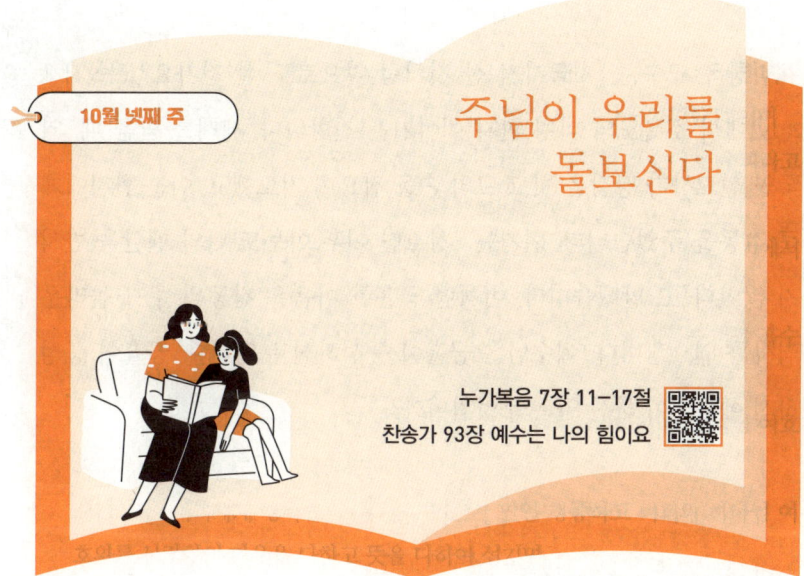

10월 넷째 주

주님이 우리를 돌보신다

누가복음 7장 11-17절
찬송가 93장 예수는 나의 힘이요

누가복음 7장 11-17절

11 그 후에 예수께서 나인이란 성으로 가실새 제자와 많은 무리가 동행하더니
12 성문에 가까이 이르실 때에 사람들이 한 죽은 자를 메고 나오니 이는 한 어머니의 독자요 그의 어머니는 과부라 그 성의 많은 사람도 그와 함께 나오거늘
13 주께서 과부를 보시고 불쌍히 여기사 울지 말라 하시고
14 가까이 가서 그 관에 손을 대시니 멘 자들이 서는지라 예수께서 이르시되 청년아 내가 네게 말하노니 일어나라 하시매
15 죽었던 자가 일어나 앉고 말도 하거늘 예수께서 그를 어머니에게 주시니
16 모든 사람이 두려워하며 하나님께 영광을 돌려 이르되 큰 선지자가 우리 가운데 일어나셨다 하고 또 하나님께서 자기 백성을 돌보셨다 하더라
17 예수께 대한 이 소문이 온 유대와 사방에 두루 퍼지니라

김창옥 교수는 『지금까지 산 것처럼 앞으로도 살 건가요?』(수오서재, 2019)에서 소록도의 나병 환자 이야기를 전합니다. 세례를 받을 때, 외국인 선교사가 장갑을 벗고 그의 손을 잡으며 기도했고, 이는 환자에게 큰 감동을 주었습니다. 환자는 "청소년 이후 아무도 나의 맨살을 만지지 않았다"고 말했습니다. 이처럼 긍휼한 마음은 감동을 주고 놀라운 역사를 일으킵니다. 예수님은 긍휼이 풍성하신 분입니다. 긍휼이 풍성하신 예수님이 하신 일은 무엇입니까?

✝ 예수님은 우리를 항상 보고 계십니다

예수님은 성문 가까이 이르렀을 때 사람들이 한 죽은 사람을 메고 나오는 것을 보셨습니다(12a절). 죽은 사람은 그 성에 사는 한 어머니의 외동아들이었고, 그의 어머니는 과부였습니다. 죽음은 모든 것이 끝났음을 의미합니다. 더 이상 어떤 것도 할 수 없는 완전 불가 상태를 가리킵니다. 병이 들었다면 의사를 찾아가 고칠 수 있습니다. 그러나 죽은 사람에게는 어떤 희망도 찾을 수 없습니다. 그래서 과부의 슬픔은 더 컸을 것입니다. 아무것도 할 수 없고 아들의 죽음을 받아들여야 했기에 가슴이 무너졌을 것입니다. 우리는 죽음 앞에 무력해집니다. 죽음은 힘이 있고, 우리를 단번에 꺾어 버립니다. 어떤 것도 기대할 수 없게 만듭니다.

외아들을 잃은 과부의 슬픔은 말할 수 없이 컸습니다. 많은 사람이 장례에 함께했지만 어떤 위로도 받을 수 없었습니다. 그러나 이런 주님은 아들의 죽음에 슬퍼하는 과부를 보시고 불쌍히 여기셨습니다. 장례식에 참석한 사람들과 예수님과 함께한 제자들과 무리들은 과부에게 어떤 것도 해 줄 수 없었습니다. 오직 예수님만 슬픔에 빠진 과부를 위로해 줄 수 있었고, 과부를 위해 어떤 일을 해 주실 수 있었습니다. 그래서 예수님이 과부를 보시고 불쌍히 여기셨다는 말은 굉장히 중요합니다(13절). 주님이 우리를 보시는 것은 불쌍히 여기시기 때문입니다. 불쌍히 여기셔서 우리의 슬픔을 거두어 주시기 위해 보시는 것입니다.

✝ 예수님은 우리를 불쌍히 여겨 주십니다

과부의 슬픔을 보신 예수님은 그녀를 불쌍히 여기셨습니다. 그리고 아무도 요청하지 않았지만 놀라운 기적을 행하십니다. 죽은 아들을 둔 관에 손을 대고 "청년아 내가 네게 말하노니 일어나라"(14절)고 말씀합니다. 예수님이 말씀하자 죽었던 청년이 일어났습니다. 잠깐 일어난 것이 아니라 살아났습니다. 그래서 앉고 말도 하게 되었습니다. 예수님의 말씀은 능력이 있습니다. 예수님이 말씀하시면 이루어집니다. 병든 자가 병에서 놓임을 받습니다. 귀신에게 고통당하는 사람이 놓임을 받습니다. 죽음의 권세에 붙들린 사람이 살아납니다. 예수님의 말씀에 이와 같은 능력이 있는 것은 예수님이 전능한 하나님이시기 때문입니다. 그래서 예수님이 말씀하실 때 기적이 일어납니다.

죽은 아들이 살아나 장례식은 멈췄습니다. 사망의 권세가 예수님의 능력 앞에서 무력해졌습니다. 과부의 슬픔은 살아난 아들을 돌려받고 큰 기쁨으로 바뀌었습니다. 예수님은 우리의 슬픔을 기쁨으로 바꾸시는 분입니다. 시편 기자도 "주께서 나의 슬픔이 변하여 내게 춤이 되게 하시며 나의 베옷을 벗기고 기쁨으로 띠 띠우셨나이다"(시 30:11)라고 고백합니다. 우리의 슬픔을 기쁨으로 바꾸시는 것은 예수님이 우리를 불쌍히 여기셨기 때문입니다. 예수님은 슬픔 가운데 있는 우리를 불쌍히 여기사 울지 말라고 위로해 주십니다. 예수님은 말뿐인 위로가 아니라 우리가 울지 않도록 우리의 상황과 환경을 바꾸십니다. 우리 삶에 크신 능력을 베풀어 주셔서 우리를 기쁨으로 충만하게 하십니다. 예수님께 가는 사람은 언제나 슬픔의 옷을 벗고 기쁨의 옷을 입게 됩니다. 세상이 줄 수 없는 위로를 얻고 회복됩니다. 슬픔을 거두시고 기쁨을 주신 주님의 은혜가 우리의 삶에 넘치기를 축복합니다.

나눔

1. 내가 겪었던 가장 큰 슬픔은 무엇이었나요?
2. 내 슬픔을 기쁨으로 바꾸어 주셨던 경험이 있다면 나눠 보세요.

기도

하나님 아버지, 우리 가정을 항상 보고 계시며, 우리 가정을 돌보심에 감사드립니다. 하나님께서 우리 가정을 긍휼히 여기신다는 사실을 기억하며, 슬픔 가운데 하나님을 바라보는 가정이 되게 하소서. 긍휼이 많으신 하나님, 우리 가정 가운데 있는 슬픔을 기쁨으로 바꾸시고, 우리 가정을 기쁨으로 충만하게 하실 것을 믿습니다. 하나님의 위로 가운데 세상이 줄 수 없는 기쁨을 얻는 가정이 되게 하소서. 예수님의 이름으로 기도드립니다. 아멘

우리 가족 이번 주 미션

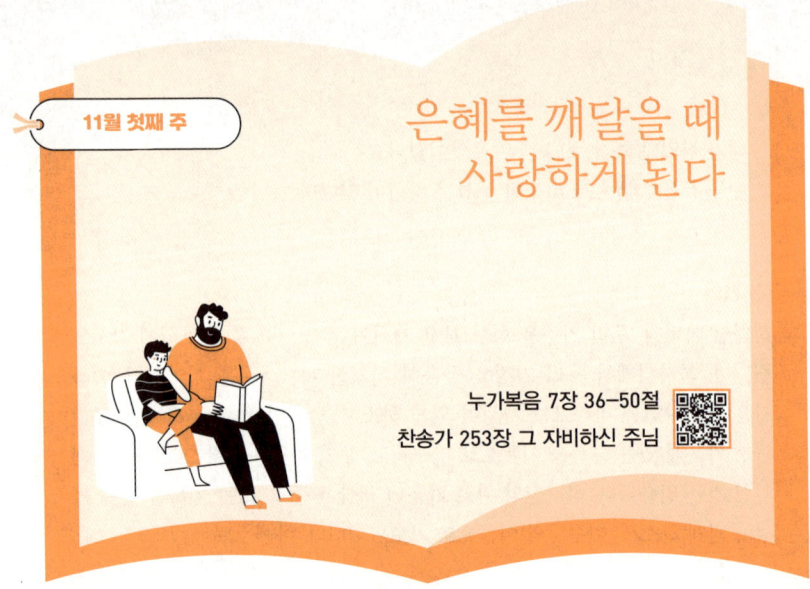

11월 첫째 주

은혜를 깨달을 때 사랑하게 된다

누가복음 7장 36-50절
찬송가 253장 그 자비하신 주님

누가복음 7장 36-50절

36 한 바리새인이 예수께 자기와 함께 잡수시기를 청하니 이에 바리새인의 집에 들어가 앉으셨을 때에
37 그 동네에 죄를 지은 한 여자가 있어 예수께서 바리새인의 집에 앉아 계심을 알고 향유 담은 옥합을 가지고 와서
38 예수의 뒤로 그 발 곁에 서서 울며 눈물로 그 발을 적시고 자기 머리털로 닦고 그 발에 입맞추고 향유를 부으니
39 예수를 청한 바리새인이 그것을 보고 마음에 이르되 이 사람이 만일 선지자라면 자기를 만지는 이 여자가 누구며 어떠한 자 곧 죄인인 줄을 알았으리라 하거늘
40 예수께서 대답하여 이르시되 시몬아 내가 네게 이를 말이 있다 하시니 그가 이르되 선생님 말씀하소서
41 이르시되 빚 주는 사람에게 빚진 자가 둘이 있어 하나는 오백 데나리온을 졌고 하나는 오십 데나리온을 졌는데

42 갚을 것이 없으므로 둘 다 탕감하여 주었으니 둘 중에 누가 그를 더 사랑하겠느냐
43 시몬이 대답하여 이르되 내 생각에는 많이 탕감함을 받은 자니이다 이르시되 네 판단이 옳다 하시고
44 그 여자를 돌아보시며 시몬에게 이르시되 이 여자를 보느냐 내가 네 집에 들어올 때 너는 내게 발 씻을 물도 주지 아니하였으되 이 여자는 눈물로 내 발을 적시고 그 머리털로 닦았으며
45 너는 내게 입맞추지 아니하였으되 그는 내가 들어올 때로부터 내 발에 입맞추기를 그치지 아니하였으며
46 너는 내 머리에 감람유도 붓지 아니하였으되 그는 향유를 내 발에 부었느니라
47 이러므로 내가 네게 말하노니 그의 많은 죄가 사하여졌도다 이는 그의 사랑함이 많음이라 사함을 받은 일이 적은 자는 적게 사랑하느니라
48 이에 여자에게 이르시되 네 죄 사함을 받았느니라 하시니
49 함께 앉아 있는 자들이 속으로 말하되 이가 누구이기에 죄도 사하는가 하더라
50 예수께서 여자에게 이르시되 네 믿음이 너를 구원하였으니 평안히 가라 하시니라

우리는 주님을 위해 내 생명도 아깝지 않다는 생각으로 살아가지만, 주님이 우리에게 헌신을 요구하시면 주저하게 될 때가 있습니다. 바리새인 시몬과 향유를 부은 여자의 행동은 우리가 주님을 어떻게 사랑할 수 있는지를 보여 줍니다.

사랑을 깨닫는 은혜가 필요합니다

바리새인 시몬이 예수님을 식사에 초대했습니다. 식사를 하기 위해

자리에 앉으셨을 때 아주 난감한 일이 벌어집니다. 동네 사람들이 다 아는 유명한 죄인인 여자가 나타나 눈물로 주님의 발을 씻고, 향유를 부은 것입니다(38-39절). 시몬은 예수님이 죄인의 행동을 막고 멀리해야 한다고 생각했지만, 예수님은 시몬의 생각을 알고 계시는 듯 그에게 질문을 하십니다. 빚 주는 사람에게 빚진 두 사람이 있는데 한 사람은 오백 데나리온을 졌고, 한 사람은 오십 데나리온을 졌는데 둘 다 탕감을 받으면 두 사람 중 누가 더 빚을 탕감해 준 사람을 사랑하겠느냐는 것이었습니다(41-42절). 예수님의 질문에 시몬은 "많이 탕감함을 받은 자"(43절)라고 대답합니다. 예수님은 이 질문을 통해 오백 데나리온 빚진 사람이나 오십 데나리온 빚진 사람이나 두 사람 다 빚을 졌다는 것을 말씀하신 것입니다. 두 사람 다 용서가 필요한 사람이라는 것을 가르쳐 주기 위해 질문하신 것입니다.

바리새인 시몬은 예수님께 호감을 가지고 있었습니다. 그래서 식사에 초대했던 것입니다. 하지만 그는 예수님이 하신 말씀을 깨닫지 못해 여자의 행동을 비난하고 여자를 정죄했습니다. 당시 이스라엘 사회에서는 손님이 오면 먼지로 더러워진 발을 씻을 물을 주는 것이 관례였습니다. 그러나 시몬은 하지 않았습니다. 주님은 죄인인 시몬의 집에 오셨지만 시몬은 자신이 죄인이라는 생각을 조금도 하지 않았기에 주님의 사랑과 용서를 필요로 하지 않았던 것이라 생각합니다. 그러나 예수님께 향유를 부은 여자는 달랐습니다. 그녀는 '죄인'이라는 꼬리표를 달고 사는 사람이었습니다. 그러나 여자는 용기 있게 주님께 나아가 눈물을 흘리며 자신의 머리털로 예수님의 더러운 발을 씻겨 드렸습니다. 이렇게 한 것은 예수님에 대한 감사와 사랑이 넘쳤기 때문입니다.

✝ 하나님의 사랑은 무한합니다

여자가 예수님께 값비싼 향유를 부은 이유는 많은 죄를 용서받았기 때문입니다(47a절). 용서의 크기가 크면 클수록 사랑의 크기도 커집니다. 하나님은 자신의 죄를 보고 자신이 죄인임을 고백하며 나아오는 사람을 사랑하시고, 용서해 주십니다. 우리는 무슨 죄를 지었는지, 죄가 얼마나 큰지를 고민하지만 하나님은 무한한 사랑으로 용서해 주십니다. 여자는 하나님을 많이 사랑했기 때문에 죄를 사함 받았습니다. 하나님은 무한한 사랑 그 자체이시기 때문에 하나님의 사랑에는 편차도 없고, 크기에 많고 적음도 없습니다. 하나님의 사랑은 그 자체로 완전합니다.

그러나 바리새인 시몬은 자기를 더 많이 사랑하는 사람이었습니다. 그래서 향유를 부은 여자는 죄인이고, 하나님의 사랑을 받을 자격이 없다고 생각했습니다. 하지만 예수님이 설명하시는 하나님은 자기 죄를 알고 회개하는 죄인을 사랑하시고, 다함없는 사랑과 은혜를 베풀어 주시는 분이심을 가르쳐 주십니다. 우리 역시 하나님 앞에 죄인임을 고백하고 크신 은혜를 받고 있다는 사실에 감사하는 성도가 되기 바랍니다.

⌇ 나눔

1. 하나님이 나에게 베풀어 주신 은혜가 무엇인지 적고 나눠 보세요.
2. 나는 언제 하나님의 무한하신 사랑을 느끼나요?

🏛 기도

하나님 아버지, 하나님 앞에 죄인인 나의 모습을 고백합니다. 죄인인 나를 사랑하셔서 큰 은혜를 베풀어 주시니 감사합니다. 하나님께서 나를 사랑하신 크신 은혜를 매일의 삶 속에서 깨닫게 하시고, 그 감격 속에서 살아가는 자가 되게 하소서. 우리 가정에게 베푸신 하나님의 은혜를 기억하게 하시고, 그 은혜에 감사하는 가정이 되게 하소서. 예수님의 이름으로 기도드립니다. 아멘.

🕯 우리 가족 이번 주 미션

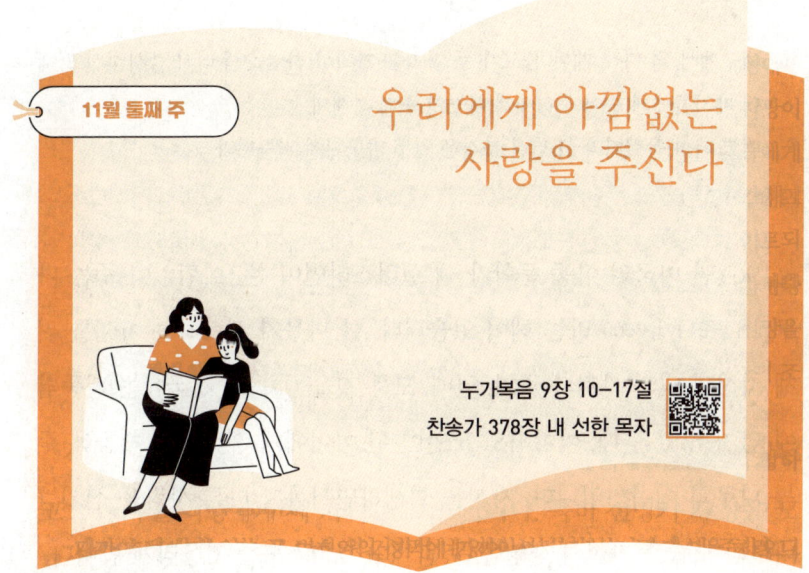

11월 둘째 주

우리에게 아낌없는 사랑을 주신다

누가복음 9장 10-17절
찬송가 378장 내 선한 목자

누가복음 9장 10-17절

10 사도들이 돌아와 자기들이 행한 모든 것을 예수께 여쭈니 데리시고 따로 벳새다라는 고을로 떠나 가셨으나

11 무리가 알고 따라왔거늘 예수께서 그들을 영접하사 하나님 나라의 일을 이야기하시며 병 고칠 자들은 고치시더라

12 날이 저물어 가매 열두 사도가 나아와 여짜오되 무리를 보내어 두루 마을과 촌으로 가서 유하며 먹을 것을 얻게 하소서 우리가 있는 여기는 빈 들이니이다

13 예수께서 이르시되 너희가 먹을 것을 주라 하시니 여짜오되 우리에게 떡 다섯 개와 물고기 두 마리밖에 없으니 이 모든 사람을 위하여 먹을 것을 사지 아니하고서는 할 수 없사옵나이다 하니

14 이는 남자가 한 오천 명 됨이러라 제자들에게 이르시되 떼를 지어 한 오십 명씩 앉히라 하시니

15 제자들이 이렇게 하여 다 앉힌 후

16 예수께서 떡 다섯 개와 물고기 두 마리를 가지사 하늘을 우러러 축사하시고 떼어 제자들에게 주어 무리에게 나누어 주게 하시니
17 먹고 다 배불렀더라 그 남은 조각을 열두 바구니에 거두니라

1964년 미국의 아동 문학가 쉘 실버스타인이 쓴 『아낌없이 주는 나무』(시공주니어, 2000)라는 책이 있습니다. 한 나무가 사랑하는 아이를 위해 자신의 잎과 가지와 줄기, 열매, 모든 것을 내주고, 결국에는 밑동밖에 남지 않았을 때, 이마저도 노인이 된 아이에게 휴식처로 제공해 주는 나무의 이야기입니다. 자신을 희생하면서까지 다른 사람을 섬기는 나무의 모습은 자신의 생명을 주신 예수 그리스도를 떠올리게 합니다.

병든 자를 외면하지 않으셨습니다

예수님은 제자들에게 모든 귀신을 제어하며 병을 고치는 능력과 권위를 주시며 복음을 전파하게 하셨습니다(눅 19:1-2). 제자들은 예수님의 파송을 받고 여러 고을로 다니며 복음을 전하며 병을 고치고 귀신을 쫓아냈습니다. 그들은 전도 현장에 함께하시는 하나님의 능력과 권위를 체험했습니다. 놀라운 간증을 가지고 예수님께 돌아와 자기들이 행한 일을 예수님께 말하려고 했습니다. 예수님은 수고한 제자들에게 쉼을 주기 위해 제자들과 함께 벳새다에 가십니다. 그러나 쉴 수 없었습니다. 많은 사람이 예수님과 제자들이 있는 벳새다로 자신들의 문제를 가져가 해결받기를 바랐습니다. 예수님은 쉼을 포기하면서까지 사

람들의 필요에 반응하셨습니다. 예수님이 어디를 가든 천국 복음을 전하시고, 병든 사람과 귀신 들린 사람을 고쳐 주신 것은 이들이 목자 없는 양과 같았기 때문입니다.

예수님의 모든 사역은 희생적인 사랑을 바탕으로 이루어졌습니다. 그리고 이 희생적인 사랑의 정점은 죄인인 우리를 구원하시기 위한 십자가의 죽음으로 완성됩니다. 예수님은 우리를 위해 모든 것을 다 주시는 희생적인 사랑을 주신 것입니다. 아무 자격이 없는 우리를 위해 하나님이신 예수님은 모든 것을 희생하시는 위대한 사랑을 보여 주셨습니다. 우리는 이러한 사랑을 받은 사람입니다.

✝ 주린 자의 필요를 채워 주십니다

날이 저물어 모여든 무리들은 배가 고팠습니다. 그러나 예수님을 따라온 무리들은 떠날 생각이 없었습니다. 예수님은 제자들에게 "너희가 먹을 것을 주라"(13a절)고 말씀합니다. 제자들은 몹시 당황할 수밖에 없었습니다. 한두 명도 아니고 남자만 오천 명이나 되는 사람들의 식사 문제를 해결하는 일은 불가능한 일이었기 때문입니다. 그들이 가진 것은 떡 다섯 개와 물고기 두 마리가 전부였습니다. 예수님은 제자들에게 50명씩 무리를 지어 앉게 하십니다. 그리고 하늘을 우러러 축사하신 후 떡과 고기를 떼어 제자들에게 주시며 사람들에게 나누게 하십니다. 떡 다섯 개와 물고기 두 마리는 오천 명이 배불리 먹고도 열두 바구니가 남는 기적이 일어났습니다.

　예수님은 주린 자의 필요를 외면하지 않으십니다. 주린 자를 돌아보시고 그들의 필요를 채워 주십니다. 문제는 주린 자를 채우시는 예수님을 믿지 못하는 우리의 믿음입니다. 우리는 현실적인 사람입니다. 보이는 것을 믿을 뿐, 보이지 않는 것은 믿으려고 하지 않습니다. 제자들은 현실의 눈으로 보지 못한 것이 있습니다. 바로 그들과 함께하는 예수님입니다. 당면한 문제 앞에 예수님이 하나님이라는 사실을 잊었습니다. 제자들의 모습은 우리의 모습 속에서도 발견됩니다. 우리는 현실을 직시한다고 하지만 주님은 보지 못합니다. 우리 곁에 계시는 주님이 어떤 분인지를 잊습니다. 그래서 현실적인 문제 앞에 발을 구르며 걱정합니다. 할 수 없다는 생각에 포기합니다. 문제가 너무 커 보이기 때문입니다.

　그러나 주님이 우리와 함께하십니다. 병든 자를 외면하지 않고, 굶주린 이들을 외면하지 않으신 예수 그리스도가 우리 주님이십니다. 우리의 상황과 형편을 잘 아시고, 그래서 어떻게 우리를 도와야 하는지 다 알고 계시는 주님이 우리 인생의 주인이십니다. 문제 가운데 우리가 해야 할 일은 문제를 붙들고 씨름하는 게 아닙니다. 우리가 해야 할 일은 어떤 경우에도 우리를 외면하지 않으시는 주님을 찾는 것입니다. 주님이 함께하고 계심을 믿고 의지하는 일입니다. 그럴 때 우리 삶에 일어난 어떤 문제든 주님이 담당해 주십니다.

⚘ 나눔

1. 나를 사랑해 주었던 사람 중에 가장 기억에 남는 사람은 누구인지 나눠 보세요.
2. 아낌없이 모든 것을 주시는 주님이 나를 돌보신다는 사실이 나에게 어떤 위로와 힘이 되는지 나눠 보세요.

🕊 기도

하나님 아버지, 떡 다섯 개와 물고기 두 마리로 오천 명을 먹이신 능력의 하나님이 제 인생의 주인이심에 감사드립니다. 병든 자를 외면하지 않으시는 하나님, 제가 가진 문제 가운데 역사하여 주시고 주린 자의 필요를 채우시는 하나님이 저의 필요를 채우심을 경험하게 하소서. 제 앞에 놓인 문제를 바라보는 것이 아니라, 전능하신 하나님을 바라봄으로 나를 돌보시는 하나님을 경험하게 하소서. 예수님의 이름으로 기도드립니다. 아멘.

⏳ 우리 가족 이번 주 미션

11월 셋째 주

아는 것만으로는 안 된다

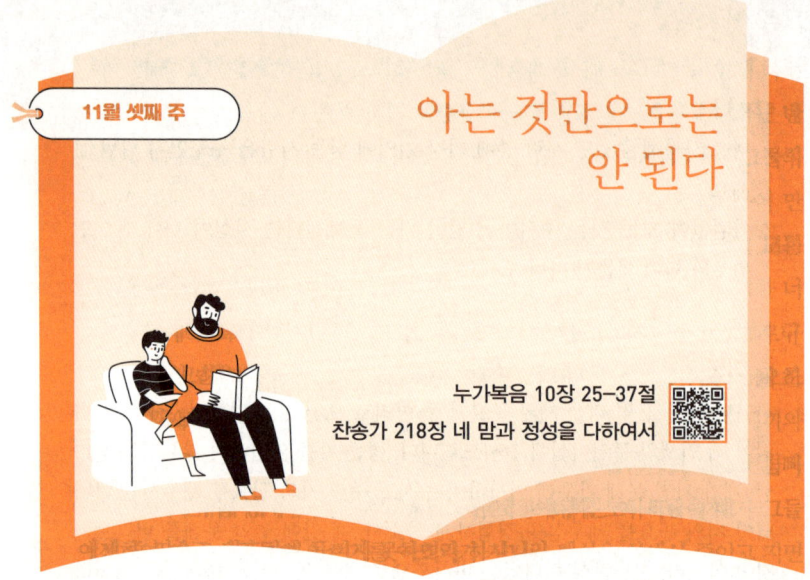

누가복음 10장 25-37절
찬송가 218장 네 맘과 정성을 다하여서

누가복음 10장 25-37절

25 어떤 율법교사가 일어나 예수를 시험하여 이르되 선생님 내가 무엇을 하여야 영생을 얻으리이까

26 예수께서 이르시되 율법에 무엇이라 기록되었으며 네가 어떻게 읽느냐

27 대답하여 이르되 네 마음을 다하며 목숨을 다하며 힘을 다하며 뜻을 다하여 주 너의 하나님을 사랑하고 또한 네 이웃을 네 자신같이 사랑하라 하였나이다

28 예수께서 이르시되 네 대답이 옳도다 이를 행하라 그러면 살리라 하시니

29 그 사람이 자기를 옳게 보이려고 예수께 여짜오되 그러면 내 이웃이 누구니이까

30 예수께서 대답하여 이르시되 어떤 사람이 예루살렘에서 여리고로 내려가다가 강도를 만나매 강도들이 그 옷을 벗기고 때려 거의 죽은 것을 버리고 갔더라

31 마침 한 제사장이 그 길로 내려가다가 그를 보고 피하여 지나가고

32 또 이와 같이 한 레위인도 그 곳에 이르러 그를 보고 피하여 지나가되

33 어떤 사마리아 사람은 여행하는 중 거기 이르러 그를 보고 불쌍히 여겨

34 가까이 가서 기름과 포도주를 그 상처에 붓고 싸매고 자기 짐승에 태워 주막으로 데리고 가서 돌보아 주니라
35 그 이튿날 그가 주막 주인에게 데나리온 둘을 내어 주며 이르되 이 사람을 돌보아 주라 비용이 더 들면 내가 돌아올 때에 갚으리라 하였으니
36 네 생각에는 이 세 사람 중에 누가 강도 만난 자의 이웃이 되겠느냐
37 이르되 자비를 베푼 자니이다 예수께서 이르시되 가서 너도 이와 같이 하라 하시니라

우리나라의 교육열은 미국의 전 오바마 대통령도 부러워할 정도로 세계 최고입니다. 그런데 아이러니하게도 아이들의 행복감은 세계 최하위입니다. 배움이 고통이 된 것입니다. 배움이 고통인 것도 문제인데, 배운 바대로 살지 않고 그 자체로 즐기려고만 하는 것도 문제입니다. 특별히 하나님의 말씀을 지적 유희의 대상으로만 삼고 아는 바대로 살지 않는 것은 하나님의 말씀을 대하는 바른 태도가 아닙니다. 하나님의 말씀에 대한 바른 태도는 무엇일까요?

앎은 자신을 뽐내기 위한 장식품이 아닙니다

어떤 율법교사가 예수님에게 심오한 질문을 합니다. "선생님 내가 무엇을 하여야 영생을 얻으리이까"(25절). 굉장히 거룩한 사람처럼 보이지만 사실은 지독히 교활한 사람입니다. 질문의 목적이 앎이 아니라 시험이었습니다. 이 질문에 대한 답을 그는 잘 알고 있었습니다. 또 어떤 사람이 예수님에게 질문합니다. "내 이웃이 누구니이까"(29절). 다른

사람을 생각해서 하는 질문 같지만, 사실은 자신을 옳게 보이기 위한 질문입니다. 이 율법교사는 말씀을 가지고 삶을 변화시키는 것이 아니라 자신을 드러내기 위한 장식품으로 사용하고 있습니다. 전도 훈련 세미나에서 시험은 백점을 맞았는데 전도를 하지 않습니다. 기도와 관련된 공부는 열심히 하는데 기도를 하지 않습니다. 제자훈련 숙제는 완벽한데 제자로서의 삶은 없습니다. 공허한 삶입니다. 말씀으로 내면을 먼저 리모델링해야 합니다.

✝ 앎은 삶을 위한 것입니다

예수님은 탁월한 교사입니다. 율법교사의 질문에 답하는 대신 역으로 질문하셔서 스스로 답을 찾도록 하십니다. 그리고 질문은 서로 다른데 답은 동일하게 주십니다. "이를 행하라"(28절). "이와 같이 하라"(37절). 앎은 삶을 위한 것입니다. 삶이 없는 앎은 열매가 없는 것이고, 앎이 없는 삶은 뿌리가 없는 것입니다. 성경에 나오는 '안다'라는 단어 자체가 삶을 포함하고 있습니다. 고(故) 김용호 선일금고 회장은 전 세계 어떤 금고라도 열 수 있는 놀라운 재주를 가지고 있었다고 합니다. 많은 사람이 그 비법을 물어보자, 그는 "요렇게, 조렇게, 이렇게"라고 대답했다고 합니다. 그는 금고를 여는 방법을 책으로 배운 것이 아니라 몸에 각인시킨 것입니다. 그는 진짜 아는 사람입니다. 하나님을 사랑하는 것, 강도 만난 자의 이웃이 되는 것은 지식으로 안 됩니다. 몸으로 행해야 합니다.

신앙생활은 아는 것과 행하는 것 사이를 좁히는 일련의 과정입니다. 임마누엘 칸트는 가장 두려운 것이 도덕 철학을 가르치는 자신이 정반대로 살고 싶은 유혹에 빠지는 것이라고 했습니다. 성도가 가장 두려워해야 할 것 역시 말씀을 알지만 정반대의 삶을 사는 것입니다.

⌇ 나눔

1. 말씀으로 나의 지식을 자랑하거나 다른 사람을 판단할 때 사용한 적이 있나요? 부끄럽지만 그 내용을 가족과 나눠 보세요.
2. 말씀을 실천하기 어려웠지만 용기를 내어 실천한 경험을 나눠 보세요.

기도

하나님 아버지, 생명과도 같은 말씀을 주신 하나님, 감사합니다. 우리 가정이 하나님의 말씀 앞에 바른 태도를 가지게 하소서. 말씀을 아는 것을 자랑하지 않고, 말씀대로 사는 것으로 하나님께 영광을 돌리는 가정이 되게 하소서. 하나님 사랑과 이웃 사랑을 지식으로만 아는 것이 아니라 몸으로 실천하는 가정이 되게 하소서. 사랑하는 예수님의 이름으로 기도합니다. 아멘.

우리 가족 이번 주 미션

11월 넷째 주

하나님 나라와 의를 구하라

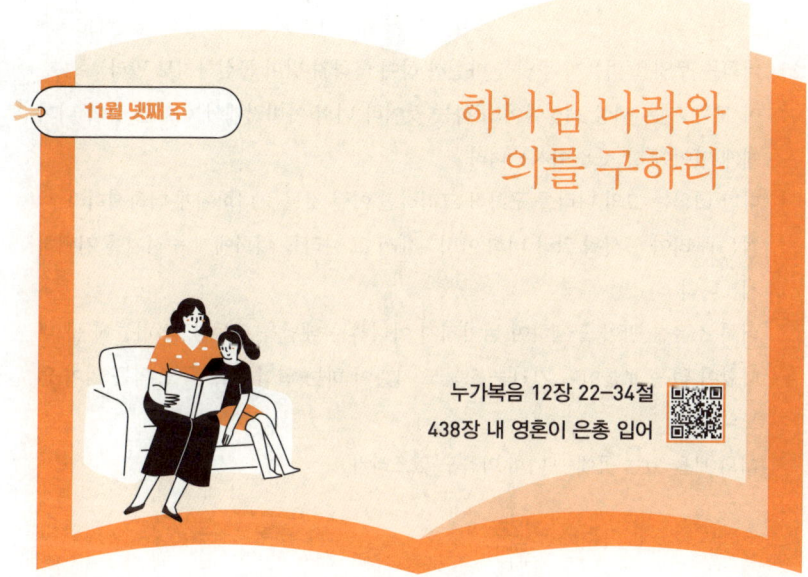

누가복음 12장 22-34절
438장 내 영혼이 은총 입어

누가복음 12장 22-34절

22 또 제자들에게 이르시되 그러므로 내가 너희에게 이르노니 너희 목숨을 위하여 무엇을 먹을까 몸을 위하여 무엇을 입을까 염려하지 말라
23 목숨이 음식보다 중하고 몸이 의복보다 중하니라
24 까마귀를 생각하라 심지도 아니하고 거두지도 아니하며 골방도 없고 창고도 없으되 하나님이 기르시나니 너희는 새보다 얼마나 더 귀하냐
25 또 너희 중에 누가 염려함으로 그 키를 한 자라도 더할 수 있느냐
26 그런즉 가장 작은 일도 하지 못하면서 어찌 다른 일들을 염려하느냐
27 백합화를 생각하여 보라 실도 만들지 않고 짜지도 아니하느니라 그러나 내가 너희에게 말하노니 솔로몬의 모든 영광으로도 입은 것이 이 꽃 하나만큼 훌륭하지 못하였느니라
28 오늘 있다가 내일 아궁이에 던져지는 들풀도 하나님이 이렇게 입히시거든 하물며 너희일까보냐 믿음이 작은 자들아

29　너희는 무엇을 먹을까 무엇을 마실까 하여 구하지 말며 근심하지도 말라
30　이 모든 것은 세상 백성들이 구하는 것이라 너희 아버지께서는 이런 것이 너희에게 있어야 할 것을 아시느니라
31　다만 너희는 그의 나라를 구하라 그리하면 이런 것들을 너희에게 더하시리라
32　적은 무리여 무서워 말라 너희 아버지께서 그 나라를 너희에게 주시기를 기뻐하시느니라
33　너희 소유를 팔아 구제하여 낡아지지 아니하는 배낭을 만들라 곧 하늘에 둔 바 다함이 없는 보물이니 거기는 도둑도 가까이 하는 일이 없고 좀도 먹는 일이 없느니라
34　너희 보물 있는 곳에는 너희 마음도 있으리라

본문 바로 앞에는 자신의 창고에 계속해서 곡식과 물건을 쌓아 두는 어리석은 부자에 관한 내용이 나옵니다. 부자는 자신이 영원히 살 것처럼 재물을 쌓아 두며 살았습니다. 하지만 하루아침에 죽는다면 그 많은 재물이 그에게 무슨 의미가 있겠습니까? 세상의 재물이 아닌 하나님에 대해 부요한 사람이 되어야 합니다. 오늘 본문은 하나님에 대해서 부요한 사람이 어떻게 살아가는지를 말하고 있습니다.

세상일로 염려하지 않습니다

오늘 본문은 두 번이나 염려하지 말라고 합니다(22, 29절). 즉, 세상일로 염려하지 말라고 하십니다. 염려하지 않아야 하는 첫 번째 이유는 염려한다고 문제가 해결되지 않기 때문입니다. "또 너희 중에 누가 염

려함으로 그 키를 한 자라도 더할 수 있느냐 그런즉 가장 작은 일도 하지 못하면서 어찌 다른 일들을 염려하느냐"(25-26절). 내 키가 작은데 염려한다고 해서 키가 자라지 않는 것처럼 염려한다고 해서 문제가 해결되는 것은 아닙니다. 염려하지 않아야 하는 두 번째 이유는 하나님께서 우리를 돌보시기 때문입니다. "오늘 있다가 내일 아궁이에 던져지는 들풀도 하나님이 이렇게 입히시거든 하물며 너희일까보냐 믿음이 작은 자들아"(28절). 하나님은 아무짝에 쓸모없는 들풀도 입히십니다. 그런 하나님은 당연히 우리를 돌보십니다.

까마귀는 심지도 않고 거두지도 않지만 하나님이 먹이시고, 백합화는 스스로 입을 것을 위해 실을 만들거나 짜지도 않지만 솔로몬이 입은 옷보다 아름답습니다. 하물며 하나님의 형상을 지닌 우리를 하나님이 돌보시지 않겠습니까? 우리는 세상일로 염려할 시간에 우리가 누구인지를 기억해야 합니다. 우리는 하나님의 자녀이고 하나님의 돌보심 가운데 있습니다. 세상보다 크신 하나님이 우리의 아버지이시기 때문에 세상일로 염려할 필요가 없습니다. 하나님에 대하여 부요한 사람은 세상일로 염려하지 않습니다.

✝ 먼저 그의 나라와 의를 구합니다

하나님에 대하여 부요한 사람은 염려하기보다 먼저 그의 나라와 의를 구합니다. "다만 너희는 그의 나라를 구하라 그리하면 이런 것들을 너희에게 더하시리라"(31절). 염려할 문제가 생길 때 문제를 해결하기 위해 동분서주할 것이 아니라 먼저 그의 나라와 의를 구해야 합니다. 나의 필요는 하나님이 채워 주실 것을 믿고, 나는 하나님의 나라와 의를 구하는 것입니다. 그의 나라와 의를 구하는 것은 무엇일까요? "너희 소유를 팔아 구제하여 낡아지지 아니하는 배낭을 만들라 곧 하늘에 둔 바 다함이 없는 보물이니 거기는 도둑도 가까이 하는 일이 없고 좀도 먹는 일이 없느니라"(33절). 그중 하나가 구제입니다. 구제하는 삶이 낡아지지 않는 배낭을 만드는 일이고, 그렇게 물질을 흘려 보낼 때 누구도 훔쳐 갈 수 없고 벌레 먹을 수도 없는 영원한 보물을 하늘에 쌓아 두는 것입니다. 먼저 그의 나라와 의를 구하는 것은 자신을 위한 창고를 짓고 보물을 쌓아 두는 삶을 포기하고, 주변에 도움이 필요한 사람을 위해 물질을 흘려 보내는 것입니다. 보물을 땅에 쌓아 두지 말고 하늘에 쌓아 두어야 합니다. 먼저 그의 나라와 의를 구하는 가정이 되어야 합니다.

염려가 일어날 때 자연 만물을 바라보며 만물을 입히시는 풍성한 하나님을 묵상하시기 바랍니다. 염려를 해결하기 위해 살기보다는 염려는 하나님께 맡기고, 먼저 그의 나라와 의를 위해 살아가는 가정이 되길 축복합니다.

나눔

1. 요즘 나는 무슨 일로 염려하고 있는지 가족과 나눠 보세요.
2. 먼저 그의 나라와 의를 구하기 위해서 나는 어떻게 살아야 할까요?

기도

하나님 아버지, 우리 가정의 보호자가 되어 주셔서 감사합니다. 하나님이 지켜 주시니 염려는 내려놓고, 하나님의 나리와 의를 위하여 사는 가정이 되게 하소서. 하나님에 대하여 부요한 가정이 되기 원합니다. 우리 가정을 돌보시는 예수님의 이름으로 기도합니다. 아멘.

우리 가족 이번 주 미션

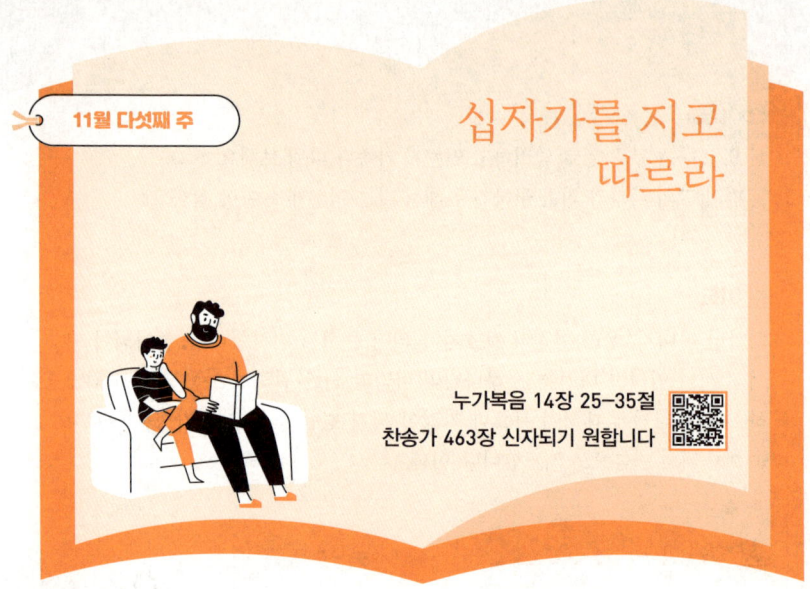

11월 다섯째 주

십자가를 지고 따르라

누가복음 14장 25-35절
찬송가 463장 신자되기 원합니다

누가복음 14장 25-35절

25 수많은 무리가 함께 갈새 예수께서 돌이키사 이르시되

26 무릇 내게 오는 자가 자기 부모와 처자와 형제와 자매와 더욱이 자기 목숨까지 미워하지 아니하면 능히 내 제자가 되지 못하고

27 누구든지 자기 십자가를 지고 나를 따르지 않는 자도 능히 내 제자가 되지 못하리라

28 너희 중의 누가 망대를 세우고자 할진대 자기의 가진 것이 준공하기까지에 족할는지 먼저 앉아 그 비용을 계산하지 아니하겠느냐

29 그렇게 아니하여 그 기초만 쌓고 능히 이루지 못하면 보는 자가 다 비웃어

30 이르되 이 사람이 공사를 시작하고 능히 이루지 못하였다 하리라

31 또 어떤 임금이 다른 임금과 싸우러 갈 때에 먼저 앉아 일만 명으로써 저 이만 명을 거느리고 오는 자를 대적할 수 있을까 헤아리지 아니하겠느냐

32 만일 못할 터이면 그가 아직 멀리 있을 때에 사신을 보내어 화친을 청할지니라

33 이와 같이 너희 중의 누구든지 자기의 모든 소유를 버리지 아니하면 능히 내 제자가 되지 못하리라
34 소금이 좋은 것이나 소금도 만일 그 맛을 잃으면 무엇으로 짜게 하리요
35 땅에도, 거름에도 쓸 데 없어 내버리느니라 들을 귀가 있는 자는 들을지어다 하시니라

예수님과 함께 많은 무리가 길을 걷고 있습니다. "수많은 무리가 함께 갈새 예수께서 돌이키사 이르시되"(25절). 예수님 주변에 많은 사람이 있었습니다. 많은 사람이 있다는 것이 꼭 좋은 것만은 아닙니다. 이들 가운데 예수님을 따른다는 것의 의미를 제대로 알고 있는 사람은 몇 사람이 되지 않았습니다. 예수님은 돌이켜 자신을 따르는 무리에게 제자도에 대해서 가르치십니다.

✟ 전심으로 따라야 합니다

많은 무리가 예수님을 따른 것은 어떻게 보면 별 부담 없이 예수님을 따르고 있다는 것입니다. 그런데 예수님이 갑자기 부담스러운 말씀을 하십니다. "무릇 내게 오는 자가 자기 부모와 처자와 형제와 자매와 더욱이 자기 목숨까지 미워하지 아니하면 능히 내 제자가 되지 못하고"(26절). 예수님을 따르는 것에는 엄청난 희생이 따른다는 것을 말씀하십니다. 일반적으로 리더가 사람을 이끌 땐 "나를 따르면 잘될 것이다"라고 주입시킵니다. 하지만 예수님은 정반대입니다. 가족뿐만 아

니라 자신의 목숨까지 걸어야 합니다. "누구든지 자기 십자가를 지고 나를 따르지 않는 자도 능히 내 제자가 되지 못하리라"(27절). 십자가는 가장 공포의 형벌입니다. 그런데 예수님은 가장 피하고 싶은 십자가를 지고 예수님을 따르라고 하십니다. 제자도의 첫 번째 원리는 전심입니다. 십자가를 진 사람은 다른 생각을 하지 않습니다. 십자가를 진 사람의 정체성은 명확해집니다. 십자가를 진 사람과 지지 않은 사람은 쉽게 구분됩니다. 세상 속에서 자신을 숨길 수가 없습니다. 제자란 스스로 십자가를 지고 세상과 명확하게 구분된 삶을 사는 사람입니다. 인생의 전부를 걸기 전까지는 제자가 아닙니다.

✝ 철저한 대가 지불이 있어야 합니다

예수님은 두 가지 비유를 통해 제자도의 두 번째 원리인 대가 지불에 대해서 말씀하십니다. "너희 중의 누가 망대를 세우고자 할진대 자기의 가진 것이 준공하기까지에 족할는지 먼저 앉아 그 비용을 계산하지 아니하겠느냐"(28절). 건물을 건축할 땐 무턱대고 공사하는 것이 아니라 공사비를 면밀히 계산하고 시작합니다. "또 어떤 임금이 다른 임금과 싸우러 갈 때에 먼저 앉아 일만 명으로써 저 이만 명을 거느리고 오는 자를 대적할 수 있을까 헤아리지 아니하겠느냐"(31절). 전쟁을 할 때에는 전략과 전술, 그리고 승리할 확률을 먼저 따져 봅니다. 마찬가지로 제자가 된다는 것에는 큰 대가 지불이 있어야 하는데 그것을 계산했는가를 말씀하십니다. 이런 대가 지불이 없다면 작은 어려움만 찾아와도 제자의 길에서 벗어납니다. "데마는 이 세상을 사랑하여 나를 버리고 데살로니가로 갔고 그레스게는 갈라디아로, 디도는 달마디아로 갔고"(딤후 4:10). 데마와 그레스게, 디도 역시 한때는 제자였으나 제자도에 대한 깊은 이해가 없어서 중도에 탈락했습니다.

윌리엄 보든이란 선교사가 있습니다. 대부호의 상속자였으나 그는 제자의 길을 걷기로 다짐하고 최선을 다해 사역을 준비하다가 수막염에 걸려서 26세에 세상을 떠났습니다. 그의 성경책에는 이런 글이 기록되어 있었습니다. "남김없이, 후퇴 없이, 후회 없이." 윌리엄 보든은 진정한 제자였습니다.

예수님은 사명을 이루시기 위해 하늘 보좌를 떠나 십자가를 지셨습니다. 십자가 위에서 남김없이 물과 피를 흘리셨습니다. 그리고 우리를 살리셨습니다. 제자의 길은 고통스럽지만 영광스러운 자리입니다. 예수님의 제자로 살아가는 복된 가정이 되길 축복합니다.

⊂× 나눔

1. 나는 십자가를 지고 전심으로 예수님을 따르고 있습니까? 가족과 이 부분에 대해서 이야기해 보세요.
2. 주님의 제자로 살아가기 위해서 포기한 것이 있다면 그 내용을 가족과 나눠 보세요.

🏛 기도

하나님 아버지, 우리 가정이 십자가를 지고 전심으로 하나님을 따르기 원합니다. 세상의 많은 사람이 가는 넓은 길이 아닌, 주님이 가신 좁은 길을 걷는 제자가 되게 하소서. 남김없이, 후퇴 없이, 후회 없이 제자로 살게 하소서. 사랑하는 예수님의 이름으로 기도합니다. 아멘.

우리 가족 이번 주 미션

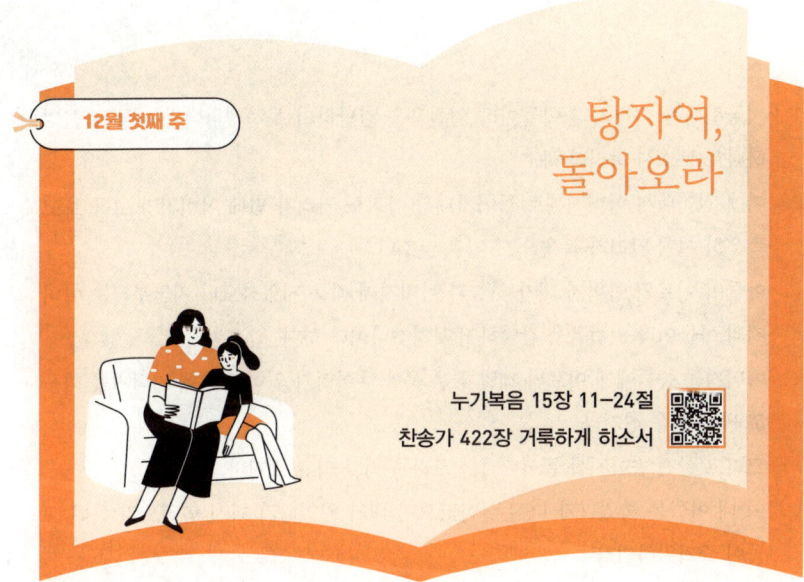

12월 첫째 주

탕자여, 돌아오라

누가복음 15장 11-24절
찬송가 422장 거룩하게 하소서

누가복음 15장 11-24절

11 또 이르시되 어떤 사람에게 두 아들이 있는데
12 그 둘째가 아버지에게 말하되 아버지여 재산 중에서 내게 돌아올 분깃을 내게 주소서 하는지라 아버지가 그 살림을 각각 나눠 주었더니
13 그 후 며칠이 안 되어 둘째 아들이 재물을 다 모아 가지고 먼 나라에 가 거기서 허랑방탕하여 그 재산을 낭비하더니
14 다 없앤 후 그 나라에 크게 흉년이 들어 그가 비로소 궁핍한지라
15 가서 그 나라 백성 중 한 사람에게 붙여 사니 그가 그를 들로 보내어 돼지를 치게 하였는데
16 그가 돼지 먹는 쥐엄 열매로 배를 채우고자 하되 주는 자가 없는지라
17 이에 스스로 돌이켜 이르되 내 아버지에게는 양식이 풍족한 품꾼이 얼마나 많은가 나는 여기서 주려 죽는구나
18 내가 일어나 아버지께 가서 이르기를 아버지 내가 하늘과 아버지께 죄를 지었사

오니
19 지금부터는 아버지의 아들이라 일컬음을 감당하지 못하겠나이다 나를 품꾼의 하나로 보소서 하리라 하고
20 이에 일어나서 아버지께로 돌아가니라 아직도 거리가 먼데 아버지가 그를 보고 측은히 여겨 달려가 목을 안고 입을 맞추니
21 아들이 이르되 아버지 내가 하늘과 아버지께 죄를 지었사오니 지금부터는 아버지의 아들이라 일컬음을 감당하지 못하겠나이다 하나
22 아버지는 종들에게 이르되 제일 좋은 옷을 내어다가 입히고 손에 가락지를 끼우고 발에 신을 신기라
23 그리고 살진 송아지를 끌어다가 잡으라 우리가 먹고 즐기자
24 이 내 아들은 죽었다가 다시 살아났으며 내가 잃었다가 다시 얻었노라 하니 그들이 즐거워하더라

누가복음 15장에는 잃어버린 것을 되찾은 세 가지 이야기가 등장합니다. 첫 번째는 잃은 양을 되찾은 이야기, 두 번째는 잃은 드라크마를 되찾은 이야기, 그리고 세 번째는 오늘 본문인 잃은 아들을 되찾은 이야기입니다. 이야기의 내용은 다르지만 세 가지 이야기의 핵심은 하나님이 잃어버린 자녀를 애타게 찾으시고 기다리신다는 것입니다. 본문을 통해서 자녀인 우리의 실상과 아버지인 하나님에 대해서 이해하게 됩니다.

하나님을 떠난 인생의 결론은 패망입니다

선한 아버지에게 두 아들이 있었습니다. 어느 날 둘째 아들이 아버지

를 떠나 자유로운 인생을 꿈꿉니다. 그래서 아버지에게 자신에게 돌아올 분깃을 요구합니다. 아버지로부터 자유를 꿈꾸면서도 분깃을 요구한다는 것이 한심합니다. 복은 원하지만 간섭은 싫다는 것입니다. 둘째 아들은 결국 분깃을 받아 먼 나라에 가서 허랑방탕한 인생을 삽니다. 그것이 자유인 줄 알았던 것입니다. 하지만 곧 재산을 탕진했고 흉년을 맞이하여 극심한 빈곤에 빠집니다. 결국 유대인들이 부정하다고 하는 돼지를 치며 돼지가 먹는 쥐엄 열매로 배를 채우며 살아갑니다.

이것이 인간의 실존입니다. 하나님으로부터의 자유를 꿈꾸지만 그것은 자유가 아니라 방종이며, 인생을 즐기는 것이 아니라 낭비하는 것입니다. 줄이 잘린 연은 어디로 갈지 모릅니다. 그 모습이 자유로워 보이지 않고 위태로워 보입니다. 줄에 잘 연결된 연이 안정적이고 자유롭게 하늘을 날 수 있습니다. 물을 떠난 물고기를 자유롭다고 하지 않고, 날지 못하고 땅 위에 뛰어다니는 독수리를 안전하다고 하지 않습니다. 하나님을 떠나기를 꿈꾸는 것은 스스로 인생을 망치는 것입니다. 하나님으로부터 멀리 떨어져 있다면 지금 돌아오기 바랍니다.

✝ 하나님은 자녀가 돌아오길 기다리십니다

둘째 아들은 가장 비참한 상태에 떨어지자 아버지의 집에 거했을 때가 얼마나 복된 삶이었는지를 깨닫습니다. 염치가 있어서 아들로는 못 돌아갈 것 같고, 종으로 가서 일을 하리라 다짐합니다. '아버지가 과연 나를 종으로 받아 주실까?' 고민하며 집으로 향하고 있는데, 아버지가 자신에게 뛰어옵니다. 아들이 먼저 아버지를 본 것이 아니라 아버지가 먼저 아들을 보고 달려 나온 것입니다. 아버지는 아들을 측은히 여겨 목을 안고 입을 맞춥니다. 아버지는 애타는 마음으로 집 나간 아들을 기다리고 있었던 것입니다. 아들은 자신의 잘못을 고백하고 종으로 삼아 달라고 간청을 하려고 하는데, 아버지가 아들의 입을 막고 낡고 허름한 옷을 벗기고 제일 좋은 옷을 입힙니다. 아들로서의 신분을 상징하는 가락지를 손에 끼웁니다. 그리고 살진 송아지를 잡아 온 동네 사람들과 잔치를 엽니다. "이 내 아들은 죽었다가 다시 살아났으며 내가 잃었다가 다시 얻었노라 하니 그들이 즐거워하더라"(24절). 하나님께로 돌아가기에 늦은 때란 없습니다. 지금이 가장 빠른 때입니다. 하나님은 지금도 집을 떠난 자녀들이 돌아오길 기다리고 계십니다. 찬송가의 가사처럼, "하늘을 두루마리 삼고 바다를 먹물 삼아도 한없는 하나님의 사랑을 다 기록할 수"(찬송가 304장) 없습니다.

자녀에게 가장 안전한 곳은 아버지의 품입니다. 이 세상에서 하나님의 품보다 안전한 곳은 없습니다. 하나님을 떠난 인생은 결국 패망하게 되어 있습니다. 선하고 풍성하신 하나님 안에 거하는 가정이 되길 축복합니다.

나눔

1. 하나님을 떠난 삶을 상상해 본 적이 있나요? 있었다면 그 내용을 가족과 나눠 보세요.
2. 내 주변에 집 나간 탕자가 있다면, 그들을 어떻게 도울 수 있을지 가족과 나눠 보세요.

기도

하나님 아버지, 하나님이 우리 가정의 아버지가 되어 주셔서 감사드립니다. 날마다 죄를 지어 하나님의 자녀라 불리기에 부족하지만, 그럼에도 불구하고 절대로 하나님을 떠나지 않는 가정이 되게 하소서. 사랑하는 예수님의 이름으로 기도합니다. 아멘.

우리 가족 이번 주 미션

확실하게 응답받는 기도의 조건

12월 둘째 주

누가복음 18장 1-8절
찬송가 364장 내 기도하는 그 시간

누가복음 18장 1-8절

1. 예수께서 그들에게 항상 기도하고 낙심하지 말아야 할 것을 비유로 말씀하여
2. 이르시되 어떤 도시에 하나님을 두려워하지 않고 사람을 무시하는 한 재판장이 있는데
3. 그 도시에 한 과부가 있어 자주 그에게 가서 내 원수에 대한 나의 원한을 풀어 주소서 하되
4. 그가 얼마 동안 듣지 아니하다가 후에 속으로 생각하되 내가 하나님을 두려워하지 않고 사람을 무시하나
5. 이 과부가 나를 번거롭게 하니 내가 그 원한을 풀어 주리라 그렇지 않으면 늘 와서 나를 괴롭게 하리라 하였느니라
6. 주께서 또 이르시되 불의한 재판장이 말한 것을 들으라
7. 하물며 하나님께서 그 밤낮 부르짖는 택하신 자들의 원한을 풀어 주지 아니하시겠느냐 그들에게 오래 참으시겠느냐

8 내가 너희에게 이르노니 속히 그 원한을 풀어 주시리라 그러나 인자가 올 때에 세상에서 믿음을 보겠느냐 하시니라

하나님 안에 모든 선하고 아름다운 것이 다 있습니다. 그리고 하나님은 이 모든 것을 기도라는 통로를 통해서 이 땅에 베풀기로 작정하셨습니다. 그러므로 우리는 기도하기를 힘써야 합니다. 영국의 침례교 목사인 F. B. 마이어는 "인생에서 가장 큰 비극은 응답받지 못한 간구가 아니라 아예 드리지도 않은 기도다"라고 했습니다. 기도가 막힌 인생은 살아갈 힘을 얻을 수 없습니다. 오늘 본문의 말씀은 반드시 응답받는 기도의 두 가지 조건을 기록하고 있습니다.

기도하다가 낙심하지 말아야 합니다

기도의 가장 큰 적은 낙심입니다. 기도는 미래에 일어날 일에 대한 간구이기에 미래에 대한 소망이 있어야 할 수 있습니다. 절망하는 사람은 기도할 수 없습니다. "예수께서 그들에게 항상 기도하고 낙심하지 말아야 할 것을 비유로 말씀하여"(1절). 예수님은 기도에 대한 예를 드시면서 낙심하지 말아야 함을 강조합니다. 한 도시에 과부가 원수에 대한 원한 문제를 해결해 달라고 재판장에게 찾아갑니다. 그런데 그 재판장은 하나님을 두려워하지도 않고 과부를 무시하는 사람이었습니다. 과부의 입장에서는 자신의 원한을 해결할 방법이 없는 상황입니다. 그런데도 이 과부는 낙심하지 않고 매일같이 찾아가서 원한을 풀어 줄

것을 요청합니다. 기도에서 중요한 것은 이 과부처럼 낙심하지 않고 지속적으로 기도하는 것입니다. 재판장은 불의한 사람이고 사람을 무시하는 사람인데도 과부가 포기하지 않고 요청하자 들어주었습니다.

하나님은 의로우신 분이고 우리를 사랑하시는 분이기에 우리의 기도에 반드시 응답해 주십니다. 우리는 "소망 중에 즐거워하며 환난 중에 참으며 기도에 항상 힘쓰며"(롬 12:12) 살아가야 합니다.

✝ 기도 응답을 확신해야 합니다

기도하는 사람이 기도 응답에 대한 확신이 없으면 기도를 지속할 수 없습니다. 한두 번은 기도할 수 있습니다. 하지만 기도를 지속하기 위해서는 기도 응답에 강한 확신이 있어야 합니다. "하물며 하나님께서 그 밤낮 부르짖는 택하신 자들의 원한을 풀어 주지 아니하시겠느냐 그들에게 오래 참으시겠느냐"(7절). 기도 응답에 대한 확신은 곧 하나님에 대한 믿음과 연결되어 있습니다. 하나님은 어떤 분이십니까? "자기 아들을 아끼지 아니하시고 우리 모든 사람을 위하여 내주신 이가 어찌 그 아들과 함께 모든 것을 우리에게 주시지 아니하겠느냐"(롬 8:32). 세상에서 가장 귀한 자기 아들을 우리를 위해 아낌없이 내주신 분이 우리의 기도에 응답하지 않을 리 없습니다. "내가 너희에게 이르노니 속히 그 원한을 풀어 주시리라 그러나 인자가 올 때에 세상에서 믿음을 보겠느냐 하시니라"(8절). 우리가 기도하면 하나님이 속히 응답해 주십니다. 이 확신이 있다면 기도를 멈출 수가 없습니다. 내가 생각하는 시간과 장소에서 기도 응답을 받지 못하더라도 가장 좋은 것으로 응답하실 선하신 하나님에 대한 확신이 있어야 합니다.

하나님은 능력이 많으시고 선하신 분입니다. 하나님은 이미 우리에게 독생자 예수 그리스도를 내주셨습니다. 그리고 기도하면 반드시 응답해 주신다고 약속하셨습니다. 이제 우리가 할 일은 낙심하지 않고 기도하는 것뿐입니다. 기도를 통해 하나님의 은혜가 풍성하게 쌓이는 가정이 되길 축복합니다.

🐟 나눔

1. 모든 환경으로 낙심되었지만 믿음으로 계속해서 기도한 경험이 있다면 가족과 나눠 보세요.
2. 최근에 기도 응답의 확신을 가지고 기도하는 내용이 있다면 가족과 나눠 보세요.

🕯 기도

하나님 아버지, 우리를 위해 가장 귀한 예수 그리스도를 내주셔서 감사드립니다. 이 땅에서 사는 동안 선하신 하나님에 대한 확신과 믿음을 갖고 살게 하소서. 기도의 전리품이 풍성한 가정이 되기 원합니다. 기도하는 시간이 가장 행복한 가정이 되게 하소서. 기도의 보증이 되시는 예수님의 이름으로 기도합니다. 아멘.

⏳ 우리 가족 이번 주 미션

> 12월 셋째 주

예수님을 만나면 변화된다

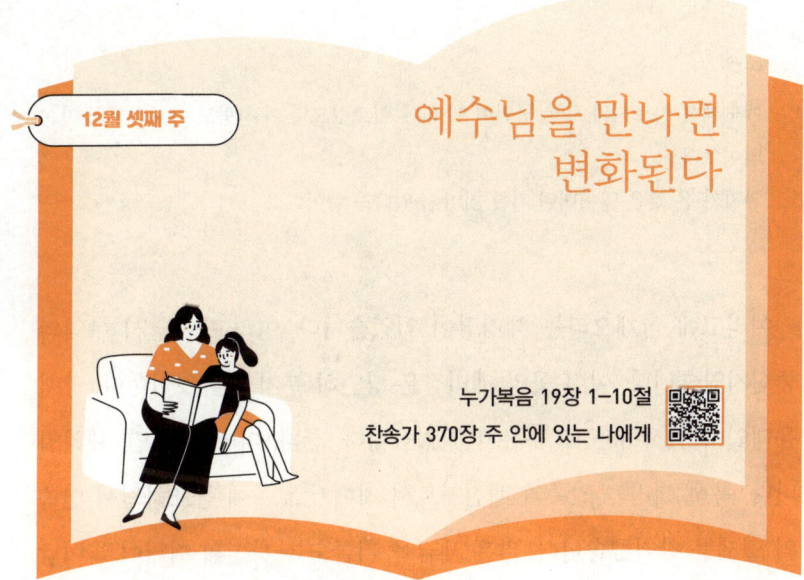

누가복음 19장 1-10절
찬송가 370장 주 안에 있는 나에게

누가복음 19장 1-10절

1 예수께서 여리고로 들어가 지나가시더라
2 삭개오라 이름하는 자가 있으니 세리장이요 또한 부자라
3 그가 예수께서 어떠한 사람인가 하여 보고자 하되 키가 작고 사람이 많아 할 수 없어
4 앞으로 달려가서 보기 위하여 돌무화과나무에 올라가니 이는 예수께서 그리로 지나가시게 됨이러라
5 예수께서 그 곳에 이르사 쳐다 보시고 이르시되 삭개오야 속히 내려오라 내가 오늘 네 집에 유하여야 하겠다 하시니
6 급히 내려와 즐거워하며 영접하거늘
7 뭇 사람이 보고 수군거려 이르되 저가 죄인의 집에 유하러 들어갔도다 하더라
8 삭개오가 서서 주께 여짜오되 주여 보시옵소서 내 소유의 절반을 가난한 자들에게 주겠사오며 만일 누구의 것을 속여 빼앗은 일이 있으면 네 갑절이나 갚겠나

이다

9   예수께서 이르시되 오늘 구원이 이 집에 이르렀으니 이 사람도 아브라함의 자손임이로다
10 인자가 온 것은 잃어버린 자를 찾아 구원하려 함이니라

여리고에 삭개오라는 세리장이 있었습니다. 여리고는 당시 무역의 중심지였습니다. 이런 곳의 세리장은 당연히 부자였을 것입니다. 당시 유대인이 멸시하는 네 부류가 있었습니다. 창녀, 이방인, 죄인, 세리입니다. 특히 세리는 민족의 배신자로서 지배자 로마에 동조하면서 민족의 혈세를 착취했습니다. 많은 세금을 거둘수록 자신의 이익이 늘어납니다. 더군다나 삭개오는 세리장이었으니 얼마나 지독한 삶을 살았을지 짐작됩니다. 큰 재물을 거두었으나 같은 민족인 히브리인도, 고용한 로마인도 삭개오를 반기지 않습니다. 삭개오가 사회적으로 높이 올라갈수록 그의 영혼의 궁핍함은 더욱 심해졌습니다. 절대로 변화되지 않을 사람을 뽑으라면, 그 사람이 바로 삭개오일 것입니다. 하지만 그런 삭개오도 예수님을 만나자 변화되었습니다.

돌무화과나무 위로 올라가십시오

예수님이 여리고를 지나신다는 소식이 돌자, 사람들이 예수님을 보기 위해 인산인해를 이루었습니다. 삭개오 역시 무리 중에 끼어 있었습니다. 사회적으로 큰 성공을 이룬 삭개오였지만 그의 영혼은 늘 텅 비

어 있었습니다. 영혼의 극심한 갈증을 느낀 삭개오는 예수님을 반드시 만나야 했습니다. 하지만 키가 작아 예수님을 볼 수가 없었습니다. 결국 삭개오는 체면 불구하고 돌무화과나무 위로 올라갑니다. 이제까지 그는 사회적 성공을 위해서 남들보다 더 높은 곳에 오르기 위해 전심전력히는 인생을 살았습니다. 하지만 지금은 자신의 영혼을 위해, 주님을 만나기 위해 높은 곳으로 올라갑니다. 사회적 체면, 다른 사람의 시선 따위는 중요하지 않습니다. 오직 예수님을 만나기 위해서라면 너 높은 곳도 오를 수 있었습니다. 예수님은 삭개오 안에 있는 그 갈급함을 보셨습니다. 예수님은 돌무화과나무 위에 있는 삭개오를 찾아가서 그의 이름을 부르셨습니다. 이름을 불렀다는 말은 삭개오를 인격적으로 알고 계셨다는 뜻입니다. 하나님은 영혼의 갈급함 때문에 몸부림치며 회복을 간구하는 사람을 아십니다. 그를 찾아가십니다. 이름을 부르십니다.

✝ 주님을 우리 가정에 모시십시오

예수님은 삭개오에게 "내가 오늘 네 집에 유하여야 하겠다"(5절)라고 하십니다. 누군가의 집에 간다는 것은 인격적으로 깊은 교제를 나눈다는 뜻입니다. 예수님은 지금 여리고를 지나 예루살렘으로 가서 십자가를 지실 계획이었습니다. 십자가를 눈앞에 두고 있는 시점에서도 삭개오의 집에 들어가 그와 교제하십니다. 삭개오는 기쁨으로 예수님을 자신의 집에 모십니다. 구경꾼들은 밖에서 수군거립니다. 이때 삭개오가 놀라운 고백을 합니다. 자신의 소유의 절반을 가난한 사람들에게 주고, 만일 누구의 것을 속여 빼앗은 것이 있다면 네 갑절이나 갚겠다고 합니다(8절). 삭개오는 예수님을 자신의 가정에 모시고 인생의 큰 결단을 내렸습니다. 자신의 인생을 떠받치던 재물을 끊어 버리고 예수님 중심의 인생을 다짐한 것입니다. 예수님은 말씀하십니다. "오늘 구원이 이 집에 이르렀으니 이 사람도 아브라함의 자손임이로다"(9절). 삭개오의 가정 전체가 구원을 받았습니다. 주님을 만나면 개인뿐만 아니라 가정도 변화됩니다.

우리는 하나님의 형상으로 지음을 받은 존재로서, 우리 안에는 하나님만이 채우실 수 있는 영혼의 공간이 있습니다. 세상의 것으로 우리 영혼의 갈급함을 채울 수 없습니다. 반드시 하나님을 만나야 합니다. 하나님을 향한 뜨거운 열정이 있어야 합니다. 하나님을 우리 가정에 모셔야 합니다.

⚲ 나눔

1. 하나님을 만나기 위해 시도한 것 중 가장 기억에 남는 것은 무엇인가요?
2. 하나님의 영광을 위해 우리 가정이 결단해야 할 것은 무엇인가요?

⛪ 기도

하나님 아버지, 우리 가정이 하나님을 향한 뜨거운 목마름이 있는 가정이길 소원합니다. 하나님을 만나기 위해 돌무화과나무 위를 오르는 수고를 아끼지 않겠습니다. 우리 가정에 늘 좌정하여 주소서. 우리 가정의 주인이신 예수님의 이름으로 기도합니다. 아멘.

⏳ 우리 가족 이번 주 미션

12월 넷째 주

전부는 전심에서 시작된다

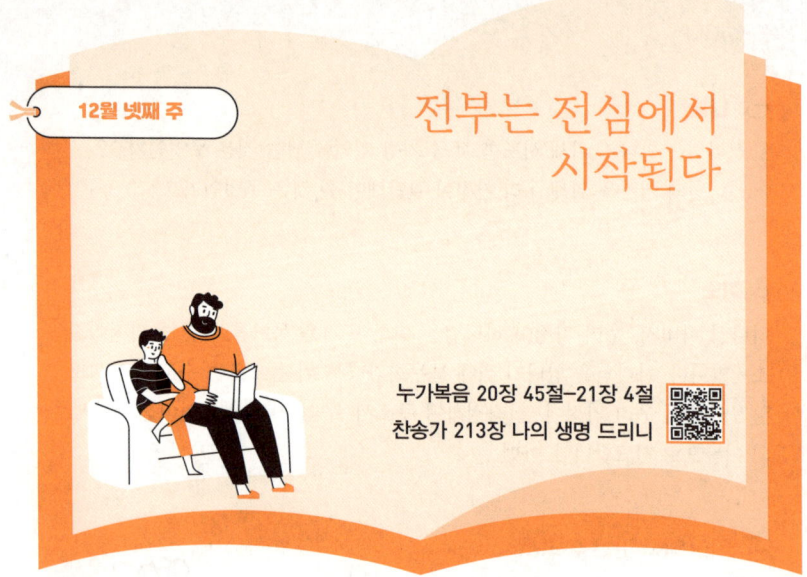

누가복음 20장 45절-21장 4절
찬송가 213장 나의 생명 드리니

누가복음 20장 45절-21장 4절

22:45 모든 백성이 들을 때에 예수께서 그 제자들에게 이르시되

46 긴 옷을 입고 다니는 것을 원하며 시장에서 문안 받는 것과 회당의 높은 자리와 잔치의 윗자리를 좋아하는 서기관들을 삼가라

47 그들은 과부의 가산을 삼키며 외식으로 길게 기도하니 그들이 더 엄중한 심판을 받으리라 하시니라

21:1 예수께서 눈을 들어 부자들이 헌금함에 헌금 넣는 것을 보시고

2 또 어떤 가난한 과부가 두 렙돈 넣는 것을 보시고

3 이르시되 내가 참으로 너희에게 말하노니 이 가난한 과부가 다른 모든 사람보다 많이 넣었도다

4 저들은 그 풍족한 중에서 헌금을 넣었거니와 이 과부는 그 가난한 중에서 자기가 가지고 있는 생활비 전부를 넣었느니라 하시니라

서서평 선교사는 독일계 미국 여성으로, 엘리자베스 요한나 쉐핑(Elisabeth Johanna Shepping)이라는 이름 대신 '천천히 평온하게'라는 뜻의 서서평이라는 이름을 사용했습니다. 그녀는 14명의 고아와 38명의 과부와 한집에 살며 복음을 전했습니다. 서서평 선교사는 32세에 조선 땅에 와서 22년 동안 사역하다 풍토병과 영양실조에 걸려 죽을 때까지 버려진 사람들을 먹이고 입히고 교육했습니다. 그것도 모자라 자신의 몸을 의학용으로 기증하며 조선을 위해 자신의 모든 것을 내어 주었습니다. 그녀의 장례식은 광주 최초의 시민 사회장으로 치러졌습니다. 그녀가 살던 방에는 반쪽이 된 담요와 동전 일곱 전, 강냉이 두 홉이 전부였다고 합니다. 서서평 선교사가 변방에 위치한 그런 조선에 복음을 전하고, 자신의 모든 것을 줄 수 있었던 이유는 어디에 있었을까요?

일부가 아닌 전부를 드리십시오

예수님은 제자들에게 서기관들의 외식에 대해 말씀하셨습니다. 서기관들은 긴 옷을 입고 다니는 것을 원했고, 시장에서 문안을 받는 것과 회당의 높은 자리 그리고 잔치의 윗자리에 앉는 것을 좋아했습니다. 또한 과부의 가산을 삼키고, 사람들을 의식해 길게 기도하는 것을 좋아했습니다. 예수님은 제자들에게 이렇게 외식하는 서기관들을 삼가라고 말씀합니다. 서기관들은 백성들의 호의를 통해 생계를 유지했습니다. 백성들은 서기관들을 존경했고, 그들의 경건함을 인정했습니다. 그래서 백성들 중에는 서기관들을 믿고 자신의 재산 관리를 맡기는 사람들도 있었습니다. 남편이 죽고 남은 아내를 위해 남긴 재산을 서기관이 관리하도록 부탁한 문서나 친정아버지에게 받은 지참금을 서기관에게 관리하게 한 문서 기록이 있을 정도로 백성들은 서기관들을 깊이 존경하고 신뢰했습니다. 그러나 서기관들 중에는 이러한 신뢰를 이용하고, 과부와 같은 약한 자들의 재산을 착복하는 사람도 있었습니다. 그들의 속은 욕심을 가득했지만 경건한 행동으로 검은 속을 감추었습니다. 긴 옷을 입고 높은 자리에 앉는 것을 좋아하는 것도 사람들에게 과시하고 인정받고 싶은 욕구가 가득했다는 것을 말해 줍니다.

예수님이 서기관들의 외식에 대해 말씀하신 것은 예수님을 믿는 사람들, 특별히 교회 지도자들에게 주신 가르침입니다. 서기관들의 관심사는 자기를 높이는 것에 있었습니다. 원어의 의미를 보면, 높은 자리, 윗자리를 의미하는 단어는 '첫 번째'를 뜻하는 접두사가 붙어 있습니다. 본래 서기관이 하는 일은 하나님의 말씀을 필사하는 것이었습니다. 그래서 누구보다 깨끗해야 했고, 거룩하게 살아야 했습니다. 이들은 자신의 인생 전부를 하나님께 드리는 사람이어야 합니다. 그러나 서기관들이 보여 준 모습은 본분을 잊고 자기를 높이는 데 있었던 것입니다. 하나님께 마음을 드린다고 할 때 우리 마음의 전부를 드려야 합니다. 그렇지 않으면 우리는 자기 사랑과 자신의 욕망을 버릴 수 없습니다. 자기 사랑과 욕망을 버리지 못하면 서기관들처럼 겉으로는 경건한 척, 신실한 척하며 속으로는 자기를 높이고, 자기를 사랑하며 외식하게 됩니다. 예수님을 믿는 사람이란 예수님을 주인으로 모시고 사는 사람을 가리킵니다. 죄인인 나를 위해 자신의 전부인 생명을 주시고 구원해 주신 예수님이 삶의 주인이라고 고백하는 사람은 주님이 그러하셨듯이 삶의 전부를 드립니다. 으뜸이 되려고 하기보다 예수님을 높이는 삶을 살아갑니다.

✝ 전심을 드릴 때 가장 기뻐하십니다

스티븐 아터번은 자신의 저서 『사명, 돈, 의미』(낮은울타리, 2000)에서 "성경은 기도에 대해서는 400번을 말하지만, 돈에 대해서는 2,000번 이상을 말한다"고 말합니다. 돈이 기도보다 중요하다는 뜻이 아닙니다. 사람들은 돈이 세상을 지배한다고 생각합니다. 예수님을 믿는 우리도 돈에서 자유롭지 못합니다. 우리가 돈에서 자유롭지 못하다는 것은 헌금 생활에서 드러납니다. 예수님이 성전에서 제자들과 무리들을 가르치실 때 사람들이 헌금하는 것을 보셨습니다. 당시의 헌금함은 여러 동선이 겹치는 개방된 곳에 설치되어 있었고, 나팔처럼 입구가 넓게 되어 있는 놋쇠 재질이었다고 합니다. 그래서 금속으로 된 동전이 떨어지면 그 소리가 주변에 들려 누가 얼마나 헌금을 했는지 대략적으로 알 수 있었습니다. 가난한 과부는 헌금함에 두 렙돈을 헌금했습니다(2절). 렙돈은 이스라엘의 가장 작은 화폐 단위로 128분의 1데나리온의 가치를 가지고 있었습니다. 당시 노동자 하루 품삯은 1데나리온이었다는 점을 감안하면 두 렙돈은 아주 적은 금액, 우리 돈으로 환산하면 1,000원이 조금 넘는 정도입니다. 이 과부가 넣은 두 렙돈은 적은 금액이었지만 과부에게 이 돈은 전 재산이나 다름없는 돈이었습니다. 그래서 예수님은 과부의 헌금 가치를 높게 여기신 것입니다.

하나님의 계산법은 우리의 계산법과 다릅니다. 우리는 어려운 중에 적은 금액밖에 헌금하지 못하는 것을 부끄럽게 생각하지만, 하나님은 우리가 어려운 중에 드린 헌금을 전 재산을 드린 것이라며 칭찬해 주십니다. 하나님이 우리에게 바라시는 것은 얼마가 아니라 어떤 마음인가이기 때문입니다. 적은 금액이지만 전심으로 드린 헌금은 하나님이 기뻐 받으십니다.

부자들은 사람들이 보는 앞에서 과시하듯 많은 돈을 넣었을 것입니다. 그러나 과부는 부자들처럼 헌금할 수 없었습니다. 그들처럼 드릴 수 있는 돈이 없었고 가진 것이라곤 두 렙돈이 전부였습니다. 헌금함에 넣기도 부끄러운 돈이라고 생각했을 것입니다. 그러나 예수님이 보신 것은 얼마를 넣었느냐가 아니었습니다. 헌금을 드리는 사람의 마음을 보신 것입니다. 전부를 드리는 것은 하나님을 향한 전심이 있어야 할 수 있습니다. 전심으로 하나님을 사랑하지 않으면 전부를 드리기 어렵습니다. 전심으로 하나님을 섬기지 않으면 자기 욕망의 노예가 되어 입으로는 하나님을 주인이라고 말하면서 삶은 자기가 주인이 되어 살아가게 됩니다. 우리에게 자신의 전부를 내주신 십자가의 은혜를 기억하며 우리도 우리의 주인이신 주님께 전심을 다해 전부를 드리는 사람이 되길 축복합니다.

🐟 나눔

1. 내가 가장 아끼는 것은 무엇인가요? 하나님이 원하시면 가장 아끼는 것을 기꺼이 드릴 수 있나요?
2. 하나님께 전부를 드리는 것을 가로막는 장애물은 무엇이라고 생각하나요?

🕍 기도

하나님 아버지, 저를 위해 하나님의 전부인 예수님을 보내 주셔서 감사합니다. 그 은혜를 항상 기억하며 살게 해 주소서. 그래서 제 삶의 전부이신 하나님께 온 마음을 드리고 저의 전부를 드리며 살아가길 원합니다. 예수님의 이름으로 기도드립니다. 아멘.

💡 우리 가족 이번 주 미션

종려주일

순종을 통해 하나님의 뜻이 이루어진다

마가복음 11장 1-11절
찬송가 141장 호산나 호산나

마가복음 11장 1-11절

1 그들이 예루살렘에 가까이 와서 감람 산 벳바게와 베다니에 이르렀을 때에 예수께서 제자 중 둘을 보내시며
2 이르시되 너희는 맞은편 마을로 가라 그리로 들어가면 곧 아직 아무도 타 보지 않은 나귀 새끼가 매여 있는 것을 보리니 풀어 끌고 오라
3 만일 누가 너희에게 왜 이렇게 하느냐 묻거든 주가 쓰시겠다 하라 그리하면 즉시 이리로 보내리라 하시니
4 제자들이 가서 본즉 나귀 새끼가 문 앞 거리에 매여 있는지라 그것을 푸니
5 거기 서 있는 사람 중 어떤 이들이 이르되 나귀 새끼를 풀어 무엇 하려느냐 하매
6 제자들이 예수께서 이르신 대로 말한대 이에 허락하는지라
7 나귀 새끼를 예수께로 끌고 와서 자기들의 겉옷을 그 위에 얹어 놓으매 예수께서 타시니
8 많은 사람들은 자기들의 겉옷을, 또 다른 이들은 들에서 벤 나뭇가지를 길에 펴며

9 앞에서 가고 뒤에서 따르는 자들이 소리 지르되 호산나 찬송하리로다 주의 이름으로 오시는 이여
10 찬송하리로다 오는 우리 조상 다윗의 나라여 가장 높은 곳에서 호산나 하더라
11 예수께서 예루살렘에 이르러 성전에 들어가사 모든 것을 둘러 보시고 때가 이미 저물매 열두 제자를 데리시고 베다니에 나가시니라

─────────────

용인의 한 초등학교 운동회에서 연골무형성증을 앓는 친구를 위해 아이들이 손을 잡고 결승점을 통과한 사진이 화제가 되었습니다. '꼴찌 없는 운동회'로 불린 이 사건은 경쟁보다 우정을 통해 더 중요한 가치가 있음을 보여 주었습니다. 세상은 승리를 이기는 것으로 정의하지만, 예수님은 진정한 승리가 무엇인지 다른 공식을 보여 주십니다. 예수님이 보여 주신 승리의 공식은 무엇입니까?

📖 나를 향한 하나님의 계획을 바라볼 때 순종할 수 있습니다

예수님은 나귀를 타고 예루살렘에 입성하십니다. 520년 전에 스가랴 선지자는 이렇게 예언했습니다. "시온의 딸아 크게 기뻐할지어다 예루살렘의 딸아 즐거이 부를지어다 보라 네 왕이 네게 임하시나니 그는 공의로우시며 구원을 베푸시며 겸손하여서 나귀를 타시나니 나귀의 작은 것 곧 나귀 새끼니라"(슥 9:9). 우리는 이 말씀을 통해 예수님이 나귀를 타고 예루살렘에 입성하신 것이 우연한 행진이 아니라 하나님의 섭리의 행진이라는 사실을 깨닫게 됩니다. 예수님은 나귀가 어디에

있는 정확히 알고 계셨습니다. 그래서 제자들에게 예수님이 지시한 곳에 가면 묶여 있는 새끼 나귀가 있을 것이라고 말씀하십니다. 예수님이 여기서 멈추지 않고, "만일 누가 너희에게 왜 이렇게 하느냐 묻거든 주가 쓰시겠다 하라 그리하면 즉시 이리로 보내리라"(3절)고 말씀하십니다. 어리둥절했을 제자들은 예수님이 시키신 대로 순종했습니다. 그러자 나귀 주인은 아무 조건 없이 나귀를 내줍니다. 사람을 한 번도 태워 보지 못한 연약한 나귀도 순종하여 예수님을 태우고 베다니에서 예루살렘까지 행진합니다.

우리는 여기서 새끼 나귀 하나를 쓰시는 일도 하나님의 계획 가운데 이루어지고 있다는 것을 알게 됩니다. 나귀 한 마리에도 놀라운 계획을 가지고 계신 하나님은 오늘 우리를 향한 놀라운 계획을 가지고 계십니다. 이렇게 치밀한 계획을 세우시는 하나님이 우리의 인생을 이끌어 주실 것입니다.

✝ 순종을 통해 이루어야 할 것은 내 뜻이 아닌, 하나님의 뜻입니다

예수님이 나귀를 타고 예루살렘에 입성하실 때 군중은 자기들의 겉옷과 들에서 벤 나뭇가지를 길에 펴며 환호했습니다(9-10절). 그러나 이렇게 예수님께 열광하던 군중은 예수님을 십자가에 못 박으라고 소리쳤습니다. 십자가에 못 박히신 예수님을 보며 저주했습니다. 예수님이 예루살렘에 입성하신 것은 하나님의 뜻을 성취하기 위해서입니다. 군중의 기대를 충족하기 위해 입성하신 게 아닙니다. 군중이 예수님께 호산나를 외친 것은 예수님을 정치적 메시아로 기대했던 것입니다. 그래서 자신들을 로마의 압제에서 구원해 내고 다윗의 뒤를 이을 메시아라고 믿었습니다. 그러나 예수님은 그들이 기대했던 메시아가 아니었습니다. 군중은 하나님의 뜻보다 자기 뜻이 이뤄지기를, 자신들의 기대가 성취되기를 바랐습니다. 그래서 그 기대가 충족되지 않자 예수님께 등을 돌렸습니다.

하나님은 우리를 향한 놀라운 계획을 가지고 계십니다. 그 계획을 믿고 순종하시기 바랍니다. 하나님이 말씀하실 때 주저하지 말고 적극적으로 따르는 사람이 되시기 바랍니다. 우리의 삶을 통해 내 뜻이 아니라 하나님의 뜻이 이루어지길 소망하며 순종의 걸음을 걸어가는 사람이 되시기 바랍니다. 예수님은 십자가의 죽음이라는 순종을 통해 '하늘에 있는 자들과 땅에 있는 자들과 땅 아래에 있는 자들로 모든 무릎을 예수의 이름에 꿇게 하시고 모든 입으로 예수 그리스도를 주라 시인하여 하나님 아버지께 영광을 돌리게 하시는'(빌 2:10-11) 승리를 주셨습니다. 하나님은 순종을 통해 우리에게 궁극적인 승리를 주십니다. 이 사실을 믿고 순종의 발걸음을 떼는 복된 성도가 되시기 바랍니다.

나눔

1. 내가 어렸을 때 가졌던 꿈은 무엇이었는지 나눠 보세요.
2. 하나님의 뜻을 이루기 위해 내가 순종해야 할 것은 무엇인가요?

기도

하나님 아버지, 십자가의 순종을 통해 승리를 이루신 예수님을 알게 하시니 감사합니다. 예수님이 하나님의 뜻을 이루신 것처럼, 하나님의 말씀에 순종하여 하나님의 뜻을 이루는 제가 되게 하소서. 우리 가정을 향한 하나님의 계획을 깨닫고 하나님의 뜻 가운데 하나님의 쓰임을 받는 가정이 되게 하소서. 예수님의 이름으로 기도드립니다. 아멘.

우리 가족 이번 주 미션

부활주일

부활은
약속의 성취다

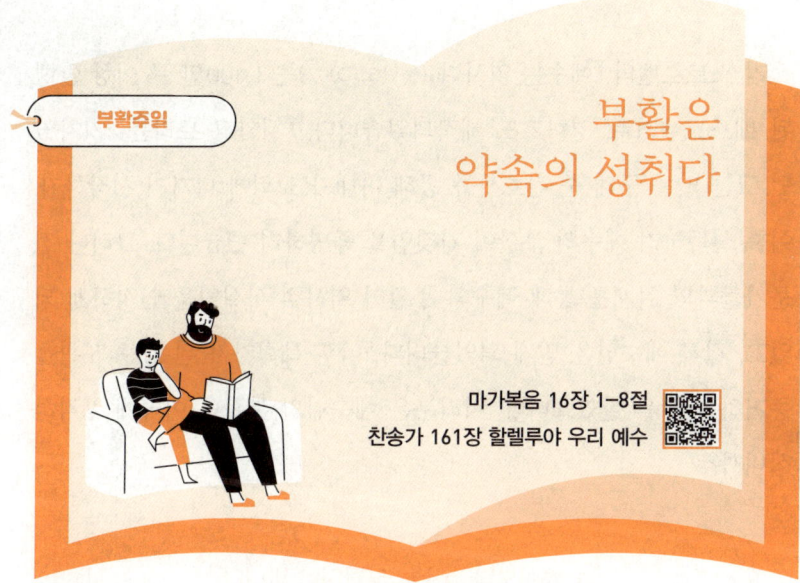

마가복음 16장 1-8절
찬송가 161장 할렐루야 우리 예수

마가복음 16장 1-8절

1 안식일이 지나매 막달라 마리아와 야고보의 어머니 마리아와 또 살로메가 가서 예수께 바르기 위하여 향품을 사다 두었다가
2 안식 후 첫날 매우 일찍이 해 돋을 때에 그 무덤으로 가며
3 서로 말하되 누가 우리를 위하여 무덤 문에서 돌을 굴려 주리요 하더니
4 눈을 들어본즉 벌써 돌이 굴려져 있는데 그 돌이 심히 크더라
5 무덤에 들어가서 흰 옷을 입은 한 청년이 우편에 앉은 것을 보고 놀라매
6 청년이 이르되 놀라지 말라 너희가 십자가에 못 박히신 나사렛 예수를 찾는구나 그가 살아나셨고 여기 계시지 아니하니라 보라 그를 두었던 곳이니라
7 가서 그의 제자들과 베드로에게 이르기를 예수께서 너희보다 먼저 갈릴리로 가시나니 전에 너희에게 말씀하신 대로 너희가 거기서 뵈오리라 하라 하는지라
8 여자들이 몹시 놀라 떨며 나와 무덤에서 도망하고 무서워하여 아무에게 아무 말도 하지 못하더라

리 스트로벨의 『예수는 역사다』(두란노, 2002)는 1,400만 부 이상 발행된 베스트셀러로, 영화로도 제작되었습니다. 『시카고 트리뷴』 기자였던 그는 딸을 구해 준 간호사를 통해 아내가 교회에 나가기 시작하자, 이를 설득하려 예수의 부활이 거짓임을 증명하려 했습니다. 그러나 전문가들과의 취재를 통해 예수의 부활이 역사적 사실임을 인정하게 되었고, 결국 예수님을 믿게 되었습니다. 이후 목회자가 된 그는 부활을 증거하는 삶을 살았습니다. 여러분은 예수님의 부활을 어떻게 생각하십니까?

✝ 현실보다 약속을 붙들어야 합니다

예수님이 죽었습니다. 예수님이 죽자 아리마대 사람 요셉이 빌라도를 찾아가 예수님의 시신을 내줄 것을 요청합니다. 예수님의 시신을 인계받은 요셉은 그 시신을 자기 소유의 무덤에 묻었습니다(막 15:43-46). 예수님의 십자가 죽음을 지켜본 사람이 많았습니다. 빌라도는 요셉이 예수님의 시신을 달라고 했을 때 죽은 것이 맞는지 재확인하는 주도면밀함을 보였습니다(막 15:44). 안식일이 지나자 일찍이 예수님을 따랐던 여자들은 예수님의 무덤으로 향했습니다. 그들은 시체에 바를 향품을 가지고 무덤으로 향하며 누군가 자신들을 위해 무덤을 막고 있는 돌을 굴려 주었으면 좋겠다고 생각했습니다. 여자들이 예수님의 무덤을 찾았을 때 그 무덤은 누군가에 의해 열려 있었고, 그 안에 당연히 있어야 할 예수님의 시체는 보이지 않고, 한 청년이 앉아 있었습니다. 그리고 그 청년은 여자들을 보고 예수님이 살아나셨다고 말했습니다(6절). 믿을 수 없는 말이었습니다.

예수님은 제자들에게 죽은 지 사흘 만에 살아날 것이라고 말씀하셨습니다. 그러나 죽음의 충격에 갇힌 제자들은 이 약속을 믿을 수 없었습니다. 예수님의 빈 무덤을 찾은 여자들은 다시 살아나겠다는 예수님의 약속을 기억하지 못했습니다. 그래서 다시 사신 예수님을 죽은 자들 가운데서 찾았던 것입니다. 죽음에 갇힌 사람은 예수님이 아니라 향품을 들고 무덤을 찾은 여자들입니다. 그리고 여자들과 함께 무덤에서 예수님을 찾는 우리입니다. 우리는 죽음이라는 현실에 시선을 고정해 부활의 기쁨을 누리지 못합니다. 오늘 내 눈앞에서 일어난 일이 전부라고 생각하여 내일의 소망을 기대하지 못합니다. 우리가 가야 할 곳은 무덤이 아니라 예수님이 계신 갈릴리입니다(7절). 현실이라는 인생의 무덤이 아니라 부활의 주님이 기다리고 계신 갈릴리로 가기 바랍니다. 우리의 믿음을 부활에 두기 바랍니다. 죽음을 이기신 예수님이 지금 우리와 함께하고 계시다는 사실을 믿는 믿음을 가지기 바랍니다. 그럴 때 현실의 문제로 낙심했던 마음이 부활의 소망으로 새로워질 수 있습니다.

✝ 좋은 토양에 뿌리를 내려야 합니다

한 부부가 화단에 화초를 심고 정성을 쏟았으나, 방심한 사이 화초가 시들었습니다. 늦게나마 영양제를 주고 손질하며 생기를 되찾자 자신들이 살렸다고 생각했지만, 실제로는 화초가 심긴 토양 덕분이었습니다. 좋은 토양이 있었기에 적은 노력으로도 화초가 살아난 것입니다.

우리의 믿음도 어떤 토양에 뿌리를 내리고 있느냐에 따라 달라집니다. 좋은 토양에 뿌리를 내리고 있으면 잘 자랍니다. 그러나 나쁜 토양에 뿌리를 내리면 정성을 쏟아도 잘 자랄 수 없습니다. 그렇다면 믿음이 자라기 좋은 토양은 무엇일까요? 하나님의 약속입니다. 하나님의 약속에 믿음의 뿌리를 내리면 잘 자랍니다. 쉽게 흔들리지 않고, 견고한 믿음의 사람으로 성장할 수 있습니다.

예수님은 죽은 지 사흘 만에 살아나겠다고 약속하셨습니다. 그리고 부활의 약속은 말씀하신 그대로 이루어졌습니다. 우리는 이 약속을 붙들고 살아야 합니다. 이 약속의 말씀에 믿음의 뿌리를 내리기 바랍니다. 불가능한 일을 가능하게 하시는 주님의 능력을 믿는 사람에게 동일한 믿음의 역사를 일으켜 주십니다. 그리고 어떤 역경이 있어도, 인생의 강한 풍파 속에서도 흔들리지 않는 믿음의 사람으로, 부활의 주인공으로 세워 주실 것입니다.

나눔

1. 하나님의 약속을 붙들지 못하도록 가로막는 나의 현실적인 문제는 무엇인가요?
2. 오늘 내가 붙들어야 할 하나님의 약속은 무엇인가요?

기도

하나님 아버지, 부활의 약속을 성취하시고 부활의 소망을 갖게 하시니 감사합니다. 그 소망 가운데 현실의 문제에서 눈을 들어 부활의 소망을 바라보게 하소서. 하나님의 약속에 깊이 뿌리내린 믿음의 사람이 되게 하시고, 이 믿음 가운데 역사하시는 하나님의 능력을 경험하는 자가 되게 하소서. 예수님의 이름으로 기도드립니다. 아멘.

우리 가족 이번 주 미션

추수감사주일

주신 은혜를 기억하라

신명기 16장 13-17절
찬송가 588장 공중 나는 새를 보라

신명기 16장 13-17절

13 너희 타작 마당과 포도주 틀의 소출을 거두어 들인 후에 이레 동안 초막절을 지킬 것이요

14 절기를 지킬 때에는 너와 네 자녀와 노비와 네 성중에 거주하는 레위인과 객과 고아와 과부가 함께 즐거워하되

15 네 하나님 여호와께서 택하신 곳에서 너는 이레 동안 네 하나님 여호와 앞에서 절기를 지키고 네 하나님 여호와께서 네 모든 소출과 네 손으로 행한 모든 일에 복 주실 것이니 너는 온전히 즐거워할지니라

16 너의 가운데 모든 남자는 일 년에 세 번 곧 무교절과 칠칠절과 초막절에 네 하나님 여호와께서 택하신 곳에서 여호와를 뵈옵되 빈손으로 여호와를 뵈옵지 말고

17 각 사람이 네 하나님 여호와께서 주신 복을 따라 그 힘대로 드릴지니라

이스라엘 백성에게 있어 초막절은 은혜를 기억하는 날입니다. 40년의 광야생활을 초막에서 살았던 이스라엘 백성은 하나님의 은혜를 기억해야 했습니다. 그래서 하나님은 이스라엘 백성에게 초막절을 지키라고 명령하십니다. 하나님은 이스라엘 백성에게 초막절을 어떻게 지키라고 명령하십니까?

이웃과 함께 지킵니다

초막절은 이스라엘 달력으로 7월 15일입니다. 이날부터 7일 동안 지켜야 합니다. 이때는 시기적으로 올리브와 포도를 수확할 때입니다. 우리나라의 추수기라고 할 수 있습니다. 이 시기는 풍성한 수확으로 인한 기쁨과 감사가 넘치는 축제의 시간입니다. 그러나 하나님은 풍성한 수확을 마친 후 집이 아닌 하나님이 정하신 곳에서 초막절을 지키라고 명령하십니다. 초막절은 이스라엘 백성이 광야에서 생활하던 때를 잊지 않고 하나님이 어떻게 인도해 주셨는지를 기억하는 날로 지켜야 합니다. 하나님은 초막절을 지키는 방법을 말씀하시면서 가족과 함께 지키라고 하시지 않고 이웃과 함께 지키라고 말씀합니다. 이것은 아주 특별한 명령입니다. 하나님은 함께 초막절을 지킬 이웃이 누구인지에 대해 "자녀와 노비와 성중에 거주하는 레위인과 객과 고아와 과부가 함께 즐거워하되"(14절)라고 말씀합니다. 노비와 객과 고아와 과부는 사회적 약자입니다. 평상시 그들은 사람들의 관심에서 멀리 떨어져 있는 사람입니다. 그러나 하나님은 초막절에는 이들과 함께 지키며 즐거워하라고 명령합니다.

그것은 어떤 수확의 풍성함보다 이스라엘 백성의 삶을 더 풍성하게 만들어 줄 것입니다. 우리 역시 하나님이 우리 인생에 행하신 은혜를 기억하며 우리와 우리 가족, 그리고 이웃과 함께 나눠야 합니다. 하나님이 얼마나 놀라운 일을 행하셨는지, 그로 인해 우리 인생에 얼마나 큰 변화와 역사를 경험할 수 있었는지를 나누며 하나님의 크심을 증거해야 합니다.

✝ 감사하는 마음으로 지킵니다

초막절은 하나님이 택하신 곳에서 지켜야 합니다. 익숙한 집을 떠나 불편한 환경에 가게 되면 감사보다는 불평이 먼저 나옵니다. 그런데 하나님은 왜 이렇게 불편한 생활을 일주일이나 하라고 명령하신 것일까요? 지금의 평안과 행복도 하나님의 선물이지만, 광야에서 불편하게 살았던 때도 하나님의 선물이었다는 사실을 기억하게 하시려는 것입니다. 광야 생활은 불편했지만 부족하지는 않았습니다. 이스라엘 백성은 초막에서 하나님이 내려 주신 만나를 먹으면서, 하나님이 우리를 먹이시는 분임을 경험했습니다. 말과 글이 아닌 삶으로 경험했기에 그들은 하나님을 더 친밀하게 느꼈을 것입니다. 물이 부족한 상황이 와도 걱정하지 않았을 것입니다. 그때마다 하나님이 물을 공급해 주셨기 때문입니다. 그래서 이스라엘 백성에게 초막은 은혜를 나누는 특별한 공간이었고, 하나님의 사랑을 경험하는 축복된 공간이었습니다.

이스라엘 백성에게 초막절은 자신들이 애굽에서 구원받았다는 사실을 기억하는 날이었습니다. 모든 것이 낯선 광야였지만 하나님이 함께 하심을 경험한 은혜의 날이었습니다. 아무것도 기대할 수 없는 땅에서 하나님이 기대가 되어 주시고, 능력을 행하신 일을 기억해야 합니다. 하나님은 초막절을 통해 하나님이 우리 하나님이시고, 우리는 하나님의 백성이라는 사실을 기억하기를 바라십니다. 그래서 모든 남자는 일 년에 세 번 곧 무교절과 칠칠절과 초막절에 하나님께 나오라고 말씀합니다(16절). 하나님의 은혜를 잊지 않고 기억하기 위해 하나님께 나아가야 합니다. 그때 우리는 베풀어 주신 은혜에 감사하는 마음을 가지고 나아가야 합니다. 빈손이 아닌 하나님이 주신 복을 따라 그 힘대로 드려야 합니다(17절). 그것이 하나님께 감사하는 사람의 태도입니다. 은혜를 입은 사람의 당연한 반응입니다.

절기를 지키는 우리의 태도는 우리가 받은 것이 얼마나 많은지를 기억하고 감사하는 것입니다. 그중에서도 우리가 가장 감사해야 할 것은 자격 없는 우리를 하나님의 자녀로 삼아 주신 은혜입니다. 우리가 받은 구원의 은혜를 기억하고 항상 감사하는 성도가 되시기 바랍니다.

⌁ 나눔

1. 감사 제목 세 가지를 나눠 보세요.
2. 나는 어떤 과정을 통해 구원을 받게 되었는지 나눠 보세요. 구원해 주신 하나님께 감사의 기도를 드리세요.

🏛 기도

하나님 아버지, 풍요할 때나 가난할 때나 변함없이 하나님의 은혜로 돌보아 주심에 감사드립니다. 하나님이 부어 주신 풍성한 은혜를 이웃과 함께 나누게 하시고, 이웃에게 하나님의 은혜를 간증하는 자가 되게 하소서. 자격 없는 저를 구원해 주신 하나님의 은혜를 생각해 봅니다. 그 풍성한 사랑에 늘 감사하며 하나님을 찬송하는 자리에 서게 하소서. 예수님의 이름으로 기도드립니다. 아멘.

⏳ 우리 가족 이번 주 미션

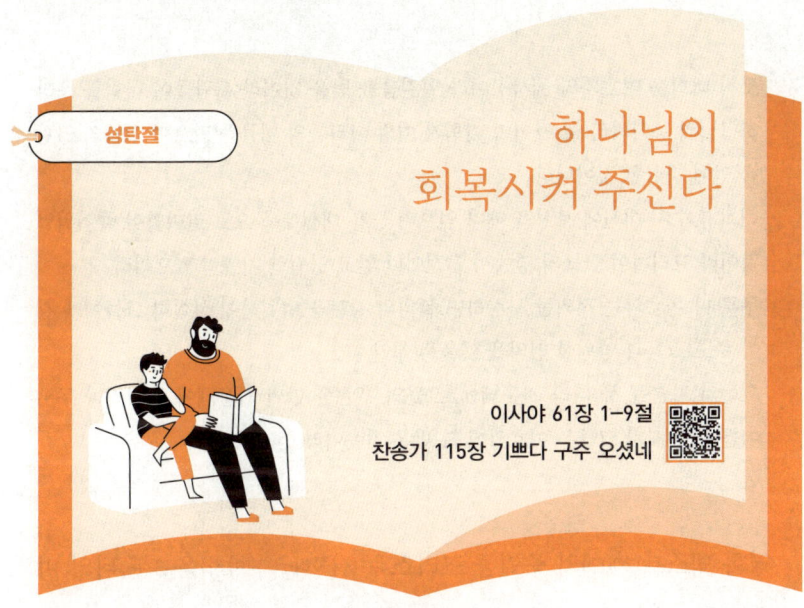

성탄절

하나님이 회복시켜 주신다

이사야 61장 1-9절
찬송가 115장 기쁘다 구주 오셨네

이사야 61장 1-9절

1 주 여호와의 영이 내게 내리셨으니 이는 여호와께서 내게 기름을 부으사 가난한 자에게 아름다운 소식을 전하게 하려 하심이라 나를 보내사 마음이 상한 자를 고치며 포로된 자에게 자유를, 갇힌 자에게 놓임을 선포하며

2 여호와의 은혜의 해와 우리 하나님의 보복의 날을 선포하여 모든 슬픈 자를 위로하되

3 무릇 시온에서 슬퍼하는 자에게 화관을 주어 그 재를 대신하며 기쁨의 기름으로 그 슬픔을 대신하며 찬송의 옷으로 그 근심을 대신하시고 그들이 의의 나무 곧 여호와께서 심으신 그 영광을 나타낼 자라 일컬음을 받게 하려 하심이라

4 그들은 오래 황폐하였던 곳을 다시 쌓을 것이며 옛부터 무너진 곳을 다시 일으킬 것이며 황폐한 성읍 곧 대대로 무너져 있던 것들을 중수할 것이며

5 외인은 서서 너희 양 떼를 칠 것이요 이방 사람은 너희 농부와 포도원지기가 될 것이나

6 오직 너희는 여호와의 제사장이라 일컬음을 받을 것이라 사람들이 너희를 우리 하나님의 봉사자라 할 것이며 너희가 이방 나라들의 재물을 먹으며 그들의 영광을 얻어 자랑할 것이니라

7 너희가 수치 대신에 보상을 배나 얻으며 능욕 대신에 몫으로 말미암아 즐거워할 것이라 그리하여 그들의 땅에서 갑절이나 얻고 영원한 기쁨이 있으리라

8 무릇 나 여호와는 정의를 사랑하며 불의의 강탈을 미워하여 성실히 그들에게 갚아 주고 그들과 영원한 언약을 맺을 것이라

9 그들의 자손을 뭇 나라 가운데에, 그들의 후손을 만민 가운데에 알리리니 무릇 이를 보는 자가 그들은 여호와께 복 받은 자손이라 인정하리라

영화 넥스트(2007)의 주인공 크리스 존(니콜라스 케이지)은 2분 뒤의 미래를 보는 능력으로 위기를 해결합니다. 만약 여러분에게도 이런 능력이 있다면 어디에 사용하고, 삶에 어떤 변화를 가져올 것이라 생각하나요?

📖 예수 그리스도는 우리의 미래를 바꾸러 오셨습니다

이사야 61장은 메시아의 구원 사역에 대해 말합니다. 메시아의 사역은 여호와의 영이 임하면서 시작됩니다(1a절). 이것은 하나님의 기름 부으심을 통해 메시아의 공적인 사역이 시작된다는 것을 보여 줍니다. 여기 나오는 기름 부음은 히브리어로 '마샤흐'라고 합니다. 여기서 메시아라는 단어가 나왔습니다. 메시아로 오신 예수님은 하나님이 기름을 부어 왕이요 제사장이요 선지자로 세워졌습니다. 하나님이 메시아를

기름 부어 세우신 이유는 가난한 자에게 아름다운 소식을 전하게 하기 위해서입니다. 가난한 자란 겸비한 자를 가리킵니다. 겸비한 자는 겸손하게 자기를 낮추는 사람을 의미합니다. 이런 사람이 메시아가 전하는 아름다운 소식을 듣습니다. 그러나 자기가 낮은 위치에 있다는 사실을 모르는 사람은 아름다운 소식을 전해도 듣지 못합니다. 주님이 전하는 아름다운 소식을 듣기를 원한다면 가난한 마음으로 나와야 합니다. 하나님이 창조주이심을 고백하고, 나는 창조주의 피조물에 불과하다는 것을 인정해야 합니다.

메시아가 전하는 아름다운 소식은 무엇입니까? 먼저 이 소식을 통해 마음이 상한 자가 고침을 받는다고 말씀합니다. 여기서 사용된 '상하다'라는 단어는 질그릇을 땅에 던져 깨뜨리는 것을 의미합니다. 마음이 땅에 던져져 깨졌다는 말입니다. 심장이 산산조각 나 그 형체도 찾아볼 수 없을 정도의 고통을 당한 사람이 바로 여기서 말하는 마음이 상한 사람입니다. 산산조각 나서 형체를 찾을 수 없는 우리의 마음을 주님이 싸매시고 치료해 주신다고 말씀합니다. 또한 메시아는 포로 된 사람, 갇힌 사람에게 자유를 선포합니다. 이스라엘은 희년이 되면 종들을 풀어 주었습니다. 또 희년에는 많은 빚을 지고 있던 채무자의 빚을 탕감해 주었습니다. 또 토지를 판 사람은 팔았던 토지를 다시 돌려받을 수 있었습니다. 그래서 희년은 하나님이 이스라엘에 베푸신 은혜를 경험하는 축제의 날이 되었습니다. 하지만 희년은 원수에게는 보복의 날이요, 심판의 날입니다. 예수님이 재림하실 때를 생각해 보십시오.

메시아가 오시면 머리에 재를 쓰고 깊은 슬픔 가운데 있던 사람에게 화관을 씌워 주실 것입니다. 우리는 최악의 상황에서 할 수 있는 게 아무것도 없는 유약한 존재입니다. 하지만 예수님이 오셔서 슬픔을 제거하시고 기쁨을 회복시켜 주시는 반전으로 이끌어 주십니다.

✝ 진정한 회복은 하나님의 자녀가 되는 것입니다

예수님이 이루는 사역은 우리의 심령에서 시작해 우리 삶의 구체적인 부분으로 확대됩니다. 이스라엘 백성에게 일어날 회복에 대한 예언을 보면 이들의 상한 마음이 회복되고, 재를 뒤집어쓰며 슬퍼하던 자리에서 고침을 받고, 기쁨의 화관이 씌워지는 회복이 일어날 것입니다. 그리고 이들의 삶의 모든 영역에서 놀라운 회복이 이루어지기 시작할 것입니다.

이사야는 "너희가 수치 대신에 보상을 배나 얻으며"(7a절)라고 말하지 않습니까? 또한 "그들의 땅에서 갑절이나 얻고 영원한 기쁨이 있으리라"(7절b)고 말하지 않습니까? 메시아가 이루는 회복 사역에서 가장 중요한 회복은 "여호와께 복 받은 자손"(9b절)으로 인정받는 일입니다. 하나님의 자녀라 불리는 영광스러운 회복이 우리의 삶에 일어난다는 것입니다. 그 회복은 이전과는 비교할 수 없을 정도로 영광스럽고 놀라운, 완전한 회복입니다. 하나님이 이루실 회복을 기대하는 복된 삶을 살기를 축복합니다.

🐟 나눔

1. 나에게 미래를 볼 수 있는 능력이 생긴다면 가장 먼저 무엇을 하고 싶은가요?
2. 내 삶에 회복되기를 바라는 부분은 무엇인가요? 왜 그렇게 생각하나요?

⛪ 기도

하나님 아버지, 하나님의 자녀의 회복을 위해 메시아를 보내 주심에 감사드립니다. 겸비한 마음을 갖고 메시아를 통한 아름다운 소식을 기쁘게 받아들이는 자가 되게 하시고, 그리스도를 통해 임하는 회복의 역사를 기대하는 자가 되게 하소서. 제 삶의 무너진 모든 영역을 회복시키시고, 저희 가정 가운데 회복을 허락하소서. 예수님의 이름으로 기도드립니다. 아멘.

우리 가족 이번 주 미션